NUEVA YORK

DE CERCA

geoPlaneta

Nueva York De cerca
1ª edición en español - enero de 2008
Traducción de *New York Encounter*,
1ª edición - mayo de 2007

Oficinas de geoPlaneta y Lonely Planet

geoPlaneta
Av. Diagonal 662-664, 7ª. 08034 Barcelona
fax 93 496 70 11 - viajeros@lonelyplanet.es
www.geoplaneta.com - www.lonelyplanet.es

Lonely Planet Publications (Oficina central)
Locked Bag 1, Footscray, Melbourne, VIC 3011, Australia
☎ 61 3 8379 8000 fax 61 3 8379 8111
(Oficinas también en Reino Unido y Estados Unidos)
www.lonelyplanet.com – talk2us@lonelyplanet.com.au

Dirección editorial: Olga Vilanova
Coordinación editorial: Luisa Moreno Díaz
Edición, traducción y realización: ORMOBOOK,
Servicios Editoriales

Editorial Planeta, S.A.
Con autorización para la edición en español de Lonely
Planet Publications Pty Ltd A.B.N. 36 005 607 983, Locked
Bag 1, Footscray, Melbourne, VIC 3011, Australia

ISBN 978-84-08-06927-0
Depósito legal: M.50354-2007

Textos y mapas © Lonely Planet 2007
© Fotografías 2007
Edición en español 2008 © Editorial Planeta, S.A.

Agradecimiento © Manhattan Subway Map 2007.
Metropolitan Transportation Authority.
Utilizado con autorización

Impresión y encuadernación: Unigraf, S.L.
Printed in Spain – Impreso en España

CÓMO UTILIZAR ESTA GUÍA

Código de colores y planos

Los símbolos de los planos y el texto al que
se refieren utilizan un determinado código de
colores (p. ej. los locales de comida llevan el
símbolo de unos cubiertos verdes). También
cada barrio tiene su color, que se utiliza en el
lateral de las páginas del capítulo dedicado al
mismo.

Las áeras sombreadas de amarillo en los
planos sirven para destacar espacios de interés
(ya sea por su importancia histórica o por sus
bares y restaurantes). El viajero puede dirigirse
a estas zonas y recorrerlas libremente.

Precios

Cuando en una tarifa aparecen dos o más can-
tidades diferentes (p. ej. 10/5 € o 10/5/20 €)
indican precios para adultos/niños, adultos/re-
ducida o adultos/niños/familias.

La opinión del lector Nos encanta recibir los comentarios de nuestros lectores porque nos ayudan a
mejorar nuestros libros. Se leen todas las sugerencias y
se mandan a los autores. Se pueden enviar a **viajeros@
lonelyplanet.es.**

Nota: Los comentarios se pueden editar, reproducir e
incorporar en productos de Lonely Planet como guías,
sitios web y soportes digitales. Quien no desee ver publicadas sus cartas ni su nombre deberá hacerlo constar.
Se puede consultar la política de privacidad en la página
web **lonelyplanet.com/privacy.**

GINGER ADAMS OTIS

Ginger Adams Otis es una periodista de radio y prensa que vive y trabaja en Manhattan. Se le puede oír en emisoras locales o leer sus reportajes en periódicos como *The Village Voice*, *Newsday* o *New York Magazine*, entre otras publicaciones. Incluso es posible encontrársela en el metro. Cuando no trabaja para los medios de la ciudad, la autora elabora guías para Lonely Planet y crónicas para la BBC, la NPR y Associated Press, unas veces cubriendo la actualidad en la ciudad y otras en diversas zonas de Sudamérica, donde ha hecho muchos reportajes.

AGRADECIMIENTOS

La autora desea expresar su agradecimiento a Jay Cooke por su comprensión y ayuda como editor, a Brice Gosnell por su interés y apoyo, y a todo el equipo Oz –Elizabeth, Alison y todos los cartógrafos– por su trabajo meticuloso.

EL FOTÓGRAFO

Dan Herrick ha trabajado en Nueva York durante los últimos seis años, después de haber vivido y estudiado en América Latina y Europa. Le gusta documentar el continuo cambio y el ritmo frenético de la ciudad. Cuando tiene ocasión, viaja al extranjero pero, generalmente, opta por adentrarse en los diferentes mundos que existen en la ciudad.

Agradecimientos a los lectores Gracias a los viajeros que escribieron a Lonely Planet para enviar información, consejos útiles y anécdotas interesantes.
Tim Allen, Mikael Beck, Arne Fleissner, Jamie Hunter, Darren Jackson, Samantha Knott, Dallene Ng, Catherine Paul, Clare Pritty, Allison Rogers, Karen Smith, Victoria Spackman.

PASSENGER CARS ONLY

Peatones en una calle de Nueva York.

SUMARIO

INTRODUCCIÓN

Llegar a la ciudad de Nueva York no sólo supone adentrarse en una gran metrópoli, sino en toda una aldea global. Es grande y descarada y sus barrios, a cual más interesante y animado, están siempre en constante crecimiento. ¿Acaso existe otro lugar donde se pueda ir de Little Korea a Little Italy en cuatro paradas de metro?

Nueva York se nutre de contrastes dinámicos. Aunque está repleta de edificios y cuenta con casi nueve millones de habitantes, cada rincón tiene su propio ambiente y ritmo y su multiculturalismo se hace patente en sus gentes. Los neoyorquinos comen *kimchi* y otros platos coreanos, *falafel*, *gyros* y *borscht*. Bailan salsa, merengue y *bachata*, cuando les apetece ver fútbol se acercan a Little Brazil y hablan de la política nacional e internacional como si tuviera lugar en su patio trasero. Cuando se es la sede de las Naciones Unidas y se tienen más embajadas, corporaciones, fundaciones e instituciones culturales que en ninguna otra parte, la política se convierte en un tema de conversación habitual.

En la ciudad siempre se está celebrando algún evento y a los neoyorquinos les encanta participar. Puede parecer extraño que una ciudad tan capitalista posea unas bases democráticas tan arraigadas, pero es que durante el movimiento abolicionista que llevó a Abraham Lincoln a la Guerra Civil muchas de las reuniones iniciales se celebraron en Lower Manhattan. El sufragismo, que fue la lucha de las mujeres por obtener el derecho al voto, surgió en los barrios del East Side y los disturbios de Stonewall (1969), que desembocaron en la lucha por los derechos de los homosexuales, nacieron del igualitarismo del Village.

Merece la pena respirar hondo y adentrarse en la ciudad. ¿Espectáculos de danza?, ¿museos?, ¿salir de fiesta? ¿noches literarias en Lower East Side? Nueva York tiene de todo, y más. Lo mejor es perderse, conocer a gente y, como hacen los lugareños, dejar que todo surja. ¿Cuánto puede suceder en un minuto en Nueva York?

Arriba izquierda Bohemian Hall y Beer Garden **Arriba derecha** Una de las últimas trabajadoras de los mataderos le ofrece fuego a una visitante del ahora distrito *chic* **Abajo** De compras por 125 St, en Harlem

>IMPRESCINDIBLE

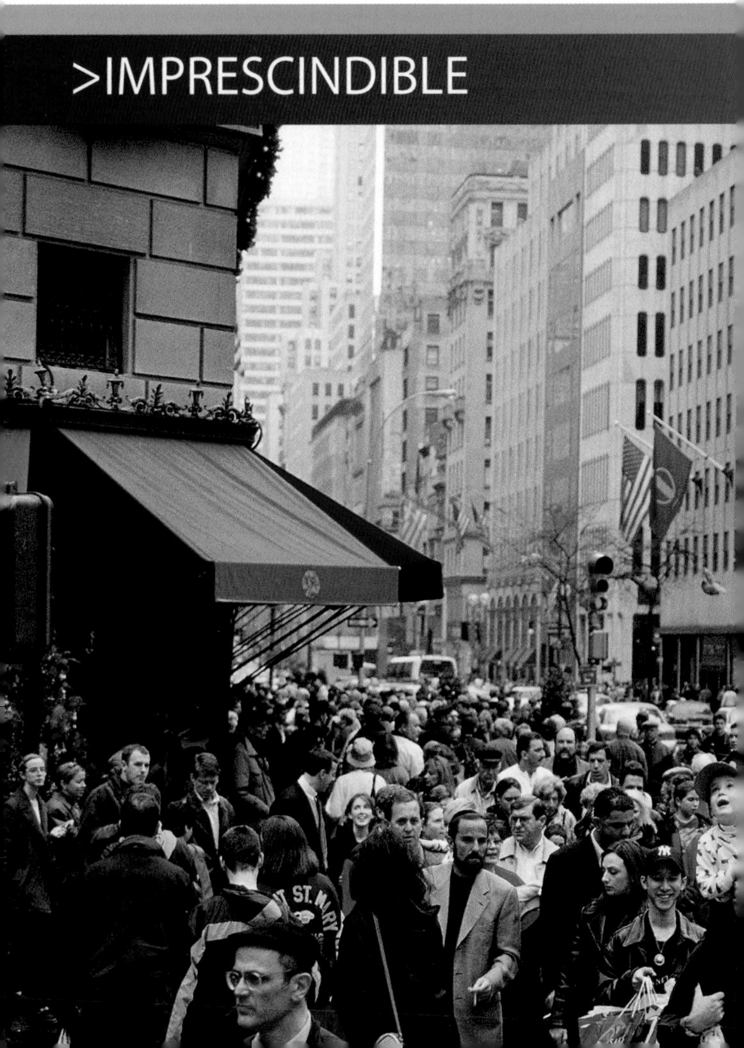

Gente paseando por la Quinta Avenida

>1 METROPOLITAN MUSEUM OF ART
LAS VISTAS DESDE EL JARDÍN DEL TEJADO

Con casi tres millones de piezas en su colección, cinco millones de visitantes al año y un presupuesto anual de 120 millones de dólares, el Met (p. 190) es la institución cultural más grande y famosa de la ciudad. Haría falta toda una vida para profundizar en su oferta. La restauración de 155 millones de dólares, realizada entre 2004 y 2007, ha añadido un nuevo patio romano y ha sacado a la luz muchas antigüedades (incluso un carro etrusco). También ha renovado las galerías dedicadas a los romanos y al arte moderno, y ha aumentado el número de obras helenísticas en exposición hasta las 7.500.

Hay que ir con tiempo para explorar este gigante; las galerías europeas de la entrada de la Quinta Avenida pueden necesitar un día, igual que las enormes galerías griega y romana, y la egipcia, recientemente ampliada, con momias en perfecto estado de conservación y el templo de Dendur completo, rescatado del hundimiento en las aguas de la presa de Asuán.

Detrás del templo está el ala americana, con una mezcolanza de cristal Tiffany, cromos de béisbol y la fachada de un US Bank. A continuación se encuentran las galerías medievales, llenas de iconos, esmaltes bizantinos y joyas. Después viene el oasis de calma del ala Lehman, con pinturas renacentistas de Rembrandt, Memling y El Greco. También existen galerías de África, Oceanía y las Américas, arte asiático y otras muchas colecciones extraordinarias.

>2 MUSEUM OF MODERN ART

UN PASEO POR EL SCULPTURE GARDEN

La fachada de 1939 del MoMA fue rehabilitada en 2004 por el arquitecto japonés Yoshio Taniguchi y ahora se ha convertido en la joya de la zona alta de la ciudad.

Lo mejor es empezar por la entrada antigua, con un extraño toldo voladizo que parece la tapa de un piano de media cola. Está a unos metros de la entrada nueva, en West 53rd St, donde se venden las entradas. Para subir hasta la sexta planta se puede coger el ascensor. Desde las ventanas se aprecia cómo Taniguchi integró el moderno MoMA (p. 159) con la arquitectura existente en la zona.

Siguiendo el contorno del museo se va bajando planta a planta pasando cronológicamente por los principales movimientos artísticos del s. XX.En los pisos cuarto y quinto hay una introducción al arte moderno, con cuadros de Picasso, Matisse, Dalí, Mondrian, Pollock, de Kooning y algunas obras de Marcel Duchamp. En la tercera planta se muestra el desarrollo de la arquitectura y el diseño. La segunda contiene grabados, libros ilustrados y exposiciones sobre cine y medios de comunicación que a menudo coinciden con las de los nuevos teatros ubicados bajo el vestíbulo. Más allá del atrio de este segundo piso hay una sencilla cafetería con grandes mesas, mientras que la primera planta rodea el asombroso Sculpture Garden, al que se puede salir para observar los árboles curvados con formas extrañas.

>3 ROCKEFELLER CENTER

SUBIDA AL TOP OF THE ROCK

Cuenta con casi 9 km² de tiendas de lujo, jardines, bancos y esculturas *art déco*, en el centro del palpitante Manhattan. ¿Qué podría ser mejor en una fría noche de invierno que este icono, con su inmenso árbol de Navidad y su romántica pista de hielo? Sólo la vista desde la planta 70. El Top of the Rock, el observatorio más grande y alto de la ciudad, cerrado durante 20 años, vuelve a estar abierto.

Este centro comercial (p. 160) fue concebido por el magnate del petróleo John D. Rockefeller durante la Gran Depresión. Se embarcó en un proyecto gigantesco que albergaría tiendas de ropa y otros comercios lujosos en un momento en que la mayoría de los americanos apenas podía juntar un par de dólares. Pero este largo proyecto dio trabajo a 70.000 trabajadores y creó una popular "ciudad dentro de la ciudad", que ahora alberga medios de comunicación como los NBC Studios y la agencia Associated Press.

También contiene más de 100 obras de arte y un mural importante en cada edificio, casi todos de Diego Rivera. El artista mexicano incluyó a Lenin en una de las paredes, lo que no gustó a su jefe capitalista, que destruyó el mural y lo sustituyó por un retrato de Abraham Lincoln de José María Sert. Otras obras importantes son *Prometheus*, sobre la pista de hielo, *Atlas sosteniendo el mundo*, en la Quinta Avenida, y *News*, una instalación de Isamu Noguchi en el 45 de Rockefeller Plaza.

>4 TIMES SQUARE

UN ESPECTÁCULO DE BROADWAY

Esta vorágine de actividad humana y luces parpadeantes es la plaza más famosa de Nueva York. A finales de los años sesenta se la relacionaba con los *sex shops*, *peep shows* y con personajes peculiares, pero en la actualidad tiene una imagen más limpia y saludable (aunque sus más de 64 km de neón convierten la noche en día). Sin embargo, todavía abundan los espectáculos teatrales, que suponen su gran reclamo, en especial las noches de los fines de semana, cuando se llena de gente a la espera de que se alce el telón de las ocho.

Antaño conocida como Long Acre Sq, la tranquila plaza cambió para siempre en 1904, con la llegada del metro y del periódico *The New York Times*, que le dio nombre. Este diario organizó una fiesta el 31 de diciembre que se ha convertido en la actual celebración de Año Nuevo con la "caída de la bola". No importa perdérselo porque la escena tiene lugar a diario. Se lo conoce como Crossroads of the World (cruce de caminos del mundo) y sigue siendo el lugar de entretenimiento e información más bullicioso de Nueva York. Para más información, véase p. 168.

>5 CENTRAL PARK

POR LOS SENDEROS DEL 'GRAN PULMÓN'

Es el pulmón de Nueva York, un parque con césped, bosques, flores salvajes y riachuelos frescos que ayuda a olvidar los atascos y las calles abarrotadas. Es un parque popular, diseñado por Frederick Law Olmsted y Calvert Vaux en las décadas de 1860 y 1870 para proporcionar un espacio abierto a todo el mundo.

Este gran oasis de jardines se extiende desde el centro hasta el renovado Harlem Meer. En sus caminos coinciden paseantes, corredores, patinadores, ciclistas, escaladores, esquiadores de fondo y jinetes. Parejas, amigos y a veces incluso extraños quedan en el centro, en Betheseda Terrace, reconocible por la famosa estatua del *Angel of the Waters* (p. 183).

Fue el primer parque paisajístico de EE UU, pero hay tanta naturaleza que es difícil creer que casi todo es artificial. Para hacerle sitio tuvieron que eliminar varios locales y negocios, como el Seneca Village (p. 187), el primer lugar de reunión importante de afroamericanos libres. Olmsted y Vaux también desecaron una ciénaga, transportaron 14.000 m³ de tierra y construyeron cuatro calles transversales para desviar el tráfico por debajo del parque (las calles 66, 79, 86 y 96).

Las zonas del norte se dejaron agrestes deliberadamente, a excepción de los Conservatory Gardens, llenos de tulipanes y manzanos. Casi toda el área por encima de la calle 79 es salvaje.

Una de las partes más famosas del parque es Great Lawn (p. 182), entre las calles 72 y 86, donde cada verano se puede escuchar a la Orquesta Filarmónica de Nueva York. Cerca se encuentran el Delacorte Theater, que acoge el festival anual Shakespeare in the Park, el Belvedere Castle, el Ramble (refugio de observación de aves) y el Loeb Boathouse, donde se puede hacer un recorrido romántico por el estanque de aguas cristalinas.

Dentro del Central Park Wildlife Center (p. 182), que además incluye un centro educativo para niños, se pueden ver pingüinos, osos polares, leones marinos, pandas y monos tamarinos. Los leones marinos salen a comer cada día a las 11.30, 14.00 y 16.00 y se les puede lanzar pescado.

A los que les guste pasear o correr les encantará el Jacqueline Kennedy Onassis Reservoir (p. 183). Su pista circular de 2,5 km constituye uno de los lugares de entrenamiento favoritos para la maratón de Nueva York (p. 33).

En el lado oeste del parque, cerca de la 79 St Tranverse, se encuentra Strawberry Fields (p. 183). Son unos jardines dedicados a la memoria de John Lennon, que solía pasear por la zona y que murió por el disparo de un fan trastornado en 1980, cuando entraba a su apartamento, próximo a este lugar.

Para conocer más lugares interesantes de Central Park, se puede acudir al **Dairy Visitor Center**, ubicado en el mismo parque (☎ 212-794-6564; www.centralpark.org).

THE CLOISTERS

Esta maravillosa extensión del Met ocupa una superficie de más de 16.000 m^2 con vistas al río Hudson. The Cloisters (☎ 212-923-3700; www.metmuseum.org) fue construido en estilo arquitectónico medieval y sirve de marco a una colección inmensa de escultura, pintura y manuscritos románicos. Especial valor poseen los tapices góticos de *La caza del Unicornio*, el tríptico de *La Anunciación* o los cuidados jardines.

>6 WEST VILLAGE

UN 'BRUNCH' EN UN CAFÉ DEL VILLAGE

Antiguas sendas de ganado convertidas en calles, salpicadas de jardines escondidos tras senderos arbolados. El Village fue caldo de cultivo de la actividad política, un barrio bohemio donde sólo vivían artistas y marginados. Ahora es un lugar privilegiado habitado por gente rica y famosa y que, a decir verdad, está luchando por conservar su carácter frente a la avalancha de construcción moderna.

Gran parte de la historia de esta zona se reduce a unos cuantos lugares y celebraciones muy conocidos. Sin embargo, esto no quiere decir que no merezca la pena visitar Greenwich Village (p. 108); la merece, tanto por su historia como por el ambiente, las compras y la gente.

Se pueden encontrar casas centenarias y algún que otro bar encantado, porque en el Village abundan los espíritus: el poeta galés Dylan Thomas cayó en un coma etílico en la White Horse Tavern. Grandes literatos que vivieron aquí son Edith Wharton, Mark Twain, Willa Cather, James Baldwin, Eugene O'Neill, E. E. Cummings y William Burroughs. Aunque ya no es el centro de la vida creativa de la ciudad, su energía bien merece una visita.

>7 HARLEM

DIVERSIÓN AFROAMERICANA

Durante más de un siglo ha sido la meca de la vida urbana afroamericana. Harlem (p. 208) resurgió tras la decadencia de los años ochenta, se restauraron y revitalizaron antiguos iconos culturales como el Apollo Theater, el Lenox Lounge, el Studio Museum y el Schomburg Center for Black Research (p. 212) y se han instalado muchos bares, tiendas, restaurantes y clubes de *jazz* nuevos. Aún hay señales de abandono, pero se quiere retomar la vitalidad artística.

Los políticos de la ciudad ignoraron al barrio durante mucho tiempo después de la crisis económica de la década de 1930 y se llegó a un punto crítico con los disturbios del movimiento por los Derechos Civiles durante los años sesenta. La epidemia de *crack* de 1980 transformó zonas de prestigio en un refugio de adictos. En la actualidad, gracias sobre todo a la inflación del mercado inmobiliario de Manhattan, Harlem vuelve a estar en auge, con sus anchos bulevares, las iglesias históricas, y los magníficos edificios con fachadas artísticas. Las inmobiliarias, que reciben deducciones fiscales, empiezan a establecerse en sus calles y los activistas de la comunidad luchan para evitar que el aburguesamiento desplace a los residentes negros.

>8 LOWER MANHATTAN

DE PASEO POR SOUTH ST SEAPORT

Combinando lo antiguo y lo moderno, las pequeñas calles coloniales de Lower Manhattan contienen algunos de los rascacielos más altos. Aquí es donde nació la ciudad, primero como un asentamiento de los indios lenape, después como colonia holandesa y más tarde como fortaleza británica y capital (temporal) de una nueva nación libre. Está lleno de símbolos revolucionarios y modernos. George Washington tomó juramento en el Federal Hall (p. 46) y acudía al culto de St Paul's Chapel (p. 47) y Trinity Church (p. 48), en cuyo cementerio fueron enterrados muchos de sus contemporáneos. La Bolsa (p. 47) empezó en Wall St, llamada así por el muro de defensa construido por los holandeses, y todavía sigue allí.

Las torres del World Trade Center eran el elemento más espectacular de la ciudad y su pérdida, en 2001, dejó un inmenso vacío. Pero la Zona Cero (p. 46) ha cambiado mucho últimamente; ya no es un agujero destartalado y se está construyendo el monumento conmemorativo. La ciudad confía en restablecer la actividad en los edificios nuevos y lograr un espacio para la tranquilidad en 2010. Las placas que explican los sucesos del 11 de septiembre de 2001 han dado cierto orden a la zona y una estatua de bronce en el lado oeste del famoso parque de bomberos de Liberty St enumera las pérdidas humanas de este departamento. Aunque ha rendido homenaje a sus héroes, la ciudad ha querido centrarse en salir adelante.

>9 DUMBO

RECORRIDO ARTÍSTICO POR BROOKLYN

Ha costado 100 años, pero por fin ha cambiado la suerte del barrio de extrarradio más famoso de Manhattan. Hace más de un siglo que los ancianos de Brooklyn cometieron el "Gran Error del 98" y unieron este municipio independiente a la ciudad de Nueva York. El resultado, por supuesto, fue un crecimiento fiscal importante para Manhattan y una caída económica terrible para Brooklyn. En la actualidad, gracias a una convergencia de factores (debida sobre todo a los altos precios de la vivienda en el centro), Brooklyn se ha puesto al nivel de Manhattan –y según algunos incluso lo ha superado– en términos de vida nocturna, oferta cultural y restaurantes.

Hay muchas cosas interesantes para descubrir, desde la zona de los artistas, conocida como Down Under the Manhattan Bridge Overpass (Dumbo, p. 219), hasta las actuaciones en la Brooklyn Academy of Music, pasando por el moderno Williamsburg, la excéntrica Coney Island, el innovador Red Hook y el ecléctico Park Slope.

Los restaurantes, bares y clubes son más baratos en esta margen del East River, la mayoría de los solteros y treintañeros de Nueva York vive a este lado del puente, que posee la expresión artística más importante desde que Basquiat iluminó el East Village en los años ochenta con sus *graffitis*. Así que no hay que marcharse de la ciudad sin cruzar el puente de Brooklyn.

>10 EL PUERTO DE NUEVA YORK

VISITA A LA ESTATUA DE LA LIBERTAD Y ELLIS ISLAND

Ha vigilado la entrada de Lower Manhattan desde 1886, sosteniendo en alto la antorcha en homenaje a la independencia y con mirada reprobadora hacia una Europa que, a ojos de sus autores, no era demasiado progresista en cuanto a libertades individuales. La Estatua de la Libertad (p. 48), la magnífica mujer verde, regalo de Francia, ha dado la bienvenida a millones de inmigrantes e inspira un respeto reverencial a todos los que la ven. El escultor Frederic Auguste Bartholdi hizo la estatua de 46 m de altura y 225 t, pero Gustave Eiffel construyó el esqueleto.

Al lado se encuentra Ellis Island (p. 48), que fue zona de retención de los pasajeros de tercera clase que llegaban en barcos desde Europa. En la exposición se pueden ver baúles olvidados y maletas de inmigrantes, fotos de personas que desembarcaban demacradas y con los ojos hundidos (probablemente habían salido sanos pero no siempre llegaban así tras semanas apiñados en un barco) y una base de datos que permite buscar a los parientes entre los inmigrantes. La espera del *ferry* que lleva hasta aquí merece la pena.

También se puede visitar Governor's Island, una base administrativa naval y de guardacostas que ahora depende del Servicio Nacional de Parques. Los paseos por la tarde son muy agradables.

>11 EL WEST SIDE DE CHELSEA

PASEO POR LAS GALERÍAS Y LOS CLUBES DEL WEST SIDE

Ir de compras, beber y bailar: en este matadero reconvertido en barrio de moda y conocido como Meatpacking District (p. 122) se puede hacer de todo. Cuando estaba en funcionamiento y se mataba y almacenaba el producto, nadie quería vivir entre olores fétidos. Pero ahora parece que la gente está decidida a no moverse de allí, o del vecino Chelsea (p. 132), un área artística de moda y de ambiente gay en la zona oeste de Manhattan.

Hay restaurantes estelares como el Pastis original –pionero en establecerse en el Meatpacking–, el tranquilo Paradou, el Son Cubano, y el Spotted Pig (p. 129). Chelsea está rodeado de tiendas de oportunidades como Filene's, en Sixth Ave, y el Chelsea Market (p. 139), en Eighth Ave. Sobre todo, es famoso por las galerías que hay de la calle 22 a la 28, entre las avenidas 12, 11 y 10. Se puede encontrar desde artistas como Gagosian, Matthew Marks y Mary Boone hasta proyectos innovadores como *gallery group*, que reune a 12 miembros en un antiguo club de la zona oeste.

Chelsea cuenta con edificios típicos de color rojizo en los números 406-418 de West 20th St, que son conocidos como Cushman Row y constituyen un ejemplo del estilo *greek revival* en la ciudad. West 20th St también tiene casas de estilo italiano en los números 446-450. Esto demuestra que el barrio ofrece un poco de todo, ¡y eso incluye mucha vida nocturna!

>12 EMPIRE STATE BUILDING

LA PUESTA DE SOL DESDE EL OBSERVATORIO

Compite con el rehabilitado Top of the Rock del Rockefeller Center, pero el Empire State Building (p. 158) sigue siendo el rey de las alturas de Nueva York. Desde la planta 86 se ve Manhattan en toda su inmensidad –¡y sólo se tarda 45 segundos en subir!

Este clásico del *art déco* está culminado por una antena de color diferente cada noche, que se suele hacer coincidir con ciertos acontecimientos (verde por St Patrick's Day, por ejemplo).

Se proyectó durante la próspera década de 1920 pero no se construyó hasta después del *crack* de la Bolsa de 1929. Con 102 plantas, el edificio se hizo en 410 días, costó 41 millones de dólares, se abrió en 1931 e inmediatamente se convirtió en el centro de negocios más importante de la ciudad. Pocos se podían permitir los alquileres exclusivos, así que estuvo vacío durante años, ganándose el nombre de "Empty (vacío) State Building". El mástil se quería utilizar como amarre para dirigibles, pero el desastre de 1937 puso fin a esta idea. La planta superior aún sigue cerrada, pero las vistas desde el piso 86 son espectaculares y es el lugar más popular de Nueva York para declararse. Para evitar las aglomeraciones, lo mejor es ir a primera o a última hora o comprar una entrada en combinación con el New York Skyride, cuya cola suele ser más corta.

>13 LA QUINTA AVENIDA
LOS PLACERES DEL CONSUMO EXAGERADO

Lo mejorcito de las compras en Nueva York se encuentra en la famosa Quinta Avenida, donde las tentadoras tiendas llaman la atención a diestra y siniestra. Antiguamente, en esta calle había mansiones de familias importantes pero a principios del s. xx la zona se llenó de tiendas y desde entonces se ha asociado a las compras de lujo.

Hay muchas tiendas exclusivas pero también algunos comercios más asequibles que conviven con clásicos como Brooks Brothers, Bergdorf Goodman (p. 161) y Cartier. En la actualidad, el edificio más imponente es la Trump Tower, un complejo de pisos suntuosos con un vestíbulo lleno de cascadas y establecimientos elegantes. Subiendo por la calle, se encuentra la Grand Army Plaza, presidida por el famoso Plaza Hotel, que ahora alberga viviendas particulares. Este romántico espacio colinda con Central Park y está lleno de taxis que esperan a los clientes. Si el viajero se cansa de pasear por tiendas como Burberry, Chanel, Christian Dior e Yves St Laurent, se puede dirigir a St Patrick's Cathedral (p.161), justo en la esquina, o a la New York Public Library (p. 159), bajando la calle.

IMPRESCINDIBLE

>14 EL HISTÓRICO LOWER EAST SIDE

SACAR AL ROQUERO 'PUNK' QUE UNO LLEVA DENTRO

Aunque antaño era una zona abandonada, el East Village (p. 94) vivió una proliferación de restaurantes, bares y clubes que lo han convertido en uno de los barrios más divertidos de Nueva York. Cuando era una zona roquera hospedó a una joven Madonna, al genio del *jazz* Charlie Parker, al extraordinario guitarrista Jimi Hendrix y a la activista social Margaret Sanger, que fue detenida por distribuir folletos sobre el control de la natalidad.

Vestigios de esos tiempos aún le dan al barrio una energía singular a pesar del aburguesamiento que sufre y de que está transformando las cooperativas en pisos de lujo. Hay más seguridad y está más limpio que antes, pero sigue siendo el East Village: se organizan certámenes de poesía (Nuyorican Poets Café, p. 106), actuaciones o exposiciones vanguardistas (La MaMa, p. 106), o salidas nocturnas por los bares de Second Ave (y cada vez más por las avenidas A y B).

Al otro lado de Houston St, sólo a un bloque hacia el sur, el olvidado Lower East Side ha sido redescubierto. Impulsado por un grupo de restauradores, está experimentando además un renacimiento culinario que ha provocado una reacción en cadena hacia Chinatown. Estos barrios son una mezcla de lo antiguo y lo moderno, que se fusionan para conseguir un lugar en la actualidad.

>15 COMER EN NUEVA YORK

UN REGALO PARA LAS PAPILAS GUSTATIVAS

Comer en Nueva York es más que un pasatiempo agradable, más que una celebración ritual. Para los *gourmets*, comer es un arte, una filosofía, una transformación de un acto rutinario en un acontecimiento importante que encaje con el enérgico ritmo de la ciudad.

La nueva cocina contribuye a que la ciudad sea un placer gustativo. En los puestos callejeros tienen ingredientes de todo el mundo y en los mercados locales venden chiles y empanadas caseras.

Las modas y los olores van y vienen en el tiempo que se tarda en llegar en taxi desde el aeropuerto, pero una tendencia que se percibe en todas partes es la obsesión por los aperitivos. Siempre apresurados, los neoyorquinos piden unos cuantos platitos y se los comen a toda prisa. También han descubierto el "lounge food" una alternativa a las complicadas reservas en los restaurantes de moda. Si Del Posto está lleno, se puede comer en el "lounge" (el bar en un local menos lujoso): sirven la misma comida y a menudo a la mitad de precio.

Ciertas zonas están muy, muy, muy solicitadas para abrir restaurantes, por ejemplo el East Village (p. 94), Lower Manhattan (p. 44), el Meatpacking District (p. 122) y el Lower East Side (p. 66). El Upper West Side es probablemente el más precario en el sentido culinario, pero aún así tiene locales interesantes. No se puede pasar hambre en NYC a menos, claro, que no se sepa decidir dónde comer.

>16 EL ZOO DEL BRONX

EN COMUNIÓN CON EL LADO SALVAJE

El zoo del Bronx, de más de 1.000 km², da un nuevo significado al termino "jungla urbana". Intenta entretener y educar a los visitantes a la vez que preservar las necesidades y ritmos de vida de los animales. Cuenta con más de 4.500 animales de más de 600 especies en espacios exteriores a menudo separados del público sólo por un foso. Se abrió en 1899 y ha sobrevivido al paso del tiempo. Es interesante el área de los gorilas del Congo, una recreación de bosque tropical africano con más de 25.000 m². También tiene puestos de observación en lo alto de los árboles, senderos naturales, vegetación abundante y unos 300 animales, incluidos dos grupos de gorilas de llanura y algunos potamoqueros (parecidos a los jabalíes).

La recaudación de las entradas se destina al cuidado de los animales y a proyectos de la Wildlife Conservation Society. El zoo acoge animales heridos, enfermos o en peligro que los programas de la WCS encuentran en estado salvaje. Tres recorridos diferentes, un monorraíl, un teleférico y un autobús ofrecen perspectivas diferentes del parque. Los niños se vuelven locos con el mini zoo, construido a su escala, y la exposición sobre la mariposa monarca es excelente.

>AGENDA

Desde salsa y *swing* en el Lincoln Center hasta *blues* en Battery Park, siempre hay una fiesta en algún lugar de la ciudad. Entre los acontecimientos culturales, tradicionales y artísticos más importantes están el fin de año, el Año Nuevo chino, el Desfile del Día de Puerto Rico, el mes del Orgullo Gay, las celebraciones del 4 de julio, el Desfile del Día de los Artillanos, Halloween y el Desfile del Día de Acción de Gracias. En diciembre, cuando coinciden Hanukkah, Navidad y Kwanza, la ciudad se convierte en una auténtica fiesta.

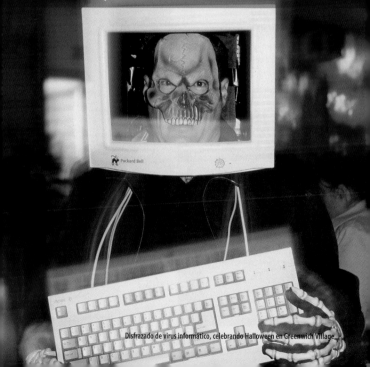

Disfrazado de virus informático, celebrando Halloween en Greenwich Village.

AGENDA

ENERO

Cabalgata de Reyes de East Harlem

www.eastharlempreservation.org

El 5 de enero el Harlem español, de la Quinta Avenida a 116th St, se llena de desfiles.

Semana del Restaurante

www.nycvisit.com

Restaurantes destacados ofrecen almuerzos o cenas de tres platos por 20 o 30 $.

Desfile de Martin Luther King Jr

Martin Luther King es recordado anualmente con un desfile de gala por la Quinta Avenida, entre las calles 86 y 61.

FEBRERO

Olympus Fashion Week

www.olympusfashionweek.com

La segunda semana de febrero el mundo de la moda acude a Manhattan a ver las nuevas tendencias. Además, la segunda semana de septiembre se organiza otra entrega de la Fashion Week.

Westminster Kennel Show

www.westminsterkennelclub.org

Desfile de canes de exposición que tiene lugar anualmente, durante la muestra de perros de raza.

MARZO

Desfile de St Patrick

www.saintpatricksdayparade.com/NYC/newyorkcity.htm

El 17 de marzo, a las 11.00, todo se vuelve verde en la Quinta Avenida, entre las calles 44 y 86, con el inicio del desfile de St Patrick (izquierda).

ABRIL

Desfile de Pascua

www.ny.com

El domingo de Pascua, desde las 10.00 a las 16.00, se retiran los coches de la Quinta Avenida, entre las calles 57 y 49. La gente luce disfraces y bonitos sombreros adornados para la ocasión.

Exposición de Orquídeas

www.gnyos.org

Esta muestra tiene ya dos décadas de historia e incluye concursos en las categorías de arte floral y de fragancia.

MAYO

Bike Month New York

www.bikemonthnyc.org

Mayo es el mes de la bicicleta (arriba), con paseos semanales guiados, fiestas y otros eventos para los ciclistas neoyorquinos.

Fleet Week

www.fleetweek.navy.mil

Barcos de todo el mundo acuden a esta celebración anual a final de mes.

JUNIO

Desfile del Día de Puerto Rico

www.nationalpuertoricandayparade.org

Miles de juerguistas acuden en la segunda semana de junio a este masivo desfile puertorriqueño por la Quinta Avenida, entre las calles 44 y 86.

Orgullo Gay

www.heritageofpride.org

El mes del orgullo gay abarca todo junio y termina con una manifestación (arriba) por la Quinta Avenida, el último domingo.

Semana del Restaurante

www.nycvisit.com

Durante la última semana de junio hay descuentos en los mejores restaurantes; almuerzos y cenas de tres platos por 20 o 35 $.

Desfile de las Sirenas

www.coneyisland.com

Gente con disfraces de sirena muy elaborados desfila por el paseo marítimo de Coney Island el último domingo de mes.

JULIO

Fuegos del 4 de julio

www.nyctourist.com/macys_fireworks.htm

Los fuegos artificiales empiezan a las 21.00.
Se pueden ver desde la ribera del Lower East
Side, Williamsburg, Brooklyn o edificios altos.

Concurso de devoradores de 'hot-dogs' de Nathan

www.nathansfamous.com

Una fiesta de la glotonería (abajo) que cada 4
de julio se celebra en Coney Island.

Filarmónica en el parque

www.newyorkphilharmonic.org

Conciertos gratuitos en varios parques.

AGOSTO

Fringe Festival

www.fringenyc.org

Festival anual que cuenta con los artistas
más creativos de Nueva York.

Howl! Festival

www.howlfestival.com

Celebrado en el East Village, este festival
artístico de siete días incluye el Charlie Parker
Jazz Festival y otros recitales y actuaciones.

Open de tenis

www.usopen.org

Uno de los cuatro torneos de Grand Slam
para jugadores profesionales. En Queens.

SEPTIEMBRE

Desfile del Día de los Antillanos
www.wiadca.com

Dos millones de americanos descendientes de inmigrantes del Caribe se reúnen anualmente en Eastern Parkway, Brooklyn, para celebrar el Carnival Parade (arriba).

Olympus Fashion Week
www.olympusfashionweek.com

Segundo asalto para que los diseñadores luzcan sus creaciones sobre la pasarela.

OCTUBRE

D.U.M.B.O. Art under the Bridge Festival
www.dumboartscenter.org

A veces es en septiembre. Incluye visitas a los estudios y actuaciones en la calle.

Día de puertas abiertas
www.ohny.org

Un fin de semana al año se abren las puertas de los lugares secretos de Nueva York.

Desfile de Halloween
www.halloween-nyc.com

Monstruos y *frikies* deambulan disfrazados por las calles durante toda la noche.

NOVIEMBRE

New York City Marathon

www.nycmarathon.org

Esta carrera anual de más de 40 km (abajo) atraviesa los cinco distritos de la ciudad y congrega a miles de atletas de todo el mundo.

Desfile del Día de Acción de Gracias

www.nyctourist.com/macys_menu.htm

En Acción de Gracias, las carrozas bajan por Broadway, entre la calle 72 y Herald Sq. Los globos se inflan la noche anterior en la esquina sudoeste de Central Park.

DICIEMBRE

Iluminación del árbol de Navidad del Rockefeller Center

Centenares de personas se reunen alrededor del Rockefeller Center para ver el encendido de las luces del árbol de Navidad más alto del mundo.

Noche de Fin de Año

www.nycvisit.com

Aparte de la famosa cuenta atrás de Times Sq, la ciudad acoge otros eventos, como la **Midnight Run en Central Park** (☎ 212-860-4455) o los fuegos artificiales de medianoche en Central Park, Prospect Park y South St Seaport.

FESTIVALES ANUALES

Año Nuevo Lunar chino (www.explorechinatown.com) Fuegos artificiales y desfiles de dragones. A veces tiene lugar a finales de enero pero normalmente es a principios de febrero, según el calendario chino.

Cherry Blossom Festival (www.bbg.org) Se celebra el primer fin de semana de mayo. La tradición japonesa anual de Sakura Matsuri celebra la floración de los cerezos en los jardines botánicos de Brooklyn.

Tribeca Film Festival (www.tribecafilmfestival.com) Este festival cinematográfico revitaliza Lower Manhattan durante la primera semana de mayo y lo llena de celebridades ansiosas por mostrar su lado alternativo.

JVC Jazz Festival (www.festivalproductions.net/jvcjazz.htm) A mediados de junio en los clubes de la ciudad se pueden ver más de 40 espectáculos de *jazz* con nombres como Abbey Lincoln, João Gilberto y Ornette Coleman.

River to River Festival (www.rivertorivernyc.org) Dura todo el verano pero es muy popular durante junio. Cientos de artistas llevan sus espectáculos de teatro, música y danza a los parques del centro de la ciudad.

San Gennaro Festival (www.sangennaro.org) Una multitud ruidosa baja a Little Italy para participar en los juegos de carnaval y comer sándwiches de salchicha y pimiento, calamares fritos y más platos italianos de los que se pueden imaginar. Tiene más de 75 años de historia.

ITINERARIOS

Si se dejan a un lado los retrasos y los olores, el transporte público puede ser una buena opción en Nueva York. Su metro centenario discurre bajo Manhattan con regularidad y, para las rutas panorámicas, hay autobuses que recorren las avenidas más famosas y, aunque son más lentos, resultan perfectos para disfrutar de las vistas.

Las MetroCard (p. 270) se pueden comprar en los quioscos y en las estaciones. Una buena forma de visitar la ciudad es coger el autobús o el metro hasta la zona que se desea recorrer y después ir andando de visita en visita. Conviene recordar que los bloques de oeste a este son interminables. Los taxis son una buena idea para ir a los extremos de la ciudad, que no cuentan con servicio de metro, aunque en horas punta (de 7.00 a 9.00 y de 16.00 a 19.00) el tráfico puede ser brutal.

UN DÍA

Se puede salir a primera hora de la mañana del West Side y pasear hacia la zona este de Central Park (p. 180), especialmente bonito a la altura de 79 o 85 St y la Quinta Avenida. El Metropolitan Museum of Art (p. 190) se encuentra en la 82 St. Desde allí, el autobús M1 (dirección South Ferry) va hasta Houston St por la Quinta Avenida. Si se sigue hacia el sur por Nolita, se puede almorzar en Barbossa (p. 88) y después ir de compras por Tribeca y el Soho (p. 84). Por la noche, no hay que perderse las fantásticas vistas desde el Empire State Building (p. 158) y una cena en Times Sq.

DOS DÍAS

Empezando por las tiendas y los cafés del Meatpacking District y el delicioso Chelsea Market (p. 139), se puede seguir hacia el sur por lugares artísticos e históricos de Greenwich Village como White Horse Tavern y Chumleys (p. 118). Bajando por Bleecker St se encuentra Washington Sq Park y, hacia el norte, Union Sq y Gramercy Park. Pete's Tavern (p. 153) es un buen punto para hacer un descanso antes de dirigirse en metro o bus al Lower East Side (p. 66) y visitar galerías y tiendas de camino al East Village (p. 94), donde merece la pena ver Tompkins Sq Park (p. 98) y St Marks Pl. Por la noche, se puede salir de copas o disfrutar de una cena tranquila en Second Ave.

Arriba izquierda Clientes de B & H Photo **Arriba derecha** Jugadores de ajedrez en Washington Sq Park **Abajo** Primera prueba de cámara: aprender jugando en el Children's Museum de Manhattan **Página anterior** Puestos de comida en la calle

TRES DÍAS

Se recomienda empezar en el American Museum of Natural History
(p. 200), en el Upper West Side de Manhattan, y después pasear por
Riverside Park (p. 201), en 100th St, donde se encuentra la escultura
dedicada a los bomberos de la ciudad, para acabar en St John the Divine.
El Schomburg Center, el Studio Museum (p. 212) y Striver's Row están
muy cerca, en Harlem, y Amy Ruth (p. 214), en Lenox Ave con 116th
St, resulta un lugar perfecto para probar la comida sureña. Después
de comer, se puede ir a Harlem Meer, en Central Park, y disfrutar de
los Conservatory Gardens, o visitar los museos de la Quinta Avenida,
empezando por el Museum of the City of New York (p. 211) y El Museo
del Barrio (p. 211), cerca de 105th St.

DÍA LLUVIOSO

El MoMA (p. 159) resulta perfecto cuando hace mal tiempo porque crea
la sensación de estar en una burbuja fuera del mundo. Lo mejor es pasar
la mañana visitando las seis plantas del museo y comer en el restaurante
The Modern. Más tarde, se puede bajar a Union Sq, a Bowlmor Lanes
(p. 154), para jugar a los bolos. Desde allí queda cerca el Film Forum,
donde proyectan cine francés. Un buen final es una cena romántica en
Surya o Blue Hill (p. 116), en Greenwich Village.

NUEVA YORK CON POCO DINERO

Aunque resulte difícil de creer, se pueden hacer muchas cosas por menos
de 10 $ en la carísima Madison Ave. Se puede empezar con una visita
a Madison Sq Park (p. 148) y ver el Flatiron Building (p. 148). También

ANTES DE PARTIR

Tres semanas antes conviene elegir un espectáculo de Broadway y reservar las entradas.
Mejor guardar una copia de seguridad por si la piden en la taquilla de TKTS
(Theater Development Fund, www.tdf.org/tkts).
Dos semanas antes se recomienda reservar en Thalassa (p. 51) u otro restaurante
al que se desee ir, en www.opentable.com.
Tres días antes es recomendable inscribirse en Manhattan User's Guide
(www.manhattanusersguide.com) y Daily Candy (www.dailycandy.com).
El día antes se pueden visitar los sitios web sobre eventos artísticos y literarios
(www.clubfreetime.com/new_york.asp; www.freenyc.net) para planear
la primera noche en la ciudad.

acercarse hasta la Municipal Art Society y St Patrick's Cathedral (p. 161). En el trayecto se pasa por la Maison du Chocolat, un buen lugar donde recuperar fuerzas antes de visitar el Whitney Museum of American Art (p. 192). Por la tarde se puede ir a la Museum Mile, una franja llena de arte al este de Central Park, e intentar llegar a tiempo para la puesta de sol en Harlem Meer. Un poco más al norte está el St Nick's Pub (p. 217), donde se puede escuchar *jazz*.

ABIERTO TODO EL DÍA

Muchos museos cierran los lunes, así que ése es el día perfecto para visitar a fondo Central Park (p. 180). De norte a sur, se pasa por el Ramble, el Mall, el Central Park Wildlife Center, el Dairy, el Carousel, y Strawberry Fields. Si se sale por el lado oeste, se puede coger el metro hacia Chelsea. No estarán abiertas todas las galerías, pero sí las tiendas. Se recomienda callejear mirando escaparates hasta el Chelsea Market (p. 139), probar las *delicatessen* de Spotted Pig y seguir hasta Lower Manhattan (p. 44). La Zona Cero (p. 46), St Paul's Chapel (p. 47) y Trinity Church (p. 48) están abiertas todo el día y, bajando por Wall St, sólo hay un paseo hasta South St Seaport (p. 47), donde se celebran conciertos gratuitos en verano y hay un agradable ambiente nocturno.

>BARRIOS Y DISTRITOS

Librería en Dumbo, Brooklyn

BARRIOS Y DISTRITOS

En Manhattan es fácil dejarse llevar por los placeres sensoriales, saboreando las vistas y los olores de los barrios. Sólo cuando se quiere encontrar una calle en concreto pueden surgir dificultades, porque el aluvión de nombres es bastante confuso. Esta guía sigue la nomenclatura de Manhattan de norte a sur.

Wall St y Battery Park (alias Lower Manhattan, el "desfiladero de hormigón") están llenos de rascacielos enormes, apiñados en una zona que se construyó según las necesidades coloniales, lo que ha generado un paisaje urbano fascinante.

Al norte del Puente de Brooklyn se encuentra Chinatown, a lo largo de Canal St hasta lo que fue Little Italy, ahora confinada a Mulberry St, donde las familias que quedan luchan por conservar sus tradiciones. Al norte de Broome St, pero por debajo de Houston St, está Nolita (North of Little Italy), antaño una zona conflictiva, pero ahora repleta de edificios selectos.

Al oeste de Lafayette St, las galerías, *boutiques* y calles adoquinadas dan al Soho y a Tribeca un aire entre decadente y opulento. Esta zona estaba llena de fábricas del s. XIX hasta que en la década de los sesenta llegaron los artistas y convirtieron los edificios de acero abandonados en *lofts* carísimos.

Al norte de Houston St se encuentra Greenwich Village, familiarmente conocido como el Village. Al este –desde Sixth Ave hasta 14th St, y el extremo sudeste de Chinatown por debajo de Houston St– el East Village desemboca en el Lower East Side. Por encima de 14th St, Union Sq es un lugar concurrido, como nudo de las principales líneas de metro y autobús. Al oeste, hacia Ninth Ave, se encuentran el Meatpacking District y Chelsea, mientras que el abarrotado Midtown reúne muchas de las atracciones populares de la ciudad. El Upper East Side está por encima de 59th St, y el Upper West Side, con bulevares arbolados en paralelo a Central Park, conduce hasta Harlem, el barrio del *gospel*, el *jazz*, la buena comida y algunas de las casas más bonitas de Manhattan.

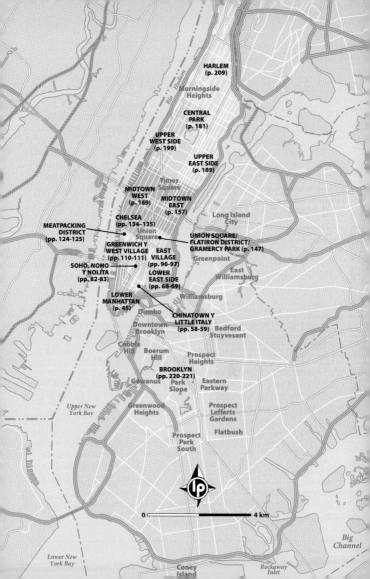

HARLEM
(p. 209)

Morningside
Heights

Río Hudson

**CENTRAL
PARK**
(p. 181)

**UPPER
WEST SIDE**
(p. 199)

**UPPER
EAST SIDE**
(p. 189)

Times
Square

**MIDTOWN
WEST**
(p. 169)

**MIDTOWN
EAST**
(p. 157)

CHELSEA
(pp. 134–135)

Long Island
City

**MEATPACKING
DISTRICT**
(pp. 124–125)

Union
Square

**GREENWICH Y
WEST VILLAGE**
(pp. 110–111)

**EAST
VILLAGE**
(pp. 96–97)

**UNION SQUARE/
FLATIRON DISTRICT/
GRAMERCY PARK** (p. 147)

Greenpoint

**SOHO, NOHO
Y NOLITA**
(pp. 82–83)

**LOWER
EAST SIDE**
(pp. 68–69)

East
Williamsburg

**LOWER
MANHATTAN**
(p. 45)

Williamsburg

Dumbo

**CHINATOWN Y
LITTLE ITALY**
(pp. 58–59)

Downtown
Brooklyn

Bedford
Stuyvesant

Cobble
Hill

Boerum
Hill

Prospect
Heights

BROOKLYN
(pp. 220–221)

Gowanus

Park
Slope

Eastern
Parkway

Greenwood
Heights

Prospect
Lefferts
Gardens

Upper New
York Bay

Flatbush

Prospect
Park
South

0 ————————— 4 km

Lower New
York Bay

Big
Channel

Coney
Island

Rockaway
Inlet

>LOWER MANHATTAN

Famoso por Wall St, cuyo nombre se debe al muro defensivo que construyeron los holandeses hace más de 200 años, este distrito está viviendo una lenta recuperación después de los atentados del 11 de septiembre de 2001.

El enorme agujero que dejó la destrucción del World Trade Center todavía no ha desaparecido, pero los neoyorquinos, con su característica fortaleza, simplemente lo han asumido. Las calles coloniales de Lower Manhattan están llenas de restaurantes y bares de moda. Aunque todavía no hay mucha vida nocturna, está la opción de South St Seaport, con vistas al East River. Y es que, desde que desapareció la lonja de pescado de la calle Fulton, esta zona acoge bares y discotecas, especialmente concurridos en verano. Las antiguas dársenas albergan ahora un pequeño centro comercial con los productos turísticos típicos, pero el ambiente histórico y salobre de cuando era un muelle en uso le aporta un toque de autenticidad.

LOWER MANHATTAN

👁 VER

👁 BATTERY PARK

☎ 311; www.nycgovparks.org; Broadway con Battery Pl; 🕐 amanecer-1.00; 🚇 4, 5 a Bowling Green, 1 a South Ferry; ♿

Situado en el extremo de Lower Manhattan, es un espacio de color y aire puro con 13 esculturas, más de 140 km² de zona verde, el Holocaust Memorial Museum, el NYC Police Memorial, el Irish Hunger Memorial, el Hope Garden, repleto de rosas, y, además, unas vistas espectaculares de la Estatua de la Libertad.

La Esfera, en Battery Park

👁 BOWLING GREEN

Esquina de Broadway con State St; 🚇 4, 5 a Bowling Green

Aunque es pequeño, este parque ha jugado un papel importante en la historia de la ciudad. Se cree que es el lugar donde el colono holandés Peter Minuit compró la isla de Manhattan a los nativos *Lenape* por 24 $. En la actualidad alberga el *Charging Bull*, la famosa escultura de bronce de Arturo di Modica que simboliza a través de un toro bravo la pujanza económica de Estados Unidos.

👁 FEDERAL HALL

☎ 212-825-6888; www.nps.gov/feha; 26 Wall St; entrada gratuita; 🕐 10.00-16.00 lu-vi; 🚇 2, 3, 4, 5 a Wall St

Merece la pena visitar el museo que alberga, dedicado al Nueva York poscolonial y a su empeño por definir la libertad de prensa. En la actualidad el Servicio Nacional de Parques se encarga del mantenimiento y el estilo neoclásico *(Greek Revival)* que lo caracteriza refleja el amor de sus fundadores por la democracia. George Washington fue nombrado presidente en este lugar, un momento histórico recordado por la estatua de bronce de la entrada.

👁 LA ZONA CERO

Church St entre Vesey y Liberty; 🚇 2, 3, E al World Trade Center, N, R a Rector St

Los cimientos del World Trade Center, con sus remaches oxidados, aún se ven claramente desde la plataforma de visitantes de la Zona Cero, y está previsto que algunas partes se mantengan a modo de recuerdo tras la reconstrucción. Por ahora, un monumento conmemorativo, junto al parque de bomberos ubicado en la esquina de Liberty St con Greenwich St, explica la historia del 11-S en tres paneles de bronce.

☉ NATIONAL MUSEUM OF THE AMERICAN INDIAN
☎ 212-514-3700; www.nmai.si.edu; 1 Bowling Green; entrada gratuita; ⏲ 10.00-17.00 vi-mi, 10.00-20.00 ju; ⓜ 4, 5 a Bowling Green

Este museo, dirigido por el Smithsonian Institute, está ubicado en el antiguo edificio de aduanas de EE UU, donde Herman Melville escribió partes de *Moby Dick*. Exhibe una colección de artesanía y objetos cotidianos de tribus indígenas americanas, con información sobre sus creencias y cultura.

☉ LA BOLSA
☎ 212-656-5168; www.nyse.com; 8 Broad St; ⓜ 1, 2, 4, 5 a Wall St, J, M, Z a Broad St

Por motivos de seguridad, ya no se permite la entrada de visitantes al edificio, pero se puede admirar su fachada y la multitud de corredores de bolsa trajeados que pulula por la zona. Durante la Navidad, luce adornos que incluso rivalizan con el enorme árbol del Rockefeller Center.

☉ SOUTH ST SEAPORT
☎ 212-732-7678; www.southstseaport. org; Muelle 17 entre las calles Fulton y South; ⏲ 10.00-21.00 lu-sa, 11.00-20.00 do; ⓜ 3, 4, 5, J, Z a Fulton St; ♿

Los neoyorquinos suelen evitar el centro comercial del muelle 17, que alberga cadenas de restaurantes y tiendas de camisetas *kitsch*, pero les gusta salir por la zona de South St Seaport, sobre todo en verano, cuando hay música en directo. Se pueden visitar barcos antiguos, curiosear entre recuerdos navales y pasear por la zona peatonal adoquinada.

☉ ST PAUL'S CHAPEL
☎ 212-233-4164; www. saintpaulschapel.org; Broadway con Vesey St; ⓜ 2, 3 a Park Pl

Esta capilla depende de Trinity Church y se construyó como auxiliar de la iglesia madre. Su estilo sencillo no le parecía demasiado humilde a George Washington, que tenía hasta su propio banco. Fue uno de los centros de operaciones durante los días posteriores al 11-S, lo que se recuerda en una exposición permanente.

🌐 LA ESTATUA DE LA LIBERTAD Y ELLIS ISLAND

☎ 212-363-3200 (info ferry), 212-269-5755 (entradas), 866-782-8834 (teléfono gratuito de reservas); www.nps.gov/stli, www.statuereservations.com; Ferry Circle Line adulto/niño 10/4 $, sale de Battery Park cada 20-30 min desde 8.30 hasta media tarde, con parada en Liberty Island y Ellis Island; 🕐 aparcamiento 9.00-17.00 (18.30 jun-ago); ♿

La parte superior de la estatua está cerrada por motivos de seguridad, pero la visita es recomendable de todos modos, ya que de cerca su envergadura resulta sorprendente. Sólo se puede acceder a la base reservando la entrada. La cercana Ellis Island es aún más impresionante, ya que la exposición y los relatos de la vida de los inmigrantes conmueven e informan al mismo tiempo al visitante.

🌐 TRINITY CHURCH

☎ 212-602-0800; Broadway con Wall St; 🕐 8.00-18.00 lu-vi, 8.00-16.00 sa, 7.00-16.00 do; 🚇 2, 3, 4, 5 a Broadway, N, R a Rector St

Esta iglesia, de gran importancia en la historia de Nueva York, fue construida en 1697 por el rey Guillermo III. En teoría, sus sacerdotes tenían que ser partidarios del gobierno vigente, pero muchos se comprometieron con la independencia a mediados del s. XVIII. De hecho, en su pequeño cementerio pueden encontrarse varias tumbas en las que descansan eternamente personajes ilustres de la Revolución Americana.

🛍 COMPRAS

Lower Manhattan no es precisamente la meca de las compras, salvo por una notable excepción: la tienda de oportunidades Century 21. Tiene una zona peatonal alrededor de Fulton St y Nassau St. Aunque ponen todo el empeño en fomentar el consumo, no ofrecen regalos demasiado originales. Tribeca es conocido por los muebles modernos, los establecimientos de moda infantil y algunas tiendas de diseño.

🏬 CENTURY 21

☎ 212-227-9092; www.c21stores.com; 22 Cortland St con Church St; 🕐 7.45-20.00 lu-mi y vi, hasta 20.30 ju, 10.00-20.00 sa, 11.00-19.00 do; 🚇 A, C, 4, 5 a Fulton St-Broadway-Nassau St

He aquí el secreto peor guardado de Nueva York: en los estantes de esta tienda se alinean prendas de alta costura con grandes descuentos. Casi siempre está abarrotada, pero se pueden encontrar piezas de diseño interesantes.

Century 21

ISSEY MIYAKE

☎ 212-226-0100; 119 Hudson St;
🕐 11.00-19.00 lu-sa, 12.00-18.00 do;
🚇 1 a Franklin St

Faldas preciosas, maravillosos plisados y miles de blusas sedosas y elegantes. Ropa muy acorde con el estilo del barrio, aunque los precios son más bien altos.

J & R

☎ 800-221-8180; www.jr.com; 15 Park Row; 🕐 9.00-19.30 lu-sa, 10.30-18.30 do; 🚇 4, 5, 6 al Puente de Brooklyn

En esta tienda de tres plantas, situada entre las calles Ann y Beekman, se puede encontrar cualquier cosa que tenga que ver con la tecnología, los videojuegos, los equipos de sonido y la música.

🍴 COMER

🍴 BLAUE GANS

Comida casera austriaca $-$$

☎ 212-571-8880; 139 Duane St;
🕐 almuerzos y cenas; 🚇 1, 2, 3 a Chambers St; 🚼

La crítica ha calificado de "chapuza" este último intento del joven genio austro-americano Kurt Gutenbrunner, pero a todos los demás les encanta la ensalada de col lombarda, las salchichas y el pollo frito *à la Viennese* con *goulash* de venado y ensalada de patata. Los vinos austriacos y los postres son un aliciente más. No se hacen reservas, los niños son bienvenidos y la comida, abundante.

🍴 BOULEY *Francesa* $$$
☎ 212-694-2525; www.davidbouley.com; 120 West Broadway; 🕒 almuerzos y cenas; 🚇 2, 3, A a Chambers St; ♿

El niño mimado de la escena culinaria neoyorquina ha caído de su pedestal en alguna ocasión pero siempre ha sabido recuperarse. Cada noche, el buque insignia de David Bouley se llena de gente que se muere por probar sus platos de temporada, como el cordero lechal, la *moussaka* de berenjena, las navajas o los espárragos. Hay que reservar, pero también se puede comer al lado, en Bouley Bakery, Café & Market, o en **Danube** ($$$; ☎ 212-791-3771; 30 Hudson St; 🕒 almuerzos), la creación austriaca de Bouley.

🍴 BRIDGE CAFÉ
Actual americana $$-$$$
☎ 212-227-3344; bridgecafechef@aol.com; 279 Water St; 🕒 almuerzos 11.45-16.00 lu-vi, cenas 16.00-22.00 do y lu, 16.00-23.00 ma-ju, 16.00-24.00 vi, 17.00-24.00 sa, *brunch* 11.45-16.00 do; 🚇 2, 3, 4, 5, A, C, J, M, Z a Fulton St-Broadway-Nassau St; ♿ 🚼

Hace ya más de dos siglos que existe y sigue siendo uno de los mejores locales de Nueva York. Sus *brunches* tranquilos y sus almuerzos abundantes son muy recomendables. Los platos son bastante más modernos que la decoración, con ingredientes frescos y bistecs, aves y pescados locales.

🍴 BUBBY'S PIE COMPANY
Americana y sureña $$
☎ 212-219-0666; www.bubbys.com; 120 Hudson St; 🕒 desayunos, almuerzos y cenas; 🚇 1 a Franklin St; ♿ 🚼

A los niños les encantará su puré de patatas cremoso, los perritos calientes, las hamburguesas con patatas fritas y sus tartas caseras. Los adultos pueden elegir la ensalada tibia de pera, rúcula y remolacha, las sopas o los sándwiches.

🍴 FINANCIER PATISSERIE
Panadería, sándwiches y dulces $-$$
☎ 212-334-5600; 62 Stone St con Mill Ln; 🕒 7.00-20.30 lu-vi, 7.00-19.00 sa; 🚇 2, 3, 4, 5 a Wall St, J, M, Z a Broad St; ♿ 🚼

¡La *Rive Gauche* parisina en pleno distrito financiero! Desde primera hora de la mañana, los clientes acuden a buscar cruasanes recién hechos, tarta de almendra y albaricoque y café negro y cargado. A mediodía regresan a comprar *quiches* con ensalada, sopa de lentejas y sándwiches.

🍴 FRANKLIN STATION CAFÉ
Francesa malasia $-$$
☎ 212-274-8525; 222 W Broadway con Franklin St; 🕒 desayunos, almuerzos y cenas a diario, *brunches* sa y do; 🚇 1 a Franklin St, A, C, E a Canal St; 🚼

Saben mezclar de forma magistral los sabores asiáticos y tienen un don para elaborar delicias culinarias únicas. Es uno de los favoritos de esta zona, invadida de restaurantes que abren y cierran constantemente. Además de platos de pollo al *curry* con crema de coco y batidos de mango, hay una exposición de diapositivas en la pared junto a la puerta.

🍴 FRAUNCES TAVERN
Típica americana $$-$$$

☎ 212-968-1776; www.frauncestavern. com; 54 Pearl St; 🕓 11.30-21.30 lu-vi, 11.00-21.30 sa (se recomienda reservar); 👬

No se puede dejar pasar la oportunidad de comer en el lugar en que cenó George Washington en 1762 (está documentado). Sirven guisos, sopa de almejas y carne a la Wellington y, de postre, tarta de frutas, pudin de pan con sirope de caramelo, pastel de manzana e higos o tartaleta de fresa. La barra, siempre llena de amables parroquianos, es perfecta para tomar un aperitivo.

🍴 LES HALLES
Francesa $$-$$$

☎ 212-285-8585; www.leshalles.net; 15 John St entre Broadway y Nassau; 🕓 almuerzos y cenas; Ⓜ A, C a Broadway-Nassau St

Es difícil no divertirse con su cancán. Sirven cocina tradicional francesa: *filet de boeuf bèarnaise*, *cassoulet toulousain*, *choucroute garnie*, *moules frites*, bistec *au poivre*, y muchos *amuse-gueules*.

🍴 THE SODA SHOP
Casera americana $-$$

☎ 212-571-1100; 125 Chambers St; 🕓 8.00-21.00; Ⓜ A, C, 2, 3 a Chambers St; 👬 👫 Ⓥ

Los almuerzos y cenas son geniales –clásicos americanos como macarrones con queso y espaguetis con albóndigas– pero a los neoyorquinos les pierden sus desayunos. Su interior hogareño es el lugar perfecto para picar algo de camino al trabajo.

🍴 THALASSA
Griega $$$

☎ 212-941-7661; www.thalassanyc. com; 179 Franklin St; 🕓 almuerzos y cenas; Ⓜ 1 a Franklin St; 👬

Los dueños y administradores de este local, que antaño fue una tienda de quesos y vinos, son griegos. Actualmente es un restaurante elegante que vende pescado fresco por libras. Son recomendables el *spetsiota*, el *risotto* de marisco con aceite de oliva, el bogavante estofado con brandy, queso, ajo y tomillo, el cordero estofado, la carne de jabalí, las gambas norteafricanas y los vinos griegos espumosos.

🍴 ZAITZEFF
Biológica $-$$

☎ 212-571-7272; www.zaitzeffnyc. com; 72 Nassau St; 🕓 8.00-22.00 lu-vi,

BARRIOS Y DISTRITOS

LOWER MANHATTAN

APERITIVOS JUNTO AL MAR

Ha habido una explosión de restaurantes por la zona de South St Seaport –quizá el cierre de la colorida (pero pestilente) lonja de pescado anunció el cambio–. Son recomendables: **Meade's** (22 Peck Slip; comida de pub); **SUteiSHI** (236 Front St; sushi); **Bin No. 220** (220 Front St; especializado en vinos); **Jack's Stir Brew** (222 Front St; bollos vegetarianos y café); **Il Brigante** (214 Front St; italiano); **Stella Maris** (213-217 Front St; comida europea) y **Salud!** (142 Beekman St; tapas).

10.00-18.00 sa y do; 🚇 2, 3, 4, 5, A, C, J, M, Z a Fulton St-Broadway-Nassau St; ♿ 🚻 ⓥ

Por fin comida saludable en el centro de Manhattan. Lo abrió un ex corredor de bolsa de Wall St y ahora sirve hamburguesas de carne biológica (también de pavo) en panecillos de cereales de Portugal a sus ex compañeros. Tienen todo tipo de alimentos biológicos: bollos, ensaladas y también platos vegetarianos.

🍸 BEBER

🍸 ANOTHER ROOM

☎ 212-226-1418; 249 West Broadway; 🚇 1, 2 a Franklin St

Tranquilo, extravagante y lleno de vecinos de Tribeca. Es acogedor a pesar de lo reducido del espacio

y la decoración industrial. Sólo sirven vino y cerveza.

🍸 BLUE BAR AT BAYARD'S

☎ 212-514-9454; www.bayards.com; 1 Hanover Sq entre las calles Pearl y Stone; 🕐 16.30-11.00 lu-sa; 🚇 2, 3 a Wall St, 4, 5 a Bowling Green, J, M, Z a Broad St, R, W a Whitehall St

Oscuro y con una ambientación marítima. Se encuentra en el interior del Bayard, un restaurante muy popular. Su ambiente formal se anima un poco los miércoles por la noche gracias a la música de piano en directo, pero siempre es un lugar perfecto para una cita romántica.

🍸 JEREMY'S ALE HOUSE

☎ 212-964-3537; 228 Front St; 🕐 8.00-24.00 lu-vi, 10.00-24.00 sa, 12.00-23.00 do; 🚇 2, 3, 4, 5, A, C, J, M, Z a Fulton St-Broadway-Nassau St

Aunque es un poco destartalado, este local siempre ha tenido una clientela fiel, sobre todo obreros que acuden por las almejas fritas, la cerveza fría y el ambiente alegre.

🍸 RISE

☎ 917-790-2626; www.ritzcarlton.com; Ritz Carlton en 2 West St con Battery Pl; 🚇 N, R, W a Rector St, 4, 5 a Bowling Green

¿Hay mejor sitio para tomar una copa que 14 pisos por encima del río Hudson? Es exquisito y

Robert Hammond,
Izquierda, con el cofundador de High Line, Joshua David

¿Cuál es su época favorita en la ciudad? Los fines de semana en verano; soy una de las pocas personas a quienes les gusta estar en la ciudad durante el verano. **¿Cómo será su barrio en cinco años?** Espero que haya más espacio para el arte, con la ampliación del Whitney Museum. Creo que la esquina de las calles Washington y Gansevoort será de las más interesantes del mundo: la entrada a High Line, el Whitney, la energía del West Village y Meatpacking District. Es un gran anclaje para High Line. En Chelsea se puede ver el arte contemporáneo más increíble y, después, *hoppers* y *wharhols* en la colección permanente del Whitney. **¿Algo que sólo pueda pasar en Nueva York?** Nadar por Manhattan en la competición organizada por www.swimnyc.org.

acogedor en cualquier época del año, pero resulta especialmente agradable cuando abren la terraza de verano al aire libre. En cuanto a la indumentaria, es recomendable un estilo *casual chic*, elegante pero no recargado.

ULYSSES
☎ 212-482-0400; 95 Pearl St; ⊕ 2, 3 a Wall St

Irlandés, con sillas grandes y sofás cómodos. Tiene una zona tranquila y otra de bar animado. La clientela es diversa y divertida, la carta de bebidas es inmensa y los propietarios tienen un autobús lanzadera entre éste y sus dos otros establecimientos, el Puck Fair y el Swift.

⭐ OCIO

◼ RIVER TO RIVER FESTIVAL
www.rivertorivernyc.com; South St Seaport, Battery Park y Lower Manhattan; entrada gratuita; ⊕ cualquier tren a Lower Manhattan; ⛴

Durante el verano, esta organización sin ánimo de lucro programa películas, actuaciones musicales, noches de baile, actividades para niños y otras propuestas culturales por todo Lower Manhattan. Cuelgan el programa en su sitio web. Entre los actos más populares están las noches latinas en South St Seaport.

◼ FERRY DE STATEN ISLAND
☎ 718-815-BOAT; www.nyc. gov/html/dot/html/ferrybus/statfery. shtml; Whitehall Terminal en las calles Whitehall y South; entrada gratuita; ⏱ 24 h; ⛴

Esto es vida: una suave brisa, mucho espacio y vistas estupendas a Lower Manhattan, la Estatua de la Libertad y Ellis Island. Y no cuesta nada. Es de lo mejor de la ciudad.

◼ TRIBECA FILM CENTER
☎ 212-941-2000; www.tribecafilm. com; 375 Greenwich St entre N Moore St y Franklin St; ⊕ 1 a Franklin St

No es un cine en activo pero esta obra altruista del legendario Robert DeNiro mueve a mucho público que acude a sus proyecciones especiales

---

RICHMOND GALLERIES

Antigüedades, muebles únicos, primeras ediciones y más. Esta **casa de subastas** (☎ 718-273-1120; www. richmondgalleries.com) es un negocio familiar centenario de Staten Island. Es el secreto mejor guardado de Nueva York, aunque cada vez hay más colas en los días de subasta. La familia Brown empezó a atesorar muebles hace 100 años a raíz de un negocio de mudanzas (cuando un cliente no pagaba, la familia se quedaba los muebles). Se recomienda llamar para más información.

durante todo el año. De hecho, es como el centro neurálgico del Tribeca Film Festival, también responsabilidad del actor neoyorquino.

⭐ **TRIBECA PERFORMING ARTS CENTER**
☎ 212-220-1460; www.tribecapac. org; 199 Chambers St; ⊕ A, C, 1, 2, 3 a Chambers St
Un colectivo de artistas locales, el TribecaPAC, organiza actuaciones sobre temas relacionados con la vida en la ciudad. Las obras son multidisciplinares y

sorprendentes, como *Lost Jazz Shrines*, que rememoraba los clubes de jazz de Nueva York, ya desaparecidos.

⭐ **WASHINGTON MARKET PARK**
☎ 212-964-1133; www.washingtonmarketpark.org; Greenwich St y Chambers; ⏱ 6.00-anochecer; ⊕ 1, 2, 3 a Chambers St
En 1858, los vecinos de Lower Manhattan solían acudir a este espacio de más de 12.00 m² de superficie a comprar comida, pero en la actualidad es un parque muy frecuentado.

>CHINATOWN Y LITTLE ITALY

El espacio que ocupó Little Italy ahora se ha convertido casi por completo en Chinatown, excepto por uno o dos bloques de casas en Canal St. El barrio es un ejemplo de cómo las comunidades de inmigrantes llegan, prosperan y después se trasladan a Nueva York.

Más allá de cuál sea el origen de sus habitantes (aunque, con 150.000 residentes chinos, está claro quién está al mando), lo importante es que resulta un barrio animado y exótico.

Cada vez hay más presencia vietnamita y llegan oleadas de inmigrantes chinos de Fuzhou, Guangdong y Toisan, por lo que las fiestas y tradiciones se solapan y ya se han abierto 200 nuevos restaurantes y bares.

La historia de los inmigrantes está presente en cualquier parte. Pero, para organizarse, es útil acudir al **quiosco de información Explore Chinatown** (☎ 212-484-1216; www.explorechinatown.com; Canal St entre Baxter St y Walker St; ✆ 10.00-18.00 lu-vi y do, 10.00-19.00 sa), donde empleados multilingües orientan sobre restaurantes, tiendas, visitas y eventos.

También es interesante recorrer en solitario las calles ajetreadas y llenas de fragancias. Y, para intercambiar culturas, se puede acudir a Mott St y Mulberry St, donde durante los meses más cálidos se puede cenar al aire libre.

CHINATOWN Y LITTLE ITALY

Véase plano a continuación

VER
TEMPLOS BUDISTAS

Hay templos budistas por todo Chinatown, pero el **Eastern States Buddhist Temple** (64 Mott St entre Bayard St y Canal St) acoge cientos de estatuas de diferentes tamaños. Es un lugar muy conocido, igual que el **Mahayana Buddhist Temple** (133 Canal St y Manhattan Bridge Plaza), que muestra un Buda enorme de casi cinco metros. Dos leones dorados guardan la puerta de entrada.

COLUMBUS PARK
Mulberry St y Park St

Viendo a los residentes jugar a *mah-jongg* y al dominó resulta difícil creer que el parque formase parte en su día del conocido barrio de Five Points, el que inspiró a Martin Scorsese para grabar *Gangs of New York*. Aunque este pequeño triángulo se ha convertido ahora en un parque tranquilo, los alrededores son los originales de 1890.

MULBERRY ST
C, E a Spring St

La esencia original ya hace tiempo que desapareció, pero Mulberry St todavía conserva su orgullo italiano. El gánster Joey Gallo fue asesinado en **Umberto's Clam House** (☎ 212-431-7745; 386 Broome St con Mulberry St) en los años setenta, el bar **Mare Chiaro** (p. 64) era uno de

los favoritos de Frank Sinatra y el **Ravenite Social Club** (247 Mulberry St), que ahora alberga una tienda de regalos, fue el Alto Knights Social Club, donde acudían *mafiosi* como Lucky Luciano. Por el Ravenite se veía a menudo al *capo* John Gotti (y al FBI) hasta que lo detuvieron y, en 1992, lo sentenciaron a cadena perpetua.

MUSEUM OF CHINESE IN THE AMERICAS

☎ 212-619-4785; www.moca-nyc.org; 70 Mulberry St con Bayard St; ⌚ 12.00-17.00 ma-do; J, M, N, Q, R, W, Z, 6 a Canal St

Está previsto que el museo se traslade a una nueva ubicación de más de 1.000 m² en Lafayette, entre Grand St y Howard St, con una lujosa sala de visitantes y un decorado perfecto para sus piezas antiguas. El MOCA explica la historia de Chinatown mediante objetos, relatos y fotografías.

 # COMPRAS
CANAL ST

M, N, Q, R, W, Z, 6 a Canal St

Es una avenida bulliciosa y congestionada, donde se puede encontrar de todo, siempre que se tenga buen ojo y mucha paciencia. Si no, se puede optar por dar un paseo entre los personajes peculiares que rondan por sus

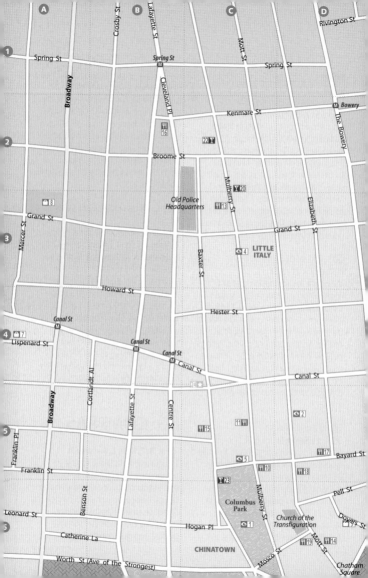

Ojeando las tiendas de curiosidades de Canal St

mercados, visitar las farmacias homeopáticas de remedios chinos y dejarse llevar por la algarabía del lugar.

PEARL PAINT COMPANY
☎ 212-431-7932; 308 Canal St; ⏱ 10.00-19.00 lu-vi, 10.00-18.30 sa, hasta 18.00 do; ◉ J, M, N, Q, R, W, Z, 6 a Canal St

Se nota que es una institución en los círculos artísticos. Ocupa cuatro plantas de un almacén enorme, cuenta con una cantidad casi obscena de espacio y ofrece una lista infinita de todo aquello que tenga que ver con la pintura, el dibujo, las manualidades, el pan de oro, el pegamento...

PEARL RIVER MART
☎ 212-431-4770; 477 Broadway; ⏱ 10.00-19.00; ◉ J, M, N, Q, R, W, Z, 6 a Canal St

Este imperio asiático plagado de chismes se ha trasladado un poco más arriba de Canal St, a los alrededores del Soho. Se pueden encontrar kimonos preciosos, sandalias con adornos, teteras japonesas, farolillos de papel, botes de especias, hierbas, tés misteriosos y mucho más.

WING FAT SHOPPING
8-9 Bowery entre Pell y Doyers St; ◉ J, M, N, Q, R, W, Z, 6 a Canal St

Es un centro comercial muy curioso, subterráneo y con

PREMIOS VENDY

A los neoyorquinos, que son muy profesionales, les gusta premiar a cualquiera que haga su trabajo de forma excepcional, y eso incluye los miles de vendedores de puestos de comida que animan las calles desde el amanecer hasta el anochecer vendiendo delicias, a menudo especialidades de sus tierras natales. Cada año la asociación sin ánimo de lucro Street Vendors Project organiza un concurso de cocina entre los mejores vendedores. El eterno segundo puesto es para Thiru "Dosa Man" Kumar (de Washington Sq Park South y Sullivan St): sus *dhosas* vegetarianas son legendarias, pero no consigue arrancarle la primera plaza a Sammy's Halal, de 73rd St y Broadway, en Queens. La lista de los ganadores se cuelga en www.streetvendor.org, donde se puede participar en las nominaciones.

negocios de reflexología, coleccionistas de sellos y expertos en *feng shui*. Pero lo más fascinante es su historia, pues se dice que el túnel fue utilizado por el movimiento clandestino de liberación de esclavos negros en el s. XIX y, a principios del s. XX, como vía de escape para los miembros de las bandas *Tong*, que se peleaban arriba, en la calle, y desaparecían en la oscuridad para burlar a la policía.

 COMER

BO KY RESTAURANT
Panasiática $

☎ 212-406-2292; 80 Bayard St entre Mott St y Mulberry St; ☽ desayunos, almuerzos y cenas; ⊕ J, M, N, Q, R, W, Z, 6 a Canal St; Ⓥ

Barato, rápido y delicioso. Las sopas de carne, los tallarines de pescado y los arroces al *curry* atraen al restaurante a parejas y grupos pequeños. Merece la pena animarse.

CANOODLE *China* $

☎ 212-349-1495; 79 Mulberry St; ☽ desayunos, almuerzos y cenas (hasta 21.00); ⊕ J, M, N, W, Z, 6 a Canal St; ♿ ⚤ Ⓥ

Es un clásico de la vieja escuela, famoso por el arroz frito con salchichas, la codorniz con lechuga, el pescadito y el pato a la pequinesa. Abre temprano y cierra temprano (para Chinatown) y, pese a su peculiar diseño, siempre está lleno.

CANTON *Cantonesa* $$$

☎ 212-226-4441; 45 Division St entre Bowery y Market St; ☽ almuerzos y cenas; ⊕ F a East Broadway; ⚤

Abrió hace 50 años, así que algo deben de hacer bien. O, mejor dicho, todo. Ubicado debajo del Manhattan Bridge, ofrece platos deliciosos como fideos con cebolleta y jengibre, *tofu* salteado (con cerdo), revuelto vegetal y pollo al ajo.

☂ **DA NICO** *Italiana* $$-$$$

☎ 212-343-1212; 164 Mulberry St; ☼ almuerzos y cenas; ❷ J, M, N, Q, R, W, Z, 6 a Canal St; ♿

Es uno de los pocos lugares de Little Italy donde se puede olvidar el ajetreo de las calles y disfrutar del ambiente del viejo mundo. Su enorme patio es uno de sus grandes atractivos, así como las gambas gigantes con gabardina, el pollo *scarpariello* y la pizza napolitana. Aunque el Little Italy turístico no cuenta con demasiados lugares destacables, este establecimiento familiar es una excepción.

☂ **DOYERS VIETNAMESE RESTAURANT** *Vietnamita* $

☎ 212-513-1521; 11 Doyers St entre Bowery y Pell St; ☼ almuerzos y cenas; ♿ Ⓥ

Gran parte del atractivo del restaurante es la calle en la que está ubicado, conocida como el "Bloody Triangle" (triángulo sangriento) durante la época de las bandas. Tienen un menú larguísimo, con platos vegetarianos y de carne, que sirven en un comedor subterráneo.

☂ **JAYA** *Malasia* $$

☎ 212-219-3331; 90 Baxter St entre Walker St y White St; ☼ almuerzos y cenas; ❷ J, M, N, Q, R, W, Z, 6 a Canal St; ♿ Ⓥ

Treinta tipos de fideos, acompañados de *tofu*, verduras, chiles picantes, cerdo, ternera y pollo son el plato principal, aunque también tienen otras propuestas como el arroz frito con coco, la ternera con albahaca y la sopa de pescado.

☂ **LA ESQUINA** *Mexicana* $-$$

☎ 646-613-1333; 106 Kenmare St; ☼ 24 h; ❷ 6 a Spring

A primera vista, puede parecer un local de mala muerte. Y lo es a altas horas de la madrugada, pero de día sirven buena comida mexicana, perfecta para asentar el estómago. Hay que reservar para sentarse en

La Esquina, Little Italy

el sanctasanctórum: un comedor bastante tranquilo en la planta inferior.

🍴 MEI LAI WAH COFFEE HOUSE
Panadería $

☎ 212-925-5438; 64 Bayard St con Elizabeth St; ⏰ desayunos, almuerzos y cenas; 🚇 J, M, N, Q, R, W, Z, 6 a Canal St; ♿ ♨ Ⓥ

Unos bollos de cerdo al vapor con un café negro y denso son una buena manera de empezar la mañana. A primera hora, el local se llena de trabajadores que hacen un alto en esta institución de Chinatown para comprar el desayuno.

🍴 ORIGINAL CHINATOWN ICE CREAM FACTORY *Heladería* $

☎ 212-608-4170; www. chinatownicecreamfactory.com; 65 Bayard St; ⏰ 11.00-22.00; 🚇 J, M, N, Q, R, W, Z, 6 a Canal St; ♿ Ⓥ

Sus empleados cuentan que el helado fue inventado en China durante la dinastía *Tang*. Y, teniendo en cuenta los sabores exóticos que ofrecen, puede que sea cierto. Hay sorbetes de aguacate, *durián*, sésamo y menta, además de los tradicionales como la vainilla y el chocolate.

🍴 PEKING DUCK HOUSE
China $-$$

☎ 212-227-1810; 28 Mott St; ⏰ almuerzos y cenas; 🚇 J, M, N, Q, R, W, Z, 6 a Canal St; ♿ ♨ Ⓥ

Haciendo honor a su nombre, la especialidad de la casa es el pato glaseado, grande, tostado, crujiente, envuelto en pan y acompañado de salsa *hoisin*. Pero, además, tienen mucha variedad de platos entre los que escoger y que combinan sabiamente los sabores de Pequín, Shangai y Szechuan. El local es menos extravagante que otros de Chinatown, pero no por eso resulta menos interesante y suele ser un lugar típico para celebraciones familiares.

🍸 BEBER

🍸 DOUBLE HAPPINESS
☎ 212-941-1282; 173 Mott St entre Broome St y Grand St; 🚇 J, M, Z a Bowery, 6 a Spring St

Un tramo de escaleras de piedra conduce a un local oscuro sin ningún cartel indicativo. Esto forma parte de su encanto y a la clientela parece gustarle porque vuelve una y otra vez. Además, la estrecha sala está llena de velas, lo que le otorga un aire sensual y misterioso.

🍸 HAPPY ENDING
☎ 212-334-9676; www. happyendinglounge.com; 302 Broome St; ⏰ 22.00-4.00 ma; 19.00-4.00 mi-sa; 🚇 B, D a Grand St; J, M, Z a Bowery

Mejor ignorar la horrible decoración rosa y púrpura:

era un salón de masajes y los nuevos propietarios no vieron la necesidad de redecorar. Es mejor centrarse en la música *groove*, *hip-hop*, *funk* y electrónica. Los martes hay fiestas temáticas como "We Bite" y "Shit Hammered"; los miércoles se organizan veladas literarias (antes de que empiece el baile); además de noches gays, góticas y *punk* o el "Human Jukebox DJ" de los sábados. Hay que tener en cuenta que en el letrero de la entrada pone "Xie He Health Club", los dueños tampoco debieron de considerar esencial cambiarlo.

MARE CHIARO
☎ 212-226-9345; **176½ Mulberry St entre Broome St y Grand St;** ⊕ **B, D a Grand St**
En este lugar hay que parar un momento para presentar los respetos a "La Voz", Frank Sinatra, que solía venir a este local y derrochaba encanto para que los camareros le sirvieran "uno doble".

WINNIE'S
☎ 212-732-2384; **104 Bayard St entre Baxter St y Mulberry St;** ⊕ **J, M, N, Q, R, W, Z, 6 a Canal St**
Uno de los muchos karaokes escondidos en las calles de

Mercado local de verduras en Chinatown

Chinatown. Es conocido por sus cócteles potentes y su amplia selección de música de los años ochenta; siempre está lleno de amantes de la canción, algunos buenos y otros lo suficientemente malos como para que uno pierda el miedo a coger el micrófono.

OCIO
QUIOSCO DE INFORMACIÓN DE CHINATOWN

☎ 212-619-4785; www.moca-nyc.org
Para adentrarse en el bullicioso mundo de Chinatown hace falta un guía. Una buena idea es confiar en uno de los del Museum of

---

POESÍA EN TRIBECA
El **Poets House** (☎ 212-431-7920; www.poetshouse.org) es un colectivo sin ánimo de lucro que celebra la poesía y los poetas. Está ubicado en el Soho, aunque a menudo organiza eventos en el Tribeca Performing Arts Center. Tanto si se es un trovador experto como si es un aficionado, las charlas son inspiradoras.

Chinese in the Americas (p. 57). Las visitas, semanales de mayo a diciembre, están organizadas por docentes del museo con raíces familiares en la comunidad y dan una idea general sobre el pasado y el presente del barrio.

>LOWER EAST SIDE

Este barrio ecléctico fue durante años un lugar realmente sórdido y ha sido hace poco cuando se ha convertido en zona de moda. Sin embargo, los cambios que comienzan a alterar su imagen histórica están echando raíces casi de la noche a la mañana. Esta barriada fue en su día un gueto terrible, donde millones de inmigrantes y personas de clase obrera intentaban mejorar su situación.

Construyeron las Eldridge St Synagogue y Ukranian Church, todavía existentes en la actualidad, y lucharon para conseguir mejoras básicas en el barrio. Era un barrio de mala muerte, el último lugar al que se querría ir y el escalón más bajo de la sociedad neoyorquina.

Pero en la actualidad se está llevando a cabo una auténtica revolución, con la idea de conservar lo que queda mientras se da una oportunidad a lo nuevo. Por primera vez en cien años, el barrio tiene una esperanza y es genial ver su reestructuración radical.

LOWER EAST SIDE

Véase plano a continuación

VER

EAST RIVER PARK

Una renovación de cuatro millones de dólares puede hacer milagros en un parque, aunque esté situado al lado de la autopista FDR. Esta pequeña zona verde se encuentra en el lado este de Manhattan y tiene pistas de tenis, baños reformados, recorridos para bicicletas y unas vistas fantásticas del muelle de Dumbo.

ELDRIDGE ST SYNAGOGUE

☎ 212-219-0888; www.eldridgestreet. org; 12 Eldridge St entre Canal St y Division St; ⏲ visitas 11.00-16.00 do, ma, ju o con cita prev.; Ⓜ F a East Broadway

Fue construida en 1887 y era el centro de la vida de los judíos del barrio: miles de personas acudían a los servicios religiosos. Pero a partir de la década de 1920 empezó a estar en mal estado y en los años cincuenta se cerró. Durante los años ochenta la comunidad empezó el Eldridge St Project para restaurarla y casi está terminada. Alberga conciertos, exposiciones y charlas.

ESSEX ST MARKET

☎ 212-312-3603; www.essexstreetmarket.com; 120 Essex St entre Delancey St y Rivington St; ⏲ 8.00-18.00 lu-sa; Ⓜ F, V a Delancey St, J, M, Z a Delancey -Essex St

Mitad judío y mitad latino (como el barrio), este mercado octogenario resulta un verdadero placer. En Essex St Cheese Co se puede comprar un cremoso Comté (están especializados en quesos franceses). En Schapiro Wines, la bodega más antigua de la ciudad, fundada en 1899, tienen vino *kosher*. Para el resto, sólo hay que dejarse guiar por los aromas de los puestos de encurtidos, carne, aceitunas y pan.

GALLERY ONETWENTYEIGHT

☎ 212-674-0244; www.onetwentyeight.com; 128 Rivington; ⏲ llamar para cita; Ⓜ F a Second Ave

Una pequeña galería con preferencia por el dibujo y la pintura contemporáneos. También cede su espacio a aficionados durante una noche, evento que se promociona sólo por el boca a boca. Si se coincide con una de estas noches, resulta toda una suerte.

LOWER EAST SIDE TENEMENT MUSEUM

☎ 212-431-0233; www.tenement.org; 90 Orchard St con Broome St; adultos/ jubilados y estudiantes/niños menores de 5, 15 \$/11 \$/gratis, descuentos para entradas combinadas; ⏲ centro de visitantes 11.00-17.30, visitas cada 40 min en horarios combinables (mejor reservar); Ⓜ B, D a Grand St, F a Delancey St, J, M, Z a Essex St; ♿

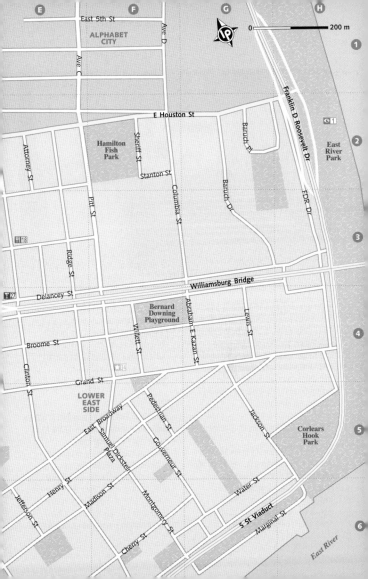

Apartamento restaurado del Lower East Side, en Tenement Museum

Una aproximación directa a las condiciones que soportaron los inmigrantes judíos y de la Europa del Este a principios de siglo. Las visitas por los apartamentos amueblados recuerdan el entusiasmo de los primeros colonos por labrarse un nuevo futuro en América.

⊙ ORCHARD STREET BARGAIN DISTRICT

Orchard St , Ludlow St y Essex St entre Houston St y Delancey St; ⊙ **do-vi;** ⊙ **F a Delancey St, J, M, Z a Essex St**
Hace años, los comerciantes judíos y de Europa oriental vendían en este cruce cualquier cosa que fuera susceptible de

venderse. Las más de 300 tiendas que hay actualmente no son tan pintorescas, pero es un buen sitio para comprar camisetas y pantalones vaqueros baratos. También se puede intentar regatear.

⊙ PARTICIPANT INC

☎ **212-254-4334; 95 Rivington St entre Ludlow St y Orchard St;** ⊙ **12.00-19.00 mi-do;** ⊙ **F a Second Ave**
Es en parte galería y en parte espacio de interpretación cultural (la segunda planta se utiliza para todo tipo de eventos innovadores). Fue fundada en 2002 por Lia Gangitano y ha sobrevivido a muchas otras salas

RECORRIDO POR EL TENEMENT MUSEUM

Hay tres recreaciones de viviendas del s. xx, que incluyen una casa de finales del s. xix con tienda de la familia Levine de Polonia y dos viviendas de inmigrantes de las grandes depresiones de 1873 y 1929. Los fines de semana el museo ofrece una visita interactiva que permite a los niños vestirse con ropa de época y tocar todo lo que quieran del apartamento restaurado (de aproximadamente 1916) de una familia judía sefardí. Las visitas por el barrio se hacen de abril a diciembre y suelen incluir tiendas como **Streit's Matzo Company** (148-154 Rivington St), que abrió en la década de 1890, y **First Shearith Israel Graveyard** (55-57 St James Pl entre James St y Oliver St), que contiene el cementerio de la primera comunidad judía del país. Las tumbas datan del s. xvii y algunas son de gente que huyó de la Inquisición española.

de exposiciones. Cuenta con una lista de autores internacionales, pero también expone la obra de artistas del barrio.

 COMPRAS

48 HESTER
☎ 212-473-3496; 48 Hester St con Ludlow St; ☽ 12.00-19.00 ma-vi, 11.00-18.00 sa y do; ◉ F, V a Lower East Side- Second Ave

Su propietaria, Denise Williamson, tiene en la tienda a sus diseñadores preferidos –Ulla Johnson, Kristen Lee, sass & bide, Rag & Bone y Franck– y también piezas suyas.

360 TOY GROUP
☎ 646-602-0138; 239 Eldridge St entre Houston St y Stanton St; ☽ 11.00-19.00 do, 12.00-18.00 lu; ◉ F, J, M, Z a Delancey St-Essex St

Los juguetes, importados por el propietario, Jakuan,

de toda Asia (en especial de Hong Kong y Japón), son bastante estrafalarios o incluso totalmente desconocidos. Se pueden encontrar figuritas de coleccionista de Michael Lau, A Bathing Ape o Bounty Hunters, así como creaciones abstractas de Rock Hard, la línea de ropa del propio Jakuan.

BLUESTOCKINGS
☎ 212-777-6028; www.bluestockings. com; 172 Allen St; ☽ 13.00-22.00 a diario; ◉ F, V a Lower East Side-Second Ave

A pesar de encontrarse un poco destartalado está repleto de historia y marcado por la actitud alternativa que impregnó Lower East Side. Es un recuerdo de los despreocupados años setenta, con libros sobre temas controvertidos como estudios de género o las teorías sobre de la liberación negra.

☐ BREAKBEAT SCIENCE

☎ 212-995-2592; 181 Orchard St; ⏲ 13.00-20.00 do-mi, hasta 21.00 ju-sa; ⊕ F, V a Lower East Side-Second Ave

Se puede encontrar toda la ropa y el equipo necesario para ser el mejor *disc-jockey*. Tienen platos y mesas de mezclas, camisetas, sudaderas con capucha, bolsas para llevar el material, kits de limpieza para discos e incluso figuritas de pinchadiscos de juguete.

☐ ECONOMY CANDY

☎ 212-254-1531; www.economycandy. com; 108 Rivington con Essex St; ⏲ 9.00-18.00 lu-vi, 10.00-17.00 sa; ⊕ F, J, M, Z a Delancey St-Essex St

Conocido como el paraíso de la comida de Lower East Side, este establecimiento familiar por el que han pasado dos generaciones tiene una selección impresionante: gominolas, *halva* (dulces árabes), caramelos Pez y muchas otras chucherías llenan las estanterías de esta tienda de caramelos.

☐ ELIZABETH & VINE

☎ 212-941-7943; 253 Elizabeth St; ⏲ 11.00-22.00 lu-sa; ⊕ 6 a Bleecker/ Lafayette St

Conviene moverse con cuidado por esta tienda de licores falta de espacio pero con una selección de vinos excelente. Tienen desde vinos de mesa hasta botellas de 300 $ de las bodegas más prestigiosas. En el botellero

"manager's choice" se pueden encontrar joyas a buenos precios. Sus especialidades son los vinos chilenos y franceses.

☐ FOLEY + CORINNA

☎ 212-529-5042; 143 Ludlow St con Stanton St; ⏲ 12.00-20.00; ⊕ F, V a Lower East Side-Second Ave

Este establecimiento, con sus piezas exclusivas, es terriblemente romántico. Vestidos delicados, camisetas, tops y blusas con el estilo de la casa, además de los diseños únicos de Corinna en zapatos y joyas.

☐ JUTTA NEUMANN

☎ 212-982-7048; www.juttaneumann. com; 158 Allen St con Rivington St; ⏲ 11.00-19.00; ⊕ F, V a Lower East Side-Second Ave

No se pueden dejar escapar los accesorios de piel hechos a mano por Neumann, de origen alemán. Carteras, bolsos, sandalias y chaquetas que se pueden hacer al gusto del cliente, incluyendo un toque especial y personalizado (a un precio también especial, claro).

☐ MARY ADAMS THE DRESS

☎ 212-473-0237; www.maryadamsthedress.com; 138 Ludlow St; ⏲ 13.00-18.00 mi-sa, a 17.00 do, o con cita prev.; ⊕ F, J, M, Z a Delancey St-Essex St

Existe la posibilidad de elegir entre los vestidos llenos de encajes de Mary Adams distribuidos por los percheros o hacerse uno a la medida (a partir de 1.500 $). Sus propuestas son llamativas e innovadoras a la vez que románticas y la tienda es muy popular entre las que buscan vestidos de novia.

COMER

ALIAS *Americana* $$

☎ 212-505-5011; 76 Clinton St; ⏱ 18.00-23.00 lu-ju, 18.00-23.30 vi, 11.00-15.30 y 18.00-23.30 sa, 11.00-16.00 y 18.00-22.00 do; ⊕ F a Delancey St; ♿ 🚼 Ⓥ

Es el único superviviente de un trío de restaurantes que abrió cuando Clinton St era considerada la Siberia culinaria. Cocinan ingredientes frescos y sobre todo de temporada, en platos como el bacalao negro salvaje de Alaska o las peras empapadas en sirope de arce con ricota y una falda de tomate estofado.

FREEMAN'S
Americana (carne de caza) $$$

☎ 212-420-0012; www.freemansrestaurant.com; final de Freeman Alley, en Rivington entre Bowery St y Chrystie St; ⏱ 17.00-23.30 a diario, 11.00-15.30 sa y do; ⊕ F a Second Ave; Ⓥ

Situado en un camino al final de un callejón, el restaurante tiene una política de no reservas que provoca largas colas, lo que demuestra su popularidad. Preparan platos de carne deliciosos (normalmente a base de caza, como ciervo, faisán o avestruz) y los acompañan con vinos caros y postres desenfadados.

'INOTECA *Italiana* $$

☎ 212-614-0473; 98 Rivington con Ludlow St; ⏱ almuerzos y cenas a diario, *brunches* sa y do; ⊕ F, V a Lower East Side-Second Ave; ♿ 🚼 Ⓥ

Para conseguir sitio en una de sus mesas de madera suele haber fila. Sirven deliciosos *minipaninis* y *framezzinis (planchados o normales)*, en especial el que está relleno de huevo, trufa y queso fontina. Entre sus platos fuertes, sabrosos y con un toque de ajo, destacan berenjena al parmesano, la lasaña o la pasta *frutti di mare*.

KATZ'S DELI
Delicatessen *judío* $

☎ 212-254-2246; www.katzdeli. com; 205 E Houston St; ⏱ desayunos, almuerzos y cenas; ⊕ F, V a Lower East Side-Second Ave; ♿ 🚼

Hay que tener hambre de verdad, pues sus sándwiches son enormes. También tienen comida para llevar con un servicio bastante rápido y, sin embargo, la lentitud con la que atienden en las mesas se puede aprovechar para observar a la gente que acude al lugar mientras se saborea un *pastrami* con centeno.

🍴 LITTLE GIANT
Americana de temporada $$
☎ 212-226-5047; www.littlegiantnyc.
com; 85 Orchard St; 🕐 cenas a diario,
brunches sa y do; Ⓜ F a Delancey; ♿ Ⓥ
El menú se elabora con
ingredientes frescos procedentes
de cultivos ecológicos en el norte
del estado. Ofrece *mousse* de
hígado de pollo, coles de Bruselas
asadas al arce, pudin de *toffee* y un
plato a la semana elaborado con
cerdo. En la carta de vinos, con 80
referencias, apuestan por bodegas
americanas.

🍴 THE ORCHARD *De fusión* $$
☎ 212-353-3570; 162 Orchard St;
🕐 cenas lu-sa; Ⓜ F a Delancey; ♿ Ⓥ

Es el restaurante perfecto para
cuando no se sabe cuál elegir
porque elaboran recetas de todo
el mundo, desde sencillos tacos
mexicanos hasta *tartare* de atún
y *risotto* de marisco. Las velas
le dan un toque de elegancia al
amplio comedor decorado en
blanco.

🍴 SCHILLER'S LIQUOR BAR
Cocina de bistro $$
☎ 212-673-0330; www.schillersny.
com; 131 Rivington St con Norfolk St;
🕐 11.00-24.00 lu-ju, 11.00-2.00 vi-
do; ♿ 🔆
La combinación ecléctica de
comida de *bistro* con un ambiente
cálido y acogedor explica gran

Zucco: Le French Diner

parte de su encanto. El otro elemento es su localización en Rivington St, el lugar perfecto para tomarse una cerveza fresca en un día de calor. Las raciones de vino son generosas y la comida –bistec con patatas, sándwiches cubanos, pollo al horno y bacalao glaseado– resulta francamente buena.

TENEMENT
Típica americana $$$
☎ 212-598-2130; www.tenementlounge.com; 157 Ludlow St entre Stanton St y Rivington St; ⏲ 17.00-23.00; ☺ F a Second Ave; Ⓥ
El nombre (que viene a significar "bloque de apartamentos") hace más referencia al pasado que al presente, porque aunque ocupa un edificio antiguo (que después fue burdel), el restaurante es elegante y agradable, con lámparas de gas en las paredes y platos como *pierogis*, *po'boys*, calamares, pinchos de cordero, pechuga de pato y pollo glaseado. Y el menú del bar de noche es aún mejor.

YONAH SHIMMEL KNISHERY
Knishes $
☎ 212-477-2858; 137 E Houston St entre Eldridge St y Forsyth St; ⏲ 9.30-19.00; ☺ F, V a Lower East Side-Second Ave; ⚐ Ⓥ
Ésta es la manera de ganarse la vida a la antigua usanza: comprar un carro del siglo pasado, vender

los *knishes* que prepara tu mujer en Coney Island, ahorrar para un local en Lower East Side y convertirlo en un negocio familiar de 92 años que aún sigue la receta original y usa un ascensor centenario para subir patatas, queso, coles y *knishes* desde la cocina de leña del sótano. Uno queda atrapado desde el primer mordisco.

ZUCCO: LE FRENCH DINER
Francesa $-$$
☎ 212-677-5200; 188 Orchard St cerca de Houston St; ⏲ almuerzos y cenas; ☺ F a Delancey St; ⚐ Ⓥ
Sándwiches frescos y recién hechos que se sirven con servilletas blancas y pequeños vasos de vino. También se pueden saborear *merguez* (salchichas de cordero procedentes del norte de África) u otros clásicos franceses como los *moules marinières* y el atún asado *à la Provençale*.

BEBER
THE DELANCEY
☎ 212-254-9920; 168 Delancey St; ⏲ 16.00-5.00; ⓦ F a Delancey St, J, M, Z a Bowery
Diversión distribuida en tres plantas. La principal es la terraza de la planta superior, que cuenta con una fuente (mediocre) y un par de arbustos que le dan un poco de color. Abajo hay un

disc-jockey que pincha rock (indie y clásico) y nuevas tendencias, y en el sótano se ubica el reino punk/electrónico experimental. Su política de admisiones muy flexible, el Delancey es muy igualitario. Los miércoles por la noche hay "Death Disco", una importación de Londres que está teniendo mucho éxito.

☿ FONTANA'S
☎ 212-334-6740; www.fontanasnyc. com; 105 Eldridge St; ⏰ 14.00-4.00; ⓕ F a Delancey St, J, M, Z a Essex St

Los pósters kitsch, las paredes azuladas y las mesas rojas le dan un aire años sesenta que parece haber gustado a los vecinos. Este bar de tres plantas siempre cuenta con las mejores bandas en directo (en el sótano), los disc-jockeys más revolucionarios (en la planta principal) y una clientela muy entendida que disfruta con la música.

☿ GOOD WORLD BAR & GRILL
☎ 212-925-9975; www.goodworldbar. com; 3 Orchard St; ⏰ 12.00-4.00 lu-vi, 10.00-4.00 sa-do; ⓕ F a East Broadway

Es un local muy popular, donde los más juerguistas vibran con el sonido de los disc-jockeys y saborean las excelentes albóndigas suecas que se sirven gratuitamente y sin previo aviso. En el menú de media noche hay Gravlax (aperitivo de salmón),

sopa de pescado y crêpes de patata, pero la mayoría de clientes se limita a la Stella Artois de barril.

☿ MAGICIAN
☎ 212-673-7851; 118 Rivington St entre Essex St y Norfolk St; ⓕ F a Delancey St, J, M, Z a Delancey St-Essex St

Se recomienda elegir un clásico en la máquina de discos, alguna de las cervezas tradicionales o uno de los cócteles de la casa (bastante cargados) y disfrutar de este espacioso bar, un local discreto que aún no ha sido descubierto por la gente moderna.

☿ SAPPHIRE LOUNGE
☎ 212-777-5153; www.sapphirenyc. com; 249 Eldridge St; 19.00-4.00; ⓕ F, V a Second Ave

Es el club más pequeño del mundo, así que conviene prepararse para sudar: encontrar un sitio en los bancos junto a la pared o llegar a la pista de baile resulta casi imposible. La música es una mezcla de hip-hop, dance, reggae y techno. Y no hay que preocuparse si no se tiene pareja, aquí se puede encontrar.

☿ SUBTONIC LOUNGE
☎ 212-358-7501; www.tonicnyc.com; 107 Norfolk St; ⏰ 22.00-7.00 ma-do; ⓕ F a Delancey St, J, M, Z a Essex St

Escondido en el sótano de un Tonic Lounge más famoso, el Subtonic es un local hedonista tipo *rave* en el que se escucha el mejor *techno* alemán y a veces también a los mejores *disc-jockeys*. Los viernes por la noche se llena de fiesta y de chicas que enloquecen en la pista.

THE WHISKEY WARD

☎ 212-477-2998; www.thewhiskeyward.com; 121 Essex St; 🕑 17.00-4.00; 🚇 F a Delancey St, J, M, Z a Essex St; 🔥

Hace mucho tiempo, las autoridades de la ciudad dividieron Manhattan en dos partes y el Lower East Side se convirtió en la zona del *whiskey*, gracias a sus bares. Los propietarios de este local rinden tributo a la historia y se mantienen firmes en su amor a la malta, el *whiskey* de centeno, el escocés, el irlandés y el *bourbon*. Y su clientela, de lo más variopinta, se suma sin dudarlo un instante a esta misma filosofía.

⭐ OCIO

🎭 ABRONS ART CENTER

☎ 212-598-0400; www.henrystreet.org; 466 Grand St; 🚇 A, C, E a Canal Street-Sixth Ave; 🔥

Este centro cultural venerable tiene tres teatros, el más grande de los cuales es el Harry de Jur (conocido nacionalmente), con su propio vestíbulo, asientos en pendiente, un escenario enorme y una buena visibilidad. Es una de las principales sedes del Fringe Festival y un lugar donde ver producciones experimentales y comunitarias. Apadrina representaciones teatrales, de danza y exposiciones de fotografía que no se aceptarían fácilmente en otras salas.

🎭 ARLENE'S GROCERY

☎ 212-358-1633; www.arlenesgrocery. net; 95 Stanton St; 🕑 18.00-4.00 a diario; 🚇 F, V a Lower East Side-Second Ave

Antaño era bodega y carnicería, pero ahora sirve grandes raciones de talento con actuaciones todas las noches. La bebida es barata y la clientela, guapa. Los lunes por la noche hay karaoke rock, la entrada es gratuita y una banda en directo sirve de apoyo al "cantante". No hay mejor oportunidad para conseguir fans.

⭐ ART IN ODD PLACES

www.artinoddplaces.org; 🚇 F, V a Lower East Side, 6 a Bleecker St & Lafayette

Jugando con los límites del espacio abierto y el arte público, cada año organiza una *gymkhana* por Lower East Side, con planos y pistas que conducen a los interesados hasta hojas en blanco o papelitos pegados en los teléfonos que dicen "dibuja aquí". Para informarse de las fechas y los eventos previstos hay que consultar el sitio web.

☆ BOWERY BALLROOM
☎ 212-533-2111;
www.boweryballroom.com; 6 Delancey St; ⊕ F a Delancey St, J, M a Bowery

La razón de su éxito, además del lugar donde está ubicado y su decoración, radica en que es el local perfecto para tomar una copa antes y después de ir a un espectáculo. Las bebidas son generosas y fuertes, la acústica resulta genial y las actuaciones, fenomenales. Dirty Pretty Things y Ziggy Marley tocan a menudo y las noches Losers Lounge (the Cure vs the Smiths) tienen mucho éxito.

☆ LANDMARK SUNSHINE CINEMA
☎ 212-358-7709;
www.landmarktheatres.com; 143 E Houston St; entradas 10 $; ⊕ F, V a Lower East Side-Second Ave; ♿ 👶

Construido en 1898, fue un teatro hasta la década de 1950. Después reabrió como cine en 2001, con sillas cómodas, una visión perfecta y un jardín de piedra japonés. Suelen proyectar películas independientes y de distribución limitada, aunque también programan grandes éxitos.

☆ THE LIVING ROOM
☎ 212-533-7235; www.livingroomny. com; 154 Ludlow S; entrada gratuita, 1 bebida mínimo; 🕐 18.30-2.00 do-ju, 18.30-4.00 vi y sa; ⊕ F, V a Lower East Side-Second Ave, J, M, Z a Essex St

Norah Jones tocó en este local antes de empezar a ganar premios Grammy. Las actuaciones suelen ser acústicas, aunque alguna vez se utilizan amplificadores. Actúan bandas como Mudfunk, Happy Chichester y Julia Darling. En la planta superior pincha un *disc-jockey*.

☆ MERCURY LOUNGE
☎ 212-260-4700;
www.mercuryloungenyc.com; 217 E Houston St; 🕐 16.00-4.00; ⊕ F, V a Lower East Side-Second Ave

Algunos músicos que una vez actuaron aquí después se han hecho mundialmente famosos, como The Strokes. Otros están en ello, como Beirut, pero en general se escuchan bandas jóvenes que aún están lejos del estrellato, sin que eso signifique que no sean buenas. El Mercury tiene muy buen ojo (y oído) para el talento, así que la diversión está asegurada.

UN LOWER EAST SIDE ALTERNATIVO

Girls Room (☎ 212-254-5043; 210 Rivington St con Pitt St; ⊕ F a East Broadway). Divas del centro se reúnen aquí en las noches de karaoke con micros abiertos y gogós.

Slide/Marquee (☎ 212-420-8885; 356 Bowery; ⊕ F, V a Lower East Side-Second Ave). Chicos, chicas, gays y transexuales acuden a ver películas, música en directo y demás. Está conectado con el fabuloso restaurante *lounge* Marion's, que sirve cocina *bistro* al nivel de la calle.

⭐ PIANOS

☎ 212-505-3733; www.pianosnyc.com; 106 Norfolk St; ☽ 12.00-4.00; ⊕ F, V a Lower East Side-Second Ave

Nadie se ha molestado en cambiar el letrero de la puerta, de cuando el local era una tienda de pianos. Ahora mezcla géneros y estilos musicales, sobre todo *pop, punk* y *new wave,* aunque también se puede escuchar *hip-hop* e *indie.*

⭐ SARAH D ROOSEVELT PARK

Houston St con Chrystie St

Los fines de semana este parque largo y estrecho se llena de aficionados al baloncesto que se reunen para echar unas canastas, lo que afortunadamente se aleja bastante del consumo de estupefacientes que antes reinaba en la zona. Recuperado por los vecinos, ahora forma parte de la vida comunitaria.

>SOHO, NOHO Y NOLITA

Estos barrios, que eran tierra de nadie, han llegado a estar tan de moda que estrellas de cine y rock se han venido a vivir aquí. Sólo era cuestión de tiempo que Noho –North of Houston– y Nolita siguieran los pasos del Soho y se convirtieran en destinos internacionales en lugar de quedarse en barrios anticuados. De los tres, el Soho es el más sorprendente a primera vista, con edificios altísimos de acero y un perfil pintoresco.

Nolita tiene ya una concentración similar de tiendas y diseñadores eclécticos pero avanza a un ritmo un poco más lento. Donde el Soho tiene galerías y almacenes, Nolita tiene *boutiques* y restaurantes rústicos.

Al norte de Houston St, debajo de Astor Pl, se encuentra el triángulo de Lafayette St y Bond St. Es imposible encontrar más en un área de dos bloques, con tres almacenes importantes que amenazan seriamente los comercios de Manhattan.

SOHO, NOHO & NOLITA

Véase plano a continuación

VER

CHILDREN'S MUSEUM OF THE ARTS

☎ 212-274-0986; www.cmany.org; 182 Lafayette St entre Broome y Grand St; entrada 6 $, sólo donativo 16.00-18.00 ju; ⏱ 12.00-17.00 vi-do y mi, 12.00-18.00 ju; ⊕ 6 a Spring St, N, R a Prince St; ♿
¡No se permite mirar! Éste es un museo de participación directa. Las actividades multisensoriales son educativas, divertidas y dirigidas por atentos artistas experimentados. Advertencia: los niños aprenderán a hacer *flubber* casero.

DRAWING CENTER

☎ 212-219-2166; www.drawingcenter.org; 35 Wooster St; ⏱ 10.00-18.00 ma-vi, 11.00-18.00 sa; ⊕ A, C, E, 1 a Canal St
Centro sin ánimo de lucro dedicado exclusivamente al dibujo, con ejemplos de los maestros y de artistas desconocidos. Se puede ver la obra de Miguel Ángel, James Ensor y Marcel Duchamp, así como la de Richard Serra, Ellsworth Kelly y Richard Tuttle.

MERCHANT'S HOUSE MUSEUM

☎ 212-777-1089; www.merchantshouse.com; 29 E 4th St entre Lafayette y Bowery; ⏱ 12.00-17.00 ju-lu; ⊕ 6 a Bleecker St
Permite comprobar cómo vivían los empresarios ricos del s. XIX en Nueva York. El importador de ferretería Seabury Tredwell vivió en esta casa (construida en 1831) y sus descendientes conservaron los muebles y la ropa originales, incluso el fregadero de la cocina. Resulta un interesante viaje al pasado.

NEW YORK FIRE MUSEUM Y NEW YORK CITY POLICE MUSEUM

Fire Museum (☎ 212-691-1303; www.nycfiremuseum.org; 278 Spring St; ⏱ 10.00-17.00 ma-sa, 10.00-16.00 do; ⊕ 1 a Houston, C, E a Spring St; ♿); Police Museum (Plano p. 45; ☎ 212-480-3100; www.nycpolicemuseum.org; 100 Old Slip cerca de South St Seaport; donativo recom. 6 $; ⏱ 10.00-17.00 ma-sa; ⊕ 2, 3 a Wall St; ♿)
Los dos museos están llenos de parafernalia fascinante. El Fire Museum tiene bombas de mano y un simulacro de incendio en un piso que los niños pueden intentar apagar. El Police Museum recopila objetos de delincuentes (como la metralleta de Al Capone) y dinero falsificado. En ambos se organizan visitas didácticas y, además, divertidas.

ST PATRICK'S OLD CATHEDRAL

260-264 Prince St at Mott St; ⊕ R, W a Prince St
Hasta que la de la Quinta Avenida la eclipsó, esta bonita iglesia neogótica de 1809, dedicada a St

EL DISTRITO DE HIERRO

Este apodo del Soho se debe a sus muchos edificios industriales. Algunos ejemplos son: **Singer Building** (561–563 Broadway entre Prince St y Spring St), antigua sede de la famosa empresa de máquinas de coser; **St Nicholas Hotel** (521–523 Broadway entre Spring St y Broome St) que fue cuartel general del Departamento de Guerra de Abraham Lincoln durante la Guerra Civil, de lo que dan fe algunas marcas visibles en su fachada de mármol; **Haughwout Building** (488 Broadway con Broome St), que fue el primer edificio en instalar el exótico ascensor accionado por vapor ideado por Elisha Otis; se le conoce como el Partenón de la Arquitectura del Hierro y tiene una estructura extraña, en esquina, con dos fachadas y un reloj en la entrada de Broadway.

Patrick, era sede de la archidiócesis católica de la ciudad. Fue construida por inmigrantes, sobre todo irlandeses, y sigue sirviendo a su variada comunidad con liturgias en inglés, español y chino. Su patio de ladrillos esconde un antiguo cementerio y algunos de los mausoleos pertenecen a familias neoyorquinas famosas.

COMPRAS

◌ AMERICAN APPAREL

☎ 212-226-4880; www.americanapparel.net; 121 Spring St entre Broadway y Mercer St; ◷ 10.00-20.00 lu-ju, 10.00-21.00 vi y sa, 11.00-20.00 do; Ⓜ R, W a Prince St

Clásicos americanos con responsabilidad social (se garantiza que no hay ningún tipo de explotación en la elaboración de las prendas). Todo lo produce la empresa. Hay camisetas, sudaderas con capucha y ropa interior, en un amplio abanico de colores.

◌ ANNA SUI

☎ 212-941-8406; www.annasui.com; 113 Greene St; ◷ 11.30-19.00 lu-sa, 12.00-18.00 do; Ⓜ R, W a Prince St

Anna Sui hace vestidos con volantes, ligeros y con vuelo. Imprescindibles para una mujer elegante a la que le guste parecer sexy pero no vulgar. Además, la tienda es curiosa, pintada de púrpura.

◌ APPLE STORE SOHO

☎ 212-226-3126; www.apple.com/retail/soho; 103 Prince St; ◷ 10.00-20.00 lu-sa, 11.00-19.00 do; Ⓜ N, R, W a Prince St

Siempre abarrotada, esta tienda atrae a todo tipo de usuarios: los principiantes disfrutan tanto con la escalera y la pasarela traslúcidas como con los coloridos iPods, mientras que los más expertos se enzarzan en discusiones apasionadas con los dependientes. Hay servicio gratuito de correo electrónico y organizan seminarios informáticos.

☐ BLOOMINGDALE SOHO
☎ 212-729-5900; 504 Broadway; ⏱ 10.00-21.00 lu-vi, 10.00-20.00 sa, 11.00-19.00 do; ⊚ R, W a Prince St

Más moderno y juvenil que el del centro. Esta tienda evita los artículos del hogar para centrarse en la moda, el maquillaje y los accesorios. Tienen desde ropa para salir hasta prendas para la playa.

☐ BOND 07
☎ 212-677-8487; 7 Bond St; ⏱ 11.00-19.00 lu-sa; 12.00-19.00 do; ⊚ R, W a Prince St

Las divertidas gafas de Selima Salaun son su principal atracción,

aunque la tienda destaca por su elegancia. Muchos famosos se esconden tras los cristales tintados de sus creaciones. Con más de cien modelos, Selima encuentra el mejor para cada cara.

☐ BOND 09
☎ 212-228-1940; 9 Bond St; ⏱ 11.00-19.00 lu-sa; ⊚ R, W a Prince St

Si se está de visita en Nueva York, hay que oler como la ciudad, ésa es la norma de Bond 09. Así que elaboran perfumes con nombres de barrios locales, como Eau de Noho, Chinatown y Chelsea Flowers. Pero no hay que preocuparse, la verdad es que todas estas fragancias huelen muy bien.

Mirando escaparates en el Soho

🏠 BROOKLYN INDUSTRIES

☎ 212-219-0862;
www.brooklynindustries.com; 286
Lafayette St; ⏰ 11.00-20.00 lu-sa,
12.00-19.30 do; 🚇 B, D, F, V a
Broadway-Lafayette St
Tienen tiendas por todo
Williamsburg y su marca de moda
urbana ha colapsado Manhattan.
La fundaron dos artistas que
convirtieron su pasión por la
moda en un negocio millonario.
Sus prendas, con la etiqueta
del perfil de Brooklyn, resultan
modernas, cómodas y divertidas.

🏠 CHELSEA GIRL

☎ 212-343-1658; www.chelsea-girl.
com; 63 Thompson St entre Spring St y
Broome St; ⏰ 12.00-19.00; 🚇 C, E a
Spring St
Es un establecimiento pequeño
pero con gancho: ropa de
las últimas décadas de todas las
medidas y formas. Nunca se sabe
lo que se encontrará. Bajo unos
discos antiguos pueden asomar
estampados de Pucci. Un sueño
para el que le guste rebuscar.

🏠 DAFFY'S

☎ 212-334-7444; www.daffys.com; 462
Broadway con Grand St; ⏰ 10.00-20.00
lu-sa, 12.00-19.00 do; 🚇 A, C, E a Canal St
Dos plantas de piezas de diseño
y accesorios (también artículos
del hogar) para hombres, mujeres
y niños con precios que pueden
ser sorprendentemente bajos. Las
etiquetas, como en la mayoría
de tiendas de oportunidades,
muestran descuentos con una
media del 50 %.

🏠 HOUSING WORKS USED BOOK CAFE

☎ 212-334-3324; www.housingworks.
org/usedbookcafe; 126 Crosby St;
⏰ 10.00-21.00 lu-vi, 12.00-21.00 sa;
🚇 B, D, F, V a Broadway-Lafayette St
Tranquilo, sencillo y con libros que
se pueden comprar para una buena
causa (la recaudación se destina a
personas sin hogar seropositivas o
enfermas de sida). Para desconectar
durante unas horas.

🏠 MAYLE

☎ 212-625-0406; 242 Elizabeth St;
⏰ 12.00-19.00 lu-sa, 12.00-18.00 do;
🚇 6 a Spring St, N a Prince St
Los tejidos suntuosos y el corte
clásico dan un aire de época a los
vestidos de esta tienda de Nolita.
Pero nada más lejos de la realidad:
todos están hechos por la marca
con los materiales más modernos.
Sus grandes abrigos, faldas de
lana y vestidos entallados son
únicos, como la tienda.

🏠 MCNALLY ROBINSON

☎ 212-274-1160; www.
mcnallyrobinson.com; 52 Prince St;
⏰ 10.00-22.00 lu-sa, 10.00-20.00 do;
🚇 R, W a Prince St
Es un comercio alternativo con
cafetería (y *wifi*), libros sobre

cualquier tema imaginable –comida, ficción, viajes, arquitectura y temática gay, entre otros–, revistas y periódicos de todo el mundo.

OTTO TOOTSI PLOHOUND
☎ 212-431-7299; 273 Lafayette St; ⏱ 11.30-19.30 lu-vi, 11.00-20.00 sa, 12.00-19.00 do; Ⓜ B, D, F, V a Broadway-Lafayette St

Tienen las mejores marcas, como Miu Miu, Cynthia Rowley, Helmut Lang, Paul Smith o Prada Sport. Además, la tienda de Otto Tootsi en el Soho lleva el escaparatismo a un nuevo nivel. Merece la pena acercarse aunque sólo sea para mirar.

REBECCA TAYLOR
☎ 212-966-0406; www.rebeccataylor.com; 260 Mott St; ⏱ 11.00-19.00 lu-sa, 12.00-19.00 do; Ⓜ 6 a Bleecker/Lafayette St, N a Prince St

Ubicada en una manzana llena de ropa moderna y divertida, esta tienda ofrece diseños sorprendentes que destacan. Son muy populares sus vestidos coquetos, sus faldas elegantes y sus pantalones ajustados. Medio Nolita va vestido de Taylor.

SEIZE SUR VINGT
☎ 212-343-0476; www.16sur20.com; 107 Grand St; ⏱ 11.00-19.00 lu-sa, 12.00-18.00 do; Ⓜ F, V a Broadway-Lafayette St, 6 a Spring St

Es un secreto de Nolita; esta tienda transforma camisetas y trajes clásicos: los mejoran con materiales de calidad en colores chillones y extravagantes. Incluso ajustan el corte de las camisetas para que encajen perfectamente.

SIGERSON MORRISON
☎ 212-941-5404; www.sigersonmorrison.com; 242 Mott St y 28 Prince St; ⏱ 11.00-19.00 lu-sa, 12.00-18.00 do; Ⓜ 6 a Spring St, N a Prince St

La innovación combinada con un sorprendente sentido práctico (¿quién podía imaginar que existirían unos zapatos de tacón para llevar bajo la lluvia?) y su uso de los colores han llevado al éxito a Sigerson. También tienen la línea Belle, más económica pero con el mismo estilo *glamouroso*.

🍴 COMER

🍴 24 PRINCE ST
Americana casera $$

☎ 212-226-8624; 24 Prince St entre Mott y Elizabeth; ⏱ almuerzos y cenas; Ⓜ 6 a Spring St; ♿ 🚸 Ⓥ

No es que ofrezcan nada inusual, pero han encontrado la receta del éxito: servir deliciosas hamburguesas con queso, pollo asado, espinacas a la crema, pan de maíz y otros platos típicos americanos en un ambiente elegante del que todo el mundo sale encantado.

🍴 BARBOSSA

Sudamericana $$

☎ 212-625-2340; 232 Elizabeth St;
🕐 11.00-23.30 ma-do; 👶 🚻

El fresco que entra por la gran ventana delantera y el ambiente *bossa nova* de la parte de atrás le dan un aire sensual y llamativo que se complementa con una cocina tropical ligera especializada en ensaladas (los ingredientes favoritos son el mango, los cacahuetes y el aguacate), sopas y platos saludables.

🍴 BOND ST

Japonesa/sushi $$$

☎ 212-777-2500; 6 Bond St;
🕐 18.00-22.30 do-lu, 18.00-23.30 ma-sa; 🚇 6 a Bleecker St; 👶 🚻 Ⓥ

Ha desbancado al Nobu. Lleva un tiempo abierto, pero los amantes del sushi lo guardaban en secreto para ellos. El menú *omakase*, entre 40 y 120 $ (dependiendo de lo derrochador que se sea), tiene mucho éxito, pero cualquier plato que se escoja resultará un acierto, desde los rollitos *maki* hasta el *sashimi*.

🍴 HONMURA AN

Japonesa $$

☎ 212-334-5253; 170 Mercer St entre Houston St y Prince St; 🕐 almuerzos y cenas mi-vi, cenas ma-do; 🚇 R, W a Prince St; Ⓥ

Los fideos *soba* y *udon* se sirven fríos o calientes y con todo tipo de acompañamientos como *tempura* de gambas, pastel de pescado o verduras japonesas. También tienen *sashimi* fresco, ñoquis de *soba* y raciones pequeñas para los que no puedan decidirse.

🍴 KITTICHAI *Tailandesa* $$

☎ 212-219-2000;
www.kittichairestaurant.com; Planta baja, 60 Thompson St entre Broome St y Spring St; 🕐 almuerzos y cenas;
🚇 C, E a Spring St; Ⓥ

Conocido por su sorprendente decoración –cortinas rojas de seda frente a paredes oscuras– y un menú creativo. Hacen tapas (como tartaleta de pollo o rape marinado en *pandanus*) y también platos principales (verduras al *curry* rojo, costillas estofadas al *curry* verde o solomillo soasado con frijoles fermentados y salsa de *whiskey*).

🍴 PEASANT *Italiana* $$$

☎ 212-965-9511; www.peasantnyc. com; 194 Elizabeth St; 🕐 cenas;
🚇 6 a Spring, N a Prince St

Cuando un restaurante es capaz de cosechar críticas favorables aunque compita en Elisabeth St, una calle llena de establecimientos que están a la última, es que realmente tiene algo especial. Sirven comida italiana tradicional con nombres poéticos como *polpi i purgatorio*, *quaglie farcite* y *porchetta arrosto*.

🍴 PUBLIC *Australasiática ecléctica* $$$

☎ 212-343-7011; 210 Elizabeth entre Rivington St y Stanton St; 🕐 almuerzos y cenas a diario, *brunches* sa y do; ⊕ 6 a Spring St

Parece una biblioteca pública o una escuela y sus camareros toman nota de los encargos en carpetas sujetapapeles. Es un local bastante estrafalario y eso también se nota en la comida. La mezcla de cocina asiática, australiana y neozelandesa es arriesgada (el menú incluye canguro y avestruz) pero los platos están bien presentados y se sirven con acompañamientos como sopa de hinojo y pastel de cangrejo.

🍴 RICE *Asiática de fusión* $

☎ 212-226-5775; www.riceny.com; 227 Mott St; 🕐 12.00-24.00; ⊕ 6 a Spring St; 🚻 🛗 🅥

Este pequeño grano blanco y oval domina su menú. Uno queda atrapado en cuanto prueba el arroz verde (aromatizado con cilantro, perejil y espinacas) o el arroz negro tailandés (tierno y vaporizado con leche de coco). El *satay* de gambas con una salsa tibia de almendras tostadas es suculento; el cocido de lentejas, sabroso y las albóndigas vegetarianas con crujiente de sésamo, totalmente adictivas.

Disfrutando de una cena en Peasant

🍴 SPARKY'S *Ecológica* $
☎ 212-334-3035; 333 Lafayette St con Bleecker St; ⏲ 8.00-24.00 lu-vi, 10.00-24.00 sa, 10.00-22.00 do; 🚇 6 a Bleecker St; ♿ 🚼 Ⓥ
Comida rápida de calidad, económica y sabrosa. Venden perritos calientes de soja y de ternera, helados de verdad, sándwiches Tofutti, bocadillos de queso calientes, patatas fritas caseras y, para desayunar, yogures artesanos y *muesli* con leche. Todo es ecológico, procedente de granjas familiares.

🍸 BEBER

🍸 C TABAC
☎ 212-941-1781; 32 Watts St entre Sixth Ave y Thompson St; ⏲ 17.00-2.00 do-mi, 17.00-4.00 ju-sa; 🚇 A, C, E, 1 a Canal St
Permiten fumar (y lo promueven). Venden más de 150 tipos de tabaco y sirven bebidas de la casa como el *Gingersnap* (vodka al jengibre, jengibre cristalizado y champán). También se puede pedir simplemente una cerveza y pasar a la sala *art déco* con paredes de bambú.

🍸 CHIBI'S BAR
☎ 212-274-0025; 238 Mott St entre Prince St y Spring St; ⏲ 17.30-1.00 lu-vi, 15.00-2.00 sa, 15.00-24.00 do; 🚇 6 a Spring St; ♿
Este diminuto local debe su magia al *jazz* (en directo los domingos)

y a los peligrosamente deliciosos sakes, *saketinis*, cervezas y delicias como el *edamame* o el caviar de salmón. El propietario le puso el nombre de su *bulldog*, que a veces está en la entrada.

🍸 EAR INN
☎ 212-226-9060; 326 Spring St entre Greenwich St y Washington St; ⏲ 11.30-4.00; 🚇 C, E a Spring St
Una torre de 12 plantas se levantará sobre este viejo antro en un par de años, pero el bar –ubicado en la casa de James Brown de 1817 (el ayudante de George Washington, no el padre del *soul*)– no se va a ninguna parte. Entre la clientela hay desde basureros hasta motociclistas y poetas, y a todos les encanta el local (y su famoso pastel de carne con patatas y verduras).

🍸 MERCBAR
☎ 212-966-2727; 151 Mercer St entre Houston St y Prince St; ⏲ 17.00-2.00 do-ma, 17.00-4.00 mi-sa; 🚇 R, W a Prince St
Un lugar íntimo donde se puede mantener una conversación sin necesidad de gritar por encima de la música. Está siempre lleno de gente del mundo editorial que va a tomarse unos *martinis*.

🍸 MILANO'S
☎ 212-226-8844; 51 E Houston St entre Mulberry St y Mott St; ⏲ 17.00-4.00; 🚇 B, D, F, V a Broadway-Lafayette St

El encanto que le falta en la estética lo suple con el ambiente. Es pequeño, pero divertido. Se recomienda pedir una cerveza Pabst por 3 $ y entablar conversación con alguno de los clientes habituales.

ⓨ XICALA
☎ 212-219-0599; 151 Elizabeth St; 🕑 17.00-2.00; ⓜ 6 a Spring St; ♿

Los miércoles por la noche hay un trío cubano que anima el ya de por sí festivo ambiente. Preparan tapas y sirven vinos. La sangría de fresa es un clásico de la casa, pero el Rioja y el Jerez también son opciones excelentes.

OCIO

🔲 ANGELIKA FILM CENTER
☎ 212-995-2000; www.angelikafilmcenter.com; 18 W Houston St con St 7-12 Mercer; 🕑 a diario; ⓜ B, D, F, V a Broadway-Lafayette St; ♿ 👶

Está especializado en cine extranjero e independiente y tiene algunos encantos peculiares: el ruido del metro, las largas filas y, de vez en cuando, fallos de sonido. Pero su amplio café es el lugar perfecto para quedar y la belleza del diseño de Stanford White es innegable.

🔲 ARTISTS SPACE
☎ 212-226-3970; www.artistsspace.org; 3ª planta, 38 Greene Street; 🕑 11.00-18.00 ma-do; ⓜ A, C, E, J, M, N, R, 1, 6 a Canal St

Fue uno de los primeros espacios alternativos de Nueva York. Se fundó en 1972 con el objetivo de apoyar a los autores contemporáneos del mundo de las artes visuales (vídeo, electrónica, interpretación, arquitectura y diseño). Ofrece una sala de exposiciones para nuevos creadores y fomenta el conocimiento del papel de los artistas en las comunidades.

🔲 BOUWERIE LANE THEATER
☎ 212-677-0060; www.jeancocteaurep.org; 330 Bowery; 🕑 12.00-18.00 lu-vi (una hora antes del inicio del espectáculo); ⓜ 6 a Astor Pl

En la actualidad depende de la Jean Cocteau Review. Fue diseñado hace más de cien años por Henry Engelbert y su fachada de acero es un ejemplo poco habitual del estilo francés (Segundo Imperio). Albergó un banco y después, en la década de 1960, se convirtió en teatro.

🔲 HERE
☎ 212-647-0202; www.here.org; 145 Sixth Ave entre Spring St y Broome St; ⓜ C, E a Canal St

La popular (aunque siempre escasa de fondos) compañía que respalda este teatro independiente y experimental es la misma que ha ayudado a desarrollar los proyectos de Eve Ensler (Los Monólogos de la Vagina), Basil Twist (Symphonie Fantastique), Hazelle Goodman (On Edge) y Trey Lyford y Geoff Sobelle (All wear bowlers). La programación y los precios van cambiando pero su cafetería es perfecta para ponerse al día.

☆ LOUIS MEISEL GALLERY
☎ 212-677-1340; www.meiselgallery.com; 141 Prince Street; ☾ sep-jun 10.00-18.00 ma-sa, jul 10.00-17.00 ma-vi; ☉ N, R a Prince St; ♿

Especializada en el fotorealismo, esta galería expone obras llenas de color. Sobre todo, destacan los llamativos rascacielos de Staten Island y los camiones de bomberos locales.

☆ NEW MUSEUM OF CONTEMPORARY ART
☎ 212-219-1222; www.newmuseum.org; 583 Bowery entre Houston St y Prince St; ☉ N, R a Prince St

El museo está trasladándose desde su antigua ubicación en el Chelsea Art Museum (p. 133) a su nuevo domicilio permanente situado en el Bowery, donde disfrutará de una instalación con tecnología punta. Está dedicado al arte contemporáneo y, en especial, a las exposiciones multimedia, que programa con frecuencia.

☆ PETER BLUM GALLERY
☎ 212-343-0441; www.peterblumgallery.com; 99 Wooster St; ☾ 10.00-18.00 lu-vi, cerrado jul/ago; ☉ C a Spring St; ♿

Peter Blum posee tres galerías en la ciudad pero la principal es la que está situada en Wooster St, donde la artista coreana Kim Sooja expuso sus representativas colchas. También ha albergado diferentes exposiciones de grabado en madera, pintura y fotografía.

☆ SPENCER BROWNSTONE GALLERY
☎ 212-334-3455; www.spencerbrownstonegallery.com; 39

NOBU DELIGHTS
Puede ser que el copropietario, Robert DeNiro, deje el negocio, pero los fieles clientes del Nobu (☎ 212-219-0500;105 Hudson St) no han disminuido desde el día en que abrió las puertas. Eso sí, la espera suele ser larga, pero se puede probar suerte en el astutamente diseñado Nobu Next Door (☎ 212-334-4445): sirve la misma comida, es igual de glamuroso (de un modo distinto) y los grupos de menos de seis personas no necesitan reserva. Si exceptuamos los sábados, el resto de la semana los tiempos de espera son moderados, como en cualquier otro lugar.

Wooster St entre Broome St y Grand St;
🕐 **11.00-18.00 ma-sa;** 🚇 **C, E a Canal St;** ♿

Cuando dejó su trabajo como marchante de arte, Spencer Brownstone abrió su propio espacio de exposición en Wooster St y nunca se ha arrepentido. Está dedicado a artistas prometedores americanos y europeos y programa instalaciones, fotografía, pintura, escultura y vídeo.

>EAST VILLAGE

Está repleto de *punks* y anarquistas, universitarios y agentes de bolsa, profesores, filósofos, poetas, chaperos, bailarines y obreros de la construcción. Así que la lucha de clases, el clasismo y las tendencias revolucionarias están muy presentes. Lo que pueda quedar de la energía social de otros tiempos se canaliza hacia la vida nocturna, que es espectacular.

El East Village conserva su propia identidad y una visión de la vida única. Por eso, a pesar de las limusinas que circulan por Second Ave y por Lower East Side, la gente todavía acude al KGB Bar (ex cuartel general socialista) para asistir a las lecturas semanales; participan en sentadas, huelgas y caminatas de protesta y luchan contra el desarrollo urbanístico con todas sus fuerzas. Es estimulante saber que las fachadas pueden cambiar pero que al menos en el East Village el espíritu es el mismo.

EAST VILLAGE

◉ VER
6th y B Garden............... 1 G4
New York Marble
Cemetery..................... 2 D6
Russian & Turkish
Baths 3 E3
St Mark's in the
Bowery........................ 4 C3
Tompkins Sq Park....... 5 F3
Ukrainian Museum...... 6 C4

🛍 COMPRAS
A Cheng....................... 7 E3
Alphabets.................... 8 F4
East Village
Music Store.............. 9 D5
Footlight Records...... 10 B2
Love Saves the Day... 11 D4
Other Music............... 12 B5
St Mark's Bookshop... 13 C3
Tokio 7 .... 14 D4
Underdog East............ 15 E4

🍴 COMER
Angelica Kitchen........ 16 D2
B&H Dairy................... 17 C4
Bao 111 .... 18 H4
Boca Chica.................. 19 E6
Caracas Arepas Bar.... 20 E4
Counter...................... 21 E4
Hearth........................ 22 E2
Il Bagatto................... 23 F6
Mo Pitkins.................. 24 F5
Prune.......................... 25 D6
S'Mac......................... 26 D2
Veselka....................... 27 D3

🍸 BEBER
11th St Bar................. 28 F2
Angel's Share.............. 29 C3
B3 Bar......................... 30 G5
Beauty Bar.................. 31 C1
Clubhouse 32 G3
D.B.A. 33 E5

Holiday Cocktail
Lounge 34 D3
KGB Bar...................... 35 C5
Odessa Café................ 36 F4
Rue B 37 G2

⭐ OCIO
Amato Opera House.... 38 C6
Easternbloc................. 39 F4
Joseph Papp
Public Theater........... 40 B5
La MaMa ETC.............. 41 C5
Nuyorican Poets Café. 42 G5
Orpheum Theater........ 43 C4
Pyramid...................... 44 F4

Véase plano a continuación

VER

6TH Y B GARDEN

www.6bgarden.org; 6 St y Ave B;
🕐 13.00-18.00 sa y do; Ⓜ 6 a Astor Pl
Fue rescatado de la miseria en la década de los ochenta por activistas de la propia comunidad. Los residentes del East Village adoran este terreno de más de 1.500 m² con vides, esculturas y flores. Los miembros del jardín lucharon para evitar que la ciudad vendiera los terrenos y ahora es un oasis urbano que puede disfrutar todo el mundo.

COLONNADE ROW

428-434 Lafayette St entre Astor Pl y East 4th St; Ⓜ 6 a Astor Pl
Aquí hubo nueve mansiones de estilo neoclásico *Greek Revival*, pero ahora sólo quedan cuatro. Fueron construidas con piedra en 1833 por reclusos de la prisión estatal Sing Sing y todas tienen detalles ornamentales en las fachadas.

NEW YORK MARBLE CEMETERY

www.marblecemetery.org; entrada por Second Ave, entre 2nd St y 3rd St; 🕐 visitas el 4º do cada mes, mar-nov, otros fines de semana cita prev.; Ⓜ F, V a Lower East Side-Second Ave, 6 a Bleecker St/Lafayette St; ♿
El primer cementerio de Manhattan abierto a todas las religiones. Data del s. XIX y tiene un aspecto histórico y decadente maravilloso. Aquí están enterrados muchos neoyorquinos importantes.

RUSSIAN & TURKISH BATHS

☎ 212-473-8806; www.russianturkishbaths.com; 268 E 10th St entre First Ave y Ave A; 25 $ por 10 visitas; 🕐 11.00-22.00 lu, ma, ju y vi, 9.00-22.00 mi, 7.30-22.00 sa y do; Ⓜ L a First Ave, 6 a Astor Pl
Desde 1892 ha sido el lugar donde disfrutar de baños de vapor, una piscina helada, sauna y solárium. El acceso de un día incluye el uso de los armarios, candados, albornoces, toallas y zapatillas y en el café ruso sirven zumos frescos, ensalada de patata y aceitunas, *blinis* y *borscht*. Los *spas* están reservados para mujeres los miércoles de 9.00 a 14.00 y para hombres, los sábados de 7.30 a 14.00, y son mixtos el resto de los días.

ST MARK'S IN THE BOWERY

☎ 212-674-6377; www.stmarkschurch-in-the-bowery.com; 131 E 10th St con Second Ave; 🕐 10.00-18.00 lu-vi; Ⓜ 6 a Astor Pl, L a Third Ave
Fue construida en 1799 en un terreno agrícola del gobernador holandés Peter Stuyvesant –enterrado en la cripta inferior– y todavía es iglesia episcopal. Los servicios dominicales están muy

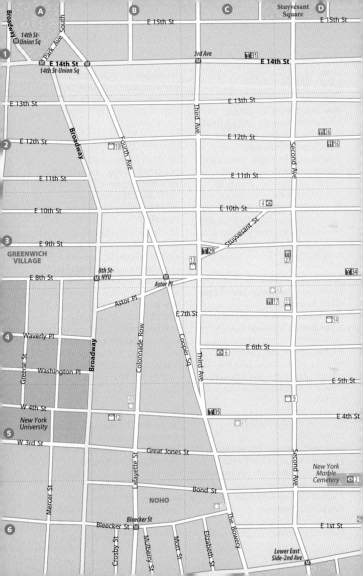

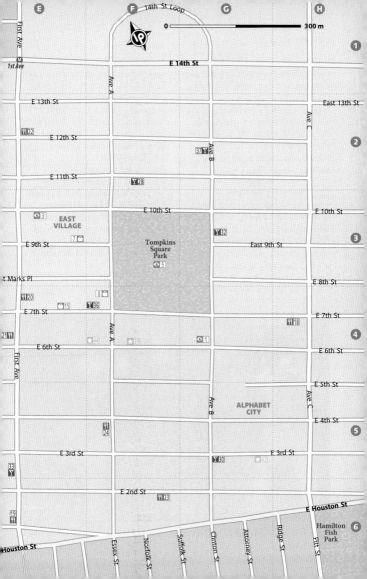

concurridos pero también destaca por sus contribuciones culturales. Hacen lecturas de poesía regularmente (**Poetry Project**; ☎ 212-674-0910) y celebran espectáculos de danza (**Danspace**; ☎ 212-674-8194) que culminan cada día de Año Nuevo con 24 horas de poesía, música y baile.

☉ TOMPKINS SQ PARK

www.nycgovparks.org; E 7th St y 10th St, rodeado de Ave A y Ave B; ⌚ **6.00-24.00;** ⓜ **6 a Astor Pl;** ♿

En 1874, 7.000 trabajadores indignados se enfrentaron aquí a 1.600 policías y la historia se ha repetido varias veces desde entonces, porque el parque es centro de todas las rebeliones del East Village. Durante el día es un espacio tranquilo, por la noche es acogedor, pero a altas horas de la madrugada puede ser poco fiable.

☉ UKRAINIAN MUSEUM

☎ **212-228-0110;**
www.ukrainianmuseum.org; 222 E 6th St entre Second Ave y Third Ave; ⌚ **11.30-17.00 mi-do;** ⓜ **F, V a Lower East Side-Second Ave, L a First Ave**

Los ucranianos tienen una larga historia y fuerte presencia en el barrio y este museo detalla los motivos. La colección de arte tradicional incluye cerámica, trabajos en metal, tejidos y huevos de Pascua típicos de Ucrania.

Punto de encuentro de propietarios de perros en Tompkins Sq Park

NUEVA YORK DESCONOCIDO

En esta ciudad hay muchos detalles extraordinarios que pasan desapercibidos y las historias que se esconden tras ellos a menudo quedan sin contar. Para evitarlo, es interesante recurrir a un diálogo público sobre la ciudad conocido como Yellow Arrow (http://yellowarrow.net/secretny), un proyecto artístico que implica a residentes y visitantes. Se puede participar mandando una historia propia o descargando *podcasts* y fotos de experiencias en Nueva York de otros.

También se da la oportunidad a los visitantes de descubrir sus propias raíces en este país de Europa del Este.

COMPRAS

A CHENG
☎ 212-979-7324; www.achengshop.com; 443 9th St; ⏱ 11.30-20.00 lu-vi, 12.00-19.00 sa y do; Ⓜ 6 a Astor Pl, L a First Ave

Ropa delicada y exquisita que oscila suavemente en los percheros. Esta tienda es un lugar sencillo pero acogedor que sabe mostrar a la perfección sus diseños prácticos y bellos.

ALPHABETS
☎ 212-475-7250; 115 Ave A entre 7th St y St Marks; ⏱ 12.00-20.00 a diario; Ⓜ F, V a Lower East Side-Second Ave

Un buen lugar para comprar un recuerdo diferente. Está dividido en dos partes: camisetas, juguetes y postales, a un lado, y objetos más caros, como teteras de diseño, cuencos de Precidio y ropa de hombre, al otro.

EAST VILLAGE MUSIC STORE
☎ 212-979-8222; www.evmnyc.com; 85 E 4th St; ⏱ 12.00-20.00 lu-vi, 14.00-19.00 do; Ⓜ F, V a Lower East Side-Second Ave

Útiles musicales de segunda mano de todos los tipos imaginables. Hacen reparaciones de la mayoría de instrumentos y venden accesorios y partituras.

FOOTLIGHT RECORDS
☎ 212-533-1572; 113 E 12th St; ⏱ 11.00-19.00 lu-vi, 10.00-18.00 sa, 12.00-17.00 do; Ⓜ R, W a 8th St-NYU, 6 a Astor Pl

Alberga una maravillosa colección de bandas sonoras de Broadway y películas extranjeras descatalogadas. Para fanáticos de los vinilos y bandas sonoras y para cualquiera que busque esa versión concreta de una canción tan difícil de encontrar.

LOVE SAVES THE DAY
☎ 212-228-3802; 119 Second Ave; ⏱ 12.00-20.00 lu-vi, hasta 21.00 sa y do; Ⓜ 6 a Astor Pl

En una ciudad tan aburguesada está bien ver que algunas cosas permanecen intactas, como esta tienda de ropa de poliéster, abrigos de piel sintética, botas roqueras con punta, figuritas de *Star Wars* de 1977 y otros juguetes de época. Rosanna Arquette le compraba aquí una chaqueta a Madonna en *Buscando a Susan desesperadamente* y la tienda no ha cambiado mucho desde entonces.

OTHER MUSIC
☎ 212-477-8150; 15 E 4th St; 🕓 12.00-21.00 lu-vi, hasta 20.00 sa, hasta 19.00 do; 🚇 6 a Bleecker St

En esta tienda se venden discos nuevos y usados de artistas de música *lounge*, psicodélica, electrónica, *indie*-rock y más. Los dependientes son amables y, además, saben de música.

ST MARK'S BOOKSHOP
☎ 212-260-7853; 31 Third Ave; 🕓 10.00-24.00 lu-sa, 11.00-24.00 do; 🚇 6 a Astor Pl

Justo al lado de St Marks, esta librería alternativa está especializada en política, poesía, no-ficción, novelas y revistas académicas. Eso sí, los dependientes pueden ser algo antisociales.

TOKIO 7
☎ 212-353-8443; 64 E 7th St; 🕓 12.00-20.30 lu-sa, hasta 20.00 do; 🚇 6 a Astor Pl

Esta tienda, ubicada en un tramo de escaleras de la E 7th St, tiene prendas de diseño para hombre y mujer a buen precio. Destaca su colección de trajes de hombre: casi siempre hay algo interesante entre 100 y 150 $.

UNDERDOG EAST
☎ 212-388-0560; 117 E 7th St entre First Ave y Ave A; 🕓 14.00-20.00 ma-do; 🚇 6 a Astor Pl

La mayoría de las *boutiques* del East Village son de mujer, pero en esta tienda los hombres son los protagonistas. Tienen vaqueros de calidad, jerseys, camisas y accesorios (como sombreros de cachemira) de diseñadores como Earnest Sewn, Steven Alan, Filippa K y La Coppola Storta.

🍴 COMER

🍽 ANGELICA KITCHEN
Vegetariana $$
☎ 212-228-2909; www.angelicakitchen.com; 300 E 12th St; 🕓 11.30-22.30 a diario; 🚇 6 a Astor Pl; 🚭 🍴 Ⓥ

Un vegetariano muy popular con mucha tradición y buen servicio (algo lento). Llenan sus famosos cuencos con motivos de dragones con arroz, alubias, *tofu* y algas, y el Reuben es uno de sus bocadillos a base de *tempeh*. El Thai Mee Up son alimentos crudos y también hacen platos con fideos japoneses.

🍴 B & H DAIRY Kosher $

☎ 212-505-8065; 127 Second Ave entre St Marks Pl y E 7th St; 🕘 desayunos, almuerzos y cenas; 🚇 6 a Astor Pl; 👵 👶 Ⓥ

Cocina *kosher* fresca, vegetariana y casera, con una oferta diaria de seis tipos de sopas con un buen trozo de pan *challah*. Se recomienda unirse a la clientela del bar e intentar llamar la atención de alguien.

🍴 BAO 111
Vietnamita $$

☎ 212-254-7773; www.bao111.com; 111 Ave C; 🕘 cenas; 🚇 6 a Astor Pl, F, V a Lower East Side-Second Ave; 👵 Ⓥ

Conviene llamar para reservar o no se consigue mesa hasta el turno

de las 2.00. Los súper *summer rolls* ligeramente especiados del chef Michael Huynh son conocidos en toda la ciudad, igual que el bistec *satay*, el pollo asado en cazuela de hierro o el sake caliente al limoncillo y otros cócteles de la casa.

🍴 BOCA CHICA
Latinoamericana $-$$

☎ 212-473-0108; 13 First Ave con 1st St; 🕘 cenas a diario, *brunch* do; 🚇 F a Second Ave; 👵 👶 Ⓥ

El eterno favorito; llenan rápidamente todas las noches. Aunque no admiten reservas, a la gente no le importa esperar por sus mojitos y deliciosos platos latinos como la "ropa vieja", las

Uno de los platos vietnamitas frescos de Bao 111

COLORS

Abierto en 2006, el **Colors** (☎ 212-777-8443; 417 Lafayette St; ⓜ 6 a Astor Pl) es un tributo de los propietarios a sus ex compañeros, que trabajaban en el restaurante Windows on the World de las Torres Gemelas y fallecieron el 11 de septiembre. Funciona como una cooperativa y destaca por el cariño con el que se elaboran platos internacionales inspirados en recetas familiares. Tienen seitán ahumado con *chutney* de albaricoque, albahaca y laurel o platos de estilo haitiano, como estofado de caracolas con rábanos y mayonesa al azafrán. Un enorme plano del mundo, diseñado por Jim Walrod, autor del Maritime Hotel, decora el comedor.

gambas fritas con coco y el arroz con frijoles.

🍴 CARACAS AREPAS BAR
Arepas/sudamericana $

☎ 212-228-5062; www.
caracasarepasbar.com; 93 1/2 E 7th St entre First Ave y Ave A; ⏱ 12.00-22.00 lu-sa, 12.00-23.00 do; ⓜ 6 a Astor Pl; ♿ ♨ Ⓥ

Es un local pequeño pero hacen unas arepas buenísimas, como la Pepi Queen (pollo y aguacate) o la Pelua (ternera y *cheddar*). Se puede elegir entre 17 tipos de arepas (además de empanadas y platos del día) que sirven con nata y plátanos fritos.

🍴 COUNTER
Vegetariana ecléctica $$

☎ 212-982-5870; 105 First Ave entre E 6th St y E 7th St; ⏱ almuerzos y cenas ma-sa; ⓜ F, V a Lower East Side-Second Ave; ♿ ♨ Ⓥ

En este restaurante vegetariano ofrecen tentempiés como paté

de anacardos, vinos biológicos o biodinámicos y cervezas de elaboración tradicional. También tienen un jardín en la azotea del edificio, donde sirven platos como *risotto* de coliflor, su "napoleón" vegetal, filete de *seitán* a la pimienta o uno de los platos del día.

🍴 HEARTH
Americana/italiana $$$

☎ 646-602-1300;
www.restauranthearth.com; 403 E 12th St con First Ave; ⏱ 18.00-22.00 vi-sa, 18.00-23.00 do-ju; ⓜ L a First Ave, 4, 5, 6, L, N, Q, R, W a 14th St-Union Sq

Los amantes de la carne se atreverán con el menú. No hay mucho surtido pero sus platos habituales –pierna de cordero, pollo al ajo, ternera tierna– están muy bien elaborados y varían según la temporada.

🍴 IL BAGATTO *Italiana* $$

☎ 212-228-3703; 192 E 2nd St entre Ave A y Ave B; ⏱ 17.30-23.30 ma-do, para

llevar y entrega a domicilio tardes; ⊕ F, V a Lower East Side-Second Ave; Ⓥ
Es un rincón bullicioso pero romántico. Sus creaciones italianas son deliciosas y tienen una carta de vinos excelente y un *sommelier* entregado que deja probar el vino antes de decidirse. Incluso con reserva hay que esperar unos minutos antes de sentarse (como si estuviéramos en casa). Hay que pedir postre, son fabulosos.

⑪ MO PITKINS
Sureña/latina/kosher $$$
☎ 212-777-5660; www.mopitkins.com; 34 Ave A entre 2nd St y 3rd St; 🕐 18.00-23.00 vi y sa, 18.00-24.00 do-ju; ⊕ F, V a Lower East Side-Second Ave; Ⓥ
No hay palabras que puedan definir los espectáculos llenos de energía de este restaurante/cabaré/salón literario judeolatino. El Mo Knows Songwriters es un evento semanal muy popular pero también hay noches acústicas y con grandes bandas. Sea como sea, se trata de un tipo de entretenimiento innovador, con comida latina *kosher*. Entre sus platos hay hamburguesas, patatas al ajo con queso manchego, alcachofas fritas, pollo asado y otras delicias como el pastel de chocolate sin harina. La noche de los lunes es literaria y hacen lecturas en directo.

⑪ PRUNE *Creativa americana* $$$
☎ 212-677-6221; www.prunerestaurant.com; 54 E 1st St entre First Ave y Second Ave; 🕐 almuerzos y cenas a diario, *brunches* sa y do; ⊕ F, V a Lower East Side-Second Ave
Los fines de semana las colas dan la vuelta a la manzana. La gente acude a curar sus males con los *brunches* y excelentes Bloody Marys (en nueve variedades). Algunos de los platos que siempre tienen lleno el local son el cochinillo asado, los panes dulces y las salchichas.

⑪ S'MAC *Americana* $
☎ 212-358-7912; www.smacnyc.com; 345 E 12th St con First Ave; 🕐 13.00-22.00 lu, 11.00-23.00 ma-ju y do, 11.00-1.00 vi y sa; ⊕ 6 a Astor Pl; 🚹 Ⓥ
Si sólo se tiene intención de hacer una cosa, debe hacerse bien, y S'Mac lo ha hecho, conquistando a los amantes de las hamburguesas con queso. La All-American lleva *cheddar* y *Vermont jack*, con bacón si se desea. También tienen la de *gruyère*, la de manchego y la *Cajún*. Hay cuatro tamaños y se sirven en sartenes de hierro.

⑪ VESELKA *Ucraniana* $
☎ 212-228-9682; www.veselka.com; 144 Second Ave con 9th St; 🕐 24 h; ⊕ 6 a Astor Pl; 🚹 🚹 Ⓥ
Famoso por sus deliciosas hamburguesas, *borscht*, *pirogues*

y también por su perfecta localización. Aquí no paran, todo el día hay movimiento, ya que es una de las grandes experiencias de Nueva York.

BEBER

11TH ST BAR
☎ 212-982-3929; 510 E 11th St entre Ave A y Ave B; 🕑 12.00-2.00; 🚇 F, V a Lower East Side-Second Ave
Se recomienda conseguir sitio en uno de los cómodos sofás y prepararse para disfrutar: los lugareños van llegando durante la noche, siempre con alguna historia que contar. También es el sitio de reunión de los periodistas jóvenes del Daily News, así que más que un bar parece una acogedora sala comunitaria.

ANGEL'S SHARE
☎ 212-777-5415; 8 Stuyvesant St entre Third Ave y 9th St, 2ª planta; 🕑 17.00-24.00; 🚇 6 a Astor Pl
Detrás del restaurante japonés de la misma planta se encuentra esta joya, con cócteles creativos y camareros elegantes que no dejan quedarse si no hay ninguna mesa libre. Esto sucede a menudo, así que conviene no ir tarde.

B3 BAR
☎ 212-614-9755; 33 Ave B; 🕑 17.00-23.00 do-ju, 17.00-1.00 vi-sa; 🚇 F, V a Lower East Side-Second Ave

Un *bistro* bonito de dos plantas con un gran ambiente de *pub* y buenos mojitos. Se puede oír música en directo mientras se ve pasar a la gente por la calle.

BEAUTY BAR
☎ 212-539-1389; 531 E 14th St entre Second Ave y Third Ave; 🕑 17.00-4.00 lu-vi, 19.00-4.00 sa y do; 🚇 L a Third Ave
Es muy popular desde mediados de los años noventa. Este homenaje a los antiguos salones de belleza atrae a la clientela local con música, un ambiente nostálgico y manicuras a 10 $, con un margarita *Blue Rinse* gratuito de miércoles a domingo.

CLUBHOUSE
☎ 212-260-7970; 700 E 9th St con Ave C; 🕑 18.00-3.00 do-ju, 18.00-4.00 vi y sa; 🚇 F, V a Lower East Side- Second Ave
Es una discoteca de ambiente gay con buenos *disc-jockeys* residentes y un diseño abierto y acogedor con rincones tranquilos donde descansar.

D.B.A.
☎ 212-475-5097; www.drinkgoodstuff. com; 41 First Ave; 🕑 13.00-4.00; 🚇 F, V a Lower East Side-Second Ave
Sería interesante intentar conseguir que el propietario, Ray Deter, aclarara si el nombre viene de "doing business as" ("haciendo negocios como"), "don't bother asking" ("se puede

Carta de cervezas del D.B.A.

hay que esperar un servicio malhumorado, la televisión a todo volumen y una clientela que mezcla nostálgicos, alcohólicos y roñosos varios.

▼ KGB BAR
☎ 212-505-3360; 2ª planta, 85 E 4th St; ⏲ 19.00-4.00; ⓜ 6 a Astor Pl, F, V a Lower East Side-Second Ave
En la década de 1940, este local albergó la sede del partido socialista ucraniano; sus sucias paredes rojas y las pancartas de propaganda amarillas son reales. El KGB se abrió hace unos cuantos años como bar literario. Las lecturas que organiza tienen mucho éxito, así como el vodka.

preguntar") o "drink better ale" ("bebe mejor cerveza"). La tercera opción es la más probable, porque está especializado en cervezas británicas de barril. Tiene más de 150, incluida la *High and Mighty Ale*. También destacan las maltas y los tequilas. Su jardín trasero también sirve de cervecería.

▼ HOLIDAY COCKTAIL LOUNGE
☎ 212-777-9637; 75 St Marks Pl entre First Ave y Second Ave; ⏲ 16.00-1.00; ⓜ 6 a Astor Pl
Si se está buscando un verdadero antro, aquí hay uno. Este local viejo pero encantador parece de otra época (y con bebidas a 3 $ quizá lo sea). Eso sí,

▼ ODESSA CAFÉ
☎ 212-253-1470; 110 Ave A entre St Marks Pl y E 7th St; ⏲ 17.00-4.00; ⓜ 6 a Astor Pl
Este restaurante polaco convertido en bar, ubicado en Tompkins Sq Park, es un clásico del East Village. Las bebidas alcohólicas se incluyeron hace algunos años y a su clientela tatuada le encantó la idea. Y eso mismo le pasa a cualquiera después de probar uno de sus cócteles a 4 $ y el *pierogi* de costillas.

▼ RUE B
☎ 212-358-1700; 188 Ave B entre 11th St y 12th St; ⏲ 12.00-4.00 lu-vi, 11.00-4.00 sa y do; ⓜ L a First Ave, 6 a Union Sq

Entre los margaritas y el *jazz* de este local elegante y romántico se puede desconectar, por eso es cada vez más popular en el barrio. También sirven tentempiés como broquetas y paté de aceitunas y los camareros son conocidos por sus martinis con ingredientes extravagantes como naranja de pulpa roja y zumo de pera.

⭐ OCIO

AMATO OPERA HOUSE

☎ 212-228-8200; www.amato.org; 319 Bowery; ⊕ 6 a Astor Pl; ♿ ♿

Después de 59 años de ópera, Amato sigue teniendo lo que hace falta para llamar la atención de la gente. Programan obras clásicas como *Falstaff, Madame Butterfly, La Forza del Destino* y *Die Fledermaus* sin la ostentación de los teatros de ópera de la zona alta pero con mucha pasión.

⬛ EASTERNBLOC

☎ 212-420-8885; 505 E 6th St entre Ave A y Ave B; ⊕ F, V a Lower East Side-Second Ave

El local gay más nuevo del barrio parece haber llegado directamente del otro lado del telón de acero: está repleto de videos de Betty Page, carteles comunistas y adorables camareros con rasgos de Europa del Este. Los *gogós* están de jueves a sábado.

⬛ JOSEPH PAPP PUBLIC THEATER

☎ 212-260-2400; www.publictheater. org; 425 Lafayette St; ⊕ N, R a 8th St, 6 a Astor Pl

Cada verano el Papp presenta sus fabulosas producciones Shakespeare in the Park en el Delacorte Theater (ubicado en Central Park), como una de sus múltiples colaboraciones al apogeo cultural de la ciudad. Este teatro fue fundado por un rico progresista hace más de cincuenta años y sigue ayudando a principiantes o veteranos a desarrollar sus destrezas mediante producciones muy innovadoras.

⬛ LA MAMA ETC

☎ 212-475-7710; www.lamama.org; 74A East 4th St; ⊕ F, V a Second Ave

Ya lleva mucho tiempo acogiendo obras experimentales (ETC significa "Experimental Theater Club") pero ahora es un complejo de tres teatros con cafetería, galería de arte y un edificio independiente que presenta dramas y comedias vanguardistas y lecturas de todo tipo.

⬛ NUYORICAN POETS CAFÉ

☎ 212-505-8183; www.nuyorican.org; 236 East 3rd St; ⊕ F a Second Ave

Es un club legendario que fue fundado en 1973 por Miguel Algarín, un poeta puertorriqueño. Acoge actuaciones de *hip-hop*, lecturas de poesía, obras y proyecciones de cine y vídeo. Forma parte de la historia del East Village y es una organización artística sin ánimo de lucro muy relevante (sus fondos provienen de la cafetería).

⭐ ORPHEUM THEATER
☎ 212-477-2477; www.stomponline. com; 126 Second Ave con 8th St; Ⓜ F a Second Ave/Houston St; ♿ 🚻
Este teatro *yidish* del s. xx se nutre de la energía creativa que derrocha el barrio. Acoge con frecuencia el Stomp, un festival de danza y música.

⭐ PYRAMID
☎ 212-228-4888; 101 Ave A; Ⓜ F, V a Lower East Side-Second Ave
A los promotores del Pyramid les gusta la buena música, así que a

---

JUEGOS VISUALES
En el City Hall Park se pueden ver ovejas cruzando por el césped. ¿Quizá el alcalde Bloomberg, tan conocido por recortar costes, ha encontrado una nueva manera de cortar el césped? No, es arte público impulsado por Public Art Fund, una organización sin ánimo de lucro que llena las calles de la ciudad con obras totalmente inesperadas. La localización de las últimas instalaciones se puede consultar en ☎ 212-980-4575 o www.publicartfund.org.

---

veces organizan noches *punk* o rock. La clientela es sobre todo gay y gente del ambiente. Sin ninguna duda, la mejor noche es la de los viernes, dedicada a los años ochenta y en la que es completamente imposible quedarse quieto sin bailar.

>GREENWICH Y WEST VILLAGE

El Greenwich Village conserva su encanto original y ocupa un lugar especial en el corazón de los neoyorquinos. Con el paso de los años se ha convertido en una dulce viejecita, aunque su pasado no tenga nada de dulce: una vez fue extravagante y progresista.

No hay nada mejor que explorar el barrio en una tarde soleada. Sus calles pintorescas y estrafalarias se convierten en escaparates con formas extrañas y cafés deformes y muchos de sus edificios de ladrillos son lugares históricos. La poeta y dramaturga Edna St Vincent Millay vivió durante un tiempo en 75 ½ Barrow St; su vecino era William S. Burroughs y a veces se tomaban una pinta en el Ear Inn (p. 90), o en Chumley's (p. 118).

En Seventh Ave hay cabarés y teatros antiguos y también algunos iconos gays como Duplex, Monster y Stonewall. Es la parte más romántica de Manhattan.

GREENWICH Y WEST VILLAGE

Véase plano a continuación

VER

ABINGDON SQ

Hudson y Banks St con West 12th St;
2, 3 a 14th St;

A diferencia del resto del barrio, que ha pasado por una época difícil, Abingdon Sq siempre ha estado muy cuidada. Los antiguos propietarios pertenecían a una familia de colonos y aún conserva su perímetro original de 1843, el Abingdon Memorial (monumento a los veteranos de la Primera Guerra Mundial) y unos árboles majestuosos.

CHRISTOPHER ST PIERS/ HUDSON RIVER PARK

Christopher St y West Side Hwy
Como muchos lugares de esta zona, el extremo oeste estuvo abandonado durante un tiempo y se usaba para el sexo anónimo y esporádico. Ahora es un parque bonito y muy frecuentado, con caminos para ciclistas y corredores, además de unas vistas del atardecer espectaculares. Un buen lugar para pasear que ya no es peligroso.

FORBES COLLECTION

212-206-5548; www.forbesgalleries. com; 62 Fifth Ave con 12th St; entrada gratuita; 10.00-16.00 ma, mi, vi y sa; L, N, Q, R, W, 4, 5, 6 a 14 St-Union Sq
Estas galerías albergan curiosidades de la colección personal del magnate editorial Malcolm Forbes. La mezcla ecléctica de objetos incluye huevos Fabergé, barcos de juguete, primeras versiones del Monopoly y soldaditos de plomo, entre otros.

GRACE CHURCH

800-804 Broadway con 10th St;
R, W a 8th St-NYU, 6 a Astor Pl
Situada en una zona verde no muy lejana a Astor Pl, el estilo neogótico de esta iglesia llama la atención. Fue diseñada por James Renwick Jr y se hizo con mármol extraído por reclusos de la prisión de Sing Sing. También es punto de encuentro después del colegio, ya que a los estudiantes les encanta sus recovecos, vidrieras de colores y viejas bibliotecas, que recuerdan a Harry Potter.

NEW YORK UNIVERSITY

212-998-4636; www.nyu.edu; información en 50 W 4th St
En 1831 Albert Gallatin (enterrado en el cementerio de Trinity Church, p. 48), secretario del Tesoro durante el mandato del presidente Thomas Jefferson, fundó este centro abierto a todos los alumnos, sin importar su raza o clase social. Ahora es un campus urbano enorme con 50.000 estudiantes. Destacan sus edificios principales, alrededor de Washington Sq Park.

🅖 SHERIDAN SQ

Christopher St y Seventh Ave

Con forma triangular, este parque no es más que unos cuantos bancos y árboles rodeados de una anticuada verja de hierro. Pero su localización, en el corazón de la zona gay del barrio, le ha convertido en testigo de mítines, manifestaciones y revueltas. También tiene dos estatuas blancas –una pareja masculina y otra femenina dándose las manos y hablando. Se conoce como la Liberación Gay, pues son un tributo a la normalización de la homosexualidad.

🅖 WASHINGTON MEWS

Entre 5th Ave y University Pl, y 8th St y Washington Sq Park; 🚇 R, W a 8th St; ♿
A un lado de Washington Mews se pueden ver establos privados reconvertidos en viviendas. Las lámparas de gas y los caballos han desaparecido, pero el callejón conserva la esencia del antiguo Nueva York. Entre sus famosos residentes están los escritores Sherwood Anderson y Walter Lippman, y la artista Gertrude Vanderbilt Whitney, fundadora del Whitney Museum. Ahora está rodeado por la New York University, dueña de algunas de las propiedades.

🅖 WASHINGTON SQ PARK

www.washingtonsquareparkcouncil.org; 🚇 A, B, C, D, E, F, V a W 4th St, R, W a 8th St-NYU, 6 a Astor Pl
Si el mundo fuera un escenario, todos en Washington Sq Park merecerían un pequeño papel en el drama. Es el corazón de lo que queda de la vida bohemia del barrio. Pero está previsto que el parque sufra una reforma radical: lo rodearán con una valla de más de un metro, reubicarán la famosa fuente Garibaldi,

---

BARES DE AMBIENTE GAY

Aunque no es el centro de la vida nocturna de ambiente gay (que ahora se encuentra en Chelsea y Meatpacking District), tiene buenos locales. **Henrietta Hudson** (☎ 212-924-3347; 438 Hudson St; 🚇 1 a Houston St) es un sitio elegante con varios *disc-jockeys* que atrae a lindas jovencitas lesbianas. **Monster** (☎ 212-924-3558; 80 Grove St con Sheridan Sq; 🚇 1 a Christopher St-Sheridan Sq) es el paraíso de los hombres gays, con una pequeña pista de baile, un piano bar y un espacio de cabaré. Las noches temáticas incluyen fiestas latinas o veladas con *drag-queens*. Al otro lado de la calle, DJ Warren Gluck pincha en **Stonewall** (☎ 212-463-0950; 53 Christopher St; 🚇 1 a Christopher St-Sheridan Sq), el lugar de los disturbios de 1969 (p. 120). Desde su reforma, está lleno de jóvenes.

Espectáculo gratuito en Washington Sq Park

donde se dice que Bob Dylan cantó su primera canción folk, y se elevará el nivel del suelo, turbando el descanso de todos los que están enterrados en el viejo cementerio (antiguamente se ahorcaba aquí, en el olmo de la esquina noroeste). Varios grupos de la comunidad interpusieron una demanda y consiguieron un aplazamiento. Por si acaso, conviene disfrutarlo mientras se pueda. La lista de eventos que se organizan aparece en el sitio web. Se recomiendan las Quiet Disco de fin de semana: trescientas personas bailando deshinibidas la música de iPods que sólo ellos pueden oír.

WEST 4TH ST BASKETBALL COURTS

Sixth Ave con W 4th St

No hay que entrar en "the Cage", como llaman a estas pistas valladas, sin prepararse a fondo: estos tipos juegan para ganar, en partidos muy competitivos. Se pasa igual de bien admirando su juego entre la multitud. En verano se celebra la W 4th St Summer Pro-Classic League, que tiene más de 25 años de historia.

COMPRAS

AEDES DE VENUSTAS

☎ 212-206-8674; www.aedes.com; 9 Christopher St; ⏰ 12.00-20.00 lu-sa,

13.00-19.00 do; ⊕ 1 a Christopher St, A, B, C, D, E, F, V a W 4th St

Una vez se ha entrado en esta tienda, verdadero templo de la belleza, la química del cuerpo se ocupa de todo el resto. Con la decoración de terciopelo rojo como perfecto telón de fondo, el personal de la tienda ayuda a los clientes a diseñar un aroma basado en el olor de la propia piel. También se puede tomar la opción fácil y comprar un frasco de Nirmala o Shalini.

☐ CO BIGELOW CHEMISTS
☎ 212-473-7324; 414 Sixth Ave entre 8th St y 9th St; ☽ 7.30-21.00 lu-vi, 8.30-19.00 sa, 8.30-17.00 do; ⊕ A, B, C, D, E, F, V a W 4th St

Hay perfumerías más económicas y eficaces, pero ninguna tiene el encanto de ésta, que según los propietarios es la más antigua. Todavía conserva la farmacia, pero es más famosa por sus productos de belleza naturales, como la pomada balsámica de *hamamelis* y los bálsamos de miel.

☐ EAST-WEST BOOKS
☎ 212-243-5994; 78 Fifth Ave; ☽ 10.00-19.30 lu-sa, 11.00-18.30 do; ⊕ L, N, Q, R, W, 4, 5, 6 a 14th St-Union Sq

Esta librería produce un efecto relajante nada más entrar. Tienen libros sobre filosofías asiáticas, de música *chill-out*, colchonetas de yoga y bisutería.

☐ FORBIDDEN PLANET
☎ 212-473-1576; 840 Broadway; ☽ 10.00-22.00 lu-sa, 11.00-20.00 do; ⊕ L, N, Q, R, W, 4, 5, 6 a 14th St-Union Sq

Los amantes de los juegos de cartas combinan destreza y suerte en la planta superior de este centro de la ciencia ficción. Venden cómics, videojuegos y todo tipo de figuritas (desde *Star Wars* hasta William Shatner).

☐ LES PIERRE ANTIQUES
☎ 212-243-7740; www.lespierreinc. com; 369 Bleecker St; ☽ 10.00-18.00 lu-vi, 12.00-17.00 sa; ⊕ 1 a Christopher St

Tres plantas de muebles franceses restaurados, sobre todo de los ss. XVIII y XIX y la mayoría de madera maciza. Los grandes armarios y las sólidas mesas de comedor hacen que a uno le entren ganas de tener una casa de campo.

☐ MARC JACOBS
☎ 212-924-0026; www.marcjacobs.com; 403, 405 y 385 Bleecker St; ☽ 12.00-20.00 lu-sa, 12.00-19.00 do; ⊕ 1 a Christopher St

Después de años en escena, estos grandes almacenes continúan dominando Bleecker St. Los bolsos y accesorios se venden en el número 385; la ropa de hombre, en el 403 y en el 405.

☐ MURRAY'S CHEESE
☎ 212-243-3289; www.murrayscheese. com; 254 Bleecker St; ☽ 8.00-20.00

lu-sa, 9.00-18.00 do; 🚇 1 a Christopher St-Sheridan Sq, A, B, C, D, E, F, V a W 4th St-Washington Sq

Fundada en 1914, ésta es la mejor tienda de quesos de la ciudad. Su propietario, Rob Kaufelt, está –por decirlo suavemente– obsesionado con encontrar el mejor queso del mundo, ya sea de untar, seco, suave, fuerte o lleno de agujeros. También tienen una tienda en Grand Central Terminal.

📖 OSCAR WILDE MEMORIAL BOOKSHOP

☎ 212-255-809; 15 Christopher St; 🕙 11.00-19.00; 🚇 1 a Christopher St-Sheridan Sq

Es la librería más antigua del mundo dedicada a literatura gay y lesbiana (abierta desde 1967). Está ubicada en un bonito edificio de ladrillo y vende libros nuevos y viejos, revistas, banderas con el arco iris, pegatinas para el coche y otros objetos. Su fundador creó el Movimiento de Liberación Gay después de los disturbios de Stonewall de 1969.

🎵 REBEL REBEL

☎ 212-989-0770; 319 Bleecker St; 🕙 12.00-20.00 do-mi, 12.00-21.00 ju-sa; 🚇 1 a Christopher St-Sheridan Sq

En esta diminuta tienda de música acumulan CD y vinilos raros desafiando los límites del espacio. Hay que pedir lo que se está buscando, porque hay mucho más

en la parte trasera, fuera de la vista del cliente.

🏬 RICKY'S

☎ 212-924-3401; 466 Sixth Ave con 11th St; 🕙 9.00-23.00 lu-sa, hasta 22.00 do; 🚇 A, C, E a 14th St, L a Eighth Ave

Ésta es una de las pocas veces en la vida en que ir a comprar cosas corrientes como pasta de dientes y champú es divertido. Es una tienda que parece una discoteca: ponen música y venden tubos dentífricos de color rosa, mucho brillo y colorete y una selección increíble de productos para el pelo y ropa. Al fondo tienen juguetes eróticos, por supuesto.

📖 SHAKESPEARE & CO

☎ 212-529-1330; 716 Broadway; 🕙 10.00-23.00 do-ju, hasta 23.30 vi y sa; 🚇 N, R, W a 8th St, 6 a Astor Pl

Es una librería con sucursales por toda la ciudad (y en París). Intentan conservar el ambiente alternativo, aunque ahora forman parte de una cadena. Tienen libros de cine y teatro y rinden homenaje a las artes de varias formas, por ejemplo, con lecturas de autores locales.

🪑 SUSAN PARRISH ANTIQUES

☎ 212-645-5020; 390 Bleecker St; 🕙 12.00-19.00 lu-sa, o con cita prev.; 🚇 1 a Christopher St

En este anticuario se pueden encontrar muebles americanos,

GREENWICH Y WEST VILLAGE

tejidos, arte tradicional y pintura. También tienen edredones y muebles *amish* de principios del s. xx, artículos del s. xix en buen estado y alfombras de los Navajos con diseños florales y geométricos.

🍴 COMER

🍴 BABBO *Italiana* $$$
☎ 212-777-0303; www.babbonyc.com; 110 Waverly Pl; 🕐 cenas; 🚇 A, B, C, D, E, F, V a W 4th St, 1 a Christopher; 👤

El importante chef Mario Batali tiene varios restaurantes en Manhattan, pero todo el mundo cree que éste es el mejor. Se pida lo que se pida, desde cartas de amor mentoladas hasta *francobolli* de sesos de cordero o pies de cerdo a la milanesa, todos los platos tienen el toque innovador y ecléctico de Batali. Conviene reservar.

🍴 BLUE HILL
Americana moderna $$$
☎ 212-539-1776; www.bluehillnyc.com; 75 Washington Pl; 🕐 cenas; 🚇 A, B, C, D, E, F, V a W 4th St

Se recomienda probar el aperitivo "This Morning's Farm Egg". Todo en el menú tiene origen biológico y ecológico, así que el entrante de "cordero alimentado de hierba" es exactamente eso. Vinculado a las fincas Stone Barn (un

experimento local de cultivo y cría), el chef es capaz de sacar el mejor partido a cada ingrediente de temporada.

🍴 MANNA BENTO *Coreana* $
☎ 212-473-6162; 289 Mercer St; 🕐 almuerzos y cenas lu-sa; 🚇 N, R a 8th St; 👤 🚼 Ⓥ

El local siempre está lleno de estudiantes, lo que quiere decir que la comida es buena, económica y un buen remedio para la resaca. Sirven platos generosos de arroz, *kimchi*, fideos de trigo negro y sopa de marisco picante.

🍴 MAS *Americana moderna/ francesa* $$$
☎ 212-255-1790; www.masfarmhouse. com; 39 Downing St; 🕐 cenas hasta muy tarde lu-sa; 🚇 A, B, C, D, E, F, V a W 4th St; 👤

El chef Galen Zamarra se inspira en la cocina del sur de Francia (en provenzal antiguo, un *mas* es una casa de campo de piedra) y eso se nota tanto en el roble de la entrada con en el sencillo menú a base de ostras *beau soleil*, costillas asadas, falda de cerdo y *risotto* con ortigas salvajes. Sirven cenas hasta altas horas de la noche.

🍴 SURYA *India actual* $$
☎ 212-807-7770; www.suryany. com; 302 Bleecker St; 🕐 cenas lu-sa, almuerzos envasados 12.00-15.00 a

diario, almuerzo bufet libre 12.00-15.25 sa y do; ☺ 1 a Christopher St; ♿ Ⓥ El interior elegante y sugerente de este restaurante da paso a un patio con pérgolas donde se puede tomar una copa de vino blanco o un excelente cóctel mientras se espera un *vindaloo* con especias de la costa sudoeste de la India o un *saag* con jengibre fresco. Hay muchos platos vegetarianos, pero también carne.

🍴 WALLSE *Austriaca* $$
☎ 212-352-2300; www.wallse.com; 344 W 11th St; ☺ cenas a diario, almuerzos sa y do; ☺ A, C, E a 14th St, L a Eighth Ave, 1 a Christopher St; ♿
Antes de preguntar en qué consiste la comida austriaca, se recomienda probar el *Spätzle* con conejo, setas y estragón. La respuesta teórica ya no importará en absoluto. Para completar el plato, se puede tomar *Strudel* de cerezas y helado de pistacho. La comida tradicional europea sabe mejor en restaurantes de barrios como éste.

🍸 BEBER

🍸 BAR NEXT DOOR
☎ 212-529-5945; 129 MacDougal St entre 3rd St y 4th St; ☺ 18.00-2.00 do-ju, 18.00-3.00 vi-sa; ☺ A, B, C, D, E, F, V a W 4th St
Es una de las mejores discotecas del barrio. El sótano tiene techos

bajos, paredes de ladrillo y una iluminación romántica. Hay *jazz* suave en directo cada noche y un menú italiano delicioso del restaurante vecino, La Lanterna di Vittorio.

🍸 CHI CHIZ
☎ 212-462-0027; 135 Christopher St; ☺ 16.00-4.00 a diario; ☺ 1 a Christopher St
Uno de los favoritos en Christopher St, especialmente para los afroamericanos gays. Ofrece las mejores bebidas del Village: y los domingos por la tarde hay dos por uno en las bebidas. Los lunes se organiza karaoke; los martes, bingo, y sus cenas hasta tarde cualquier día de la semana son muy populares.

🍸 LITTLE BRANCH
☎ 212-929-4360; 20 Seventh Ave; ☺ 19.00-3.00 lu-vi, 21.00-3.00 do; ☺ 1, 2, 3 a 14th St, L a Eighth Ave
El Milk & Honey del Lower East Side se ha hecho famoso porque, para entrar, los clientes tienen que llamar a un número de teléfono secreto. Eso no es necesario en este bar, que es del mismo propietario: Sasha Petraske, nacido en el West Village y cuya madre trabajó en el periódico *The Village Voice* al lado de Sylvia Plachy durante años. Sirven cócteles perfectamente mezclados y, si se cae bien al camarero, quizás se

puedan conseguir los dígitos para los otros locales de Sasha.

🍸 MARIE'S CRISIS

☎ 212-243-9323; 59 Grove St entre Seventh Ave y Bleecker St; 🕑 16.00-4.00; ◉ 1 a Christopher St-Sheridan Sq

Reinas de Broadway de cierta edad, gays de fuera de la ciudad, turistas con tendencia a la risa tonta y otros fans del teatro musical se reúnen junto al piano y se turnan para cantar a grito pelado, a menudo acompañados por el público. Por muy deprimido que se esté al llegar, siempre se sale de buen humor.

🍸 ONE IF BY LAND, TWO IF BY SEA

☎ 212-255-8649; 17 Barrow St; 🕑 cenas; ◉ 1 a Christopher St-Sheridan Sq, A, B, C, D, E, F, V a W 4th St-Washington Sq

Famoso por su ternera Wellington y por su ubicación –en la antigua casa de carruajes de Aaron Burr– éste es posiblemente el restaurante perfecto para una cita. Pero es incluso mejor como bar, para desconectar del ajetreo de la calle tomando un cóctel o refugiarse a altas horas de la noche.

🍸 STONED CROW

☎ 212-677-4022; 85 Washington Pl entre Washington Sq West y Sixth Ave; 🕑 16.00-4.00 lu-vi, 14.00-4.00 sa y do; ◉ A, B, C, D, E, F, V a W 4th St

Este divertido antro, ubicado en un sótano y un poco claustrofóbico, atrae a estudiantes que huyen de los deberes y los exámenes. Sus grandes jarras de cerveza y mesas de billar le añaden todavía más encanto.

CHUMLEY'S

Resulta difícil encontrar esta taberna clandestina en 86 Bedford St con Barrow St: no hay ningún letrero y pasa muy desapercibida. Pero, si se encuentra, es como adentrarse en otra época. Por las noches siempre está llena, pero resulta un buen lugar para tomar algo por la tarde. Se puede entrar en comunión con algunos de sus antiguos clientes –como F. Scott Fitzgerald, Ernest Hemingway, William Burroughs y Norman Mailer– y ver a la primera propietaria, Henrietta Chumley, a quien, según dicen, le gusta sentarse junto al fuego a beber Manhattans. El bar tiene una larga historia de curiosidades y fantasmas. Por ejemplo, el propietario actual cree que los 12 bomberos que tenía contratados a tiempo parcial (todos procedentes del parque vecino), que murieron en los ataques a las Torres Gemelas el 11 de septiembre, vuelven de vez en cuando al bar a poner canciones en la máquina de discos.

ⓨ SULLIVAN ROOM

☎ 212-252-2151; 218 Sullivan St entre Bleecker St y W 3rd St; ⏱ 21.00-5.00 misa; ⓜ A, B, C, D, E, F, V a W 4th St

Hay que fijarse para encontrar la entrada de este local subterráneo, que atrae a gente guapa con fiestas y *disc-jockeys* invitados, un gran surtido de cervezas extranjeras y cócteles generosos. Es perfecto a partir de la 1.00.

OCIO

☆ 55 BAR

☎ 212-929-9883; www.55bar.com; 55 Christopher St; entrada 3-15 $, 2 bebidas mínimo; ⏱ 13.00-4.00; ⓜ 1 a Christopher St/Sheridan Sq, A, B, C, D, E, F a W 4th St

Una joya sin pretensiones con música *jazz* y *blues* a cargo de grupos con guitarras y mucho ritmo. Ubicado en una esquina histórica del Village (al lado de Stonewall) acoge actuaciones de artistas locales e internacionales.

☆ CHERRY LANE THEATER

☎ 212-989-2020; www.cherrylanetheater.com; 38 Commerce St; ⓜ 1 a Christopher St

Un teatro escondido en el West Village, con un encanto propio y una larga historia. Fue fundado por la poetisa Edna St Vincent Millay y ha dado voz a muchos dramaturgos y actores a lo largo de los años. Permanece fiel a su misión de crear teatro en directo accesible al público. La programación de lecturas, obras y representaciones varía con frecuencia.

☆ COMEDY CELLAR

☎ 212-254-3480; www.comedycellar. com; 117 MacDougal St; entrada 15 $; ⏱ las actuaciones empiezan a las 21.00 do-vi, 19.30 sa; ⓜ A, C, E, F, V, S a W 4th St

Es un clásico del barrio que ha visto nacer y morir varias carreras profesionales a lo largo de décadas de risas. Llenan todas las noches con cómicos principales, viejas glorias y éxitos del momento. A menudo aparecen famosos, en especial Jon Lovitz o Colin Quinn.

☆ THE DUPLEX

☎ 212-255-5438; www.theduplex.com; 61 Christopher St; ⏱ 16.00-4.00; ⓜ 1 a Christopher St

Las paredes de esta casa están llenas de fotos de Joan Rivers, a modo de "santa patrona". Ofrece buenos espectáculos de cabaré en el salón trasero y la oportunidad de cantar a micrófono abierto, a partir de las 21.00, en el salón delantero. Los que no tengan buena voz pueden bailar en la planta superior.

☆ FILM FORUM

☎ 212-727-8110; www.filmforum. com; 209 W Houston St; entradas 12 $;

STONEWALL

El decrépito edificio de 55 Christopher St, frente a Sheridan Sq, es el tristemente célebre Stonewall Inn, donde nació el movimiento de los derechos civiles de los homosexuales tras una redada de la policía en la madrugada del 28 de junio de 1969. En el bar había lesbianas, transexuales y gays de luto por la muerte de Judy Garland, un icono del ambiente. Apareció la policía, alguien lanzó una botella, la gente se alteró y una mujer ofreció resistencia al entrar en el coche de policía. La situación empeoró, los ocho policías se amotinaron dentro del bar y los disturbios duraron tres días. Llegaron a juntarse 200.000 personas en el Village para participar en la Rebelión de Stonewall. Cuando terminó, se había formado oficialmente el Movimiento de Liberación Gay.

🕙 oficinas 9.00-17.00 lu, vi; taquillas 12.30-24.00 a diario; 🚇 1 a Houston St; 🚻 ♿

Muestra retrospectivas de artistas como Fellini o Truffaut y proyecta grandes clásicos. Es un favorito de los aficionados del celuloide y sus ciclos de verano son un éxito absoluto. En general, las entradas –incluso para las películas más desconocidas– se agotan enseguida, así que es recomendable comprarlas por adelantado.

⭐ SOBS

☎ 212-243-4940; www.sobs.com; 204 Varick; 🕙 18.30-3.00 a diario; 🚇 1 a Houston St; ♿

SOBs –alias Sounds of Brazil– significa mucha gente bailando samba, rumba afrocubana, salsa, *reggae* y más. Su decoración alegre (u hortera) y la buena comida lo convierten en un buen lugar al que acudir después del trabajo. El baile no empieza hasta las 2.00. Se recomienda la

Basement Bhangra –una fiesta semanal que ya tiene seis años y que se ha convertido en la meca para los fanáticos asiáticos del *hip-hop*– y la Tropica, la noche de los lunes dedicada a los ritmos latinos.

⭐ VILLAGE VANGUARD

☎ 212-255-4037; www.villagevanguard.com; 178 Seventh Ave; entrada 15-40 $, 2 bebidas mínimo 🕙 19.00-1.00; 🚇 1 a Christopher St

Posiblemente es el club de *jazz* más prestigioso de la ciudad y por él han pasado las principales estrellas de los últimos 50 años. Empezó programando monólogos y poesía y a veces vuelve a sus orígenes, pero normalmente se oye *jazz* durante toda la noche. Hay que tener cuidado con las empinadas escaleras. Hay que cerrar los ojos y dejarse llevar por el sonido porque acústicamente es uno de los mejores locales de todo el mundo.

Petar Marchev,
Conductor de bicitaxi, Staten Island (originario de Ucrania)

¿Cuál es su estación favorita en la ciudad? Sin duda, el otoño –¡sus colores son magníficos! **¿Qué es lo mejor de su barrio?** El Staten Island Ferry, el mejor medio de transporte de Nueva York. **¿Cuál es su lugar favorito de la ciudad?** Probablemente Coney Island y la zona de Brighton Beach. No sé si es un lugar muy conocido, pero me gusta el paseo marítimo. **¿Algún momento de "esto sólo puede pasar en Nueva York"?** Más de mil, normalmente con taxistas mostrándome el puño. **¿Su libro favorito sobre Nueva York?** No sé si tengo un libro favorito ambientado en Nueva York, pero uno de mis autores preferidos para leer en la ciudad es Maxim Gorky; creo que encaja muy bien aquí. **¿Qué es lo que más le gusta de ser conductor de bicitaxi en Nueva York?** El hecho de trabajar en Central Park, que creo que es lo mejor de la ciudad.

>MEATPACKING DISTRICT

Todo en este barrio tiene que ver con las compras, la comida y la bebida, así que para los amantes de las tres, será una especie de nirvana.

Mientras se exploran las calles adoquinadas del barrio, se recomienda acercarse hasta los dos hoteles que ayudaron a transformar el barrio en una zona fabulosa: el Gansevoort y el Maritime Hotel. Es obligatorio recorrer la calle más importante, Gansevoort St, que fue en sus inicios un mercado holandés y después se convirtió en matadero. El barrio también tuvo una época en la que reinó la prostitución, sobre todo ejercida por transexuales o gays. Una reminiscencia de aquel tiempo es el Lesbian, Gay, Bisexual and Transgender Community Center (p. 246), que jugó un papel importante en el debate sobre el sida durante las décadas de 1980 y 1990.

Ahora la zona ya no es tan sórdida. Con la llegada de la High Line (la vía elevada del tren) y de varios restaurantes, galerías y *boutiques* de lujo, ha dado un paso adelante fundamental.

MEATPACKING DISTRICT

◎ VER

Véase plano a continuación

COMPRAS

🛍 ALEXANDER MCQUEEN
☎ 212-645-1797;
www.alexandermcqueen.com; 417 West
14th St; 🕑 11.00-19.00 lu-sa, 12.00-
18.00 do; 🚇 A, C, E, 1, 2, 3 a 14th St,
L a Eighth Ave

Si uno consigue no perderse entre
las paredes blancas que delimitan
las secciones de esta tienda, la
visita resultará un placer. Tienen
gafas de sol, accesorios, ropa de
hombre y zapatos, pero su mayor
éxito es la colección de prendas
para mujer, de máxima calidad.

🛍 AN EARNEST CUT & SEW
☎ 212-242-3414; www.earnestsewn.
com; 821 Washington St; 🕑 11.00-19.00
lu-vi, 11.00-20.00 sa, 11.00-19.00 do;
🚇 A, C, E, 1, 2, 3 a 14th St, L a Eighth Ave

Si se han conseguido los vaqueros
perfectos pero resulta que son
demasiado largos, no hay ningún
problema. Aquí hacen arreglos en
el acto. El aspecto industrial de
esta tienda se acerca a la estética
de los propios vaqueros, con
un toque basto pero moderno.
También hacen pantalones a
medida, aunque el precio sube.
Eso sí, aseguran que quedan como
un guante.

🛍 B8 COUTURE
☎ 866-623-5545; 27 Little W 12th St;
🕑 10.00-21.00 a diario; 🚇 A, C, E, 1, 2,
3 a 14th St, L a Eighth Ave

Tienen todo tipo de estilos, sobre
todo de diseñadores europeos
importantes y de algunos iconos
americanos. Aquí la magia surge
de la mezcla de colecciones, por
ejemplo, una falda de McFadden
con un top de Gaultier.

🛍 BUCKLER
☎ 212-255-1596; www.
bucklershowroom.com; 13 Gansevoort
St; 🕑 11.00-19.00 lu-sa, 12.00-18.00 do;
🚇 A, C, E, 1, 2, 3 a 14th St, L a 8th Ave

Su ropa de hombre combina los
estilos americano y británico. El
establecimiento es famoso por su
selección de ropa vaquera juvenil
y descarada. Así que resulta la
tienda perfecta para los que les
guste la forma de vestir de Lenny
Kravitz e Iggy Pop.

🛍 CARLOS MIELE
☎ 646-336-6642; www.carlosmiele.
com.br; 408 W 14th St; 🕑 12.00-19.00;
🚇 A, C, E a 14th St, L a Eighth Ave

Una tienda fantástica para
compradores audaces. El diseño
del local es casi tan llamativo
como sus vestidos, sensuales e
inspirados en el carnaval de Brasil.
También tienen trajes de noche
fantásticos.

🛍 CATHERINE MALANDRINO
☎ 212-929-8710; www.
catherinemalandrino.com; 652 Hudson
St; 🕑 11.00-20.00 lu-sa, 12.00-18.00 do;
🚇 A, C, E, 1, 2, 3 a 14th St, L a Eighth Ave

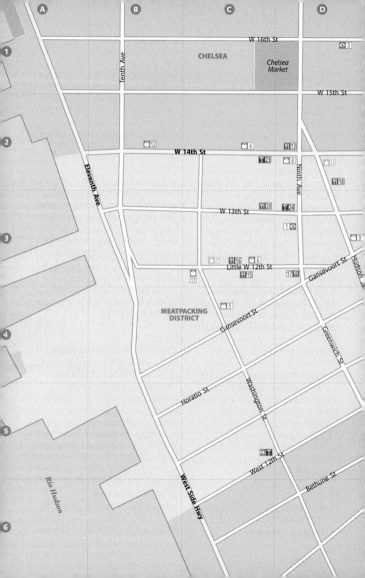

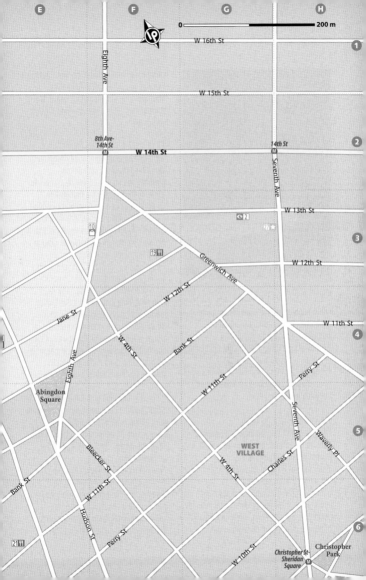

El escaparate de Carlos Miele (p. 123)

Un estilo divertido y refrescante es el santo y seña de los dos almacenes de Malandrino, uno en Meatpacking District y otro en el Soho. Las blusas ligeras y los femeninos vestidos de tirantes son prendas obligadas para pasar el verano en la ciudad.

CHOCOLATE BAR
☎ 212-367-7181; 48 Eighth Ave con W 13th St; ⏱ 11.00-20.00 ma-do; Ⓜ A, C, E a 14th St, L a Eighth Ave
Todo aquí es de chocolate. Se pueden crear cajas personalizadas con bombones artísticos y elaborados (hay ideas interesantes como el chocolate al té de menta o el mazapán de pistacho) de la fábrica de Jacques Torres (p. 224) en Brooklyn, comprar unas cuantas tabletas o tomar una taza del mejor cacao caliente.

DESTINATION
☎ 212-727-2031; www.destinationny.net; 32-36 Little W 12th St con Washington St; ⏱ 11.00-20.30 ma-do; Ⓜ A, C, E a 14th St, L a Eighth Ave
La mezcla de productos da color a este enorme espacio blanco. Tienen joyas difíciles de encontrar de diseñadores europeos como Les Bijoux de Sophie, Serge Thoraval y Corpus Christie. También hay elegantes prendas de estilo militar –botas de piel con hebillas de Gianni Barbato, pantalones de estilo marinero de John Rocha o bolsos de Orca– camisetas y chaquetas de capricho, bolsos de Mik y zapatos Comptoirs de Trikitrixa (¡con suelas perfumadas!).

JEFFREY NEW YORK
☎ 212-206-1272; www.jeffreynewyork.com; 449 W 14th St; ⏱ 10.00-20.00 lu-mi,10.00-21.00 ju, 10.00-19.00 sa, 12.30-18.00 do; Ⓜ A, C, E a 14th St, L a Eighth Ave
Aquí empezó todo: fue uno de los primeros imperios del diseño en desembarcar en el barrio para revolucionar sus calles adoquinadas y todavía sigue siendo una referencia.

Tienen modelos de Balenciaga o Prada, entre otros, además de cosméticos.

COMER

MARKT *Belga* $$
☎ 212-727-3314; 401 W 14th St con Ninth Ave; 🕙 almuerzos y cenas; 🚇 L a Eighth Ave, A, C, E a 14th St; ♿ 👶 Ⓥ

Sus grandes toldos rojos dominan la plaza desde hace años y resulta uno de los mejores sitios de la ciudad para tomar una Hoegaarden u otra cerveza extranjera y unos mejillones con patatas fritas.

MI COCINA *Mexicana* $$
☎ 212-627-8273; 57 Jane con Hudson St; 🕙 cenas a diario, almuerzos sa y do; 🚇 A, C, E a 14th St, L a Eighth Ave; 👶 Ⓥ

Las deliciosas enchiladas vegetarianas se rellenan con acelgas, salsa de tomate y chile chipotle, mientras que las mazorcas de maíz dulces asadas se condimentan con tomates al horno y cilantro. Tienen mucho éxito el pollo asado y las gambas condimentadas con orégano mexicano, vino blanco y unos toques artísticos de guacamole y nata. Con los tequilas elaboran fantásticos cócteles y los postres ponen la guinda pecaminosa al delicioso conjunto.

PARADOU *Bistro francés* $$
☎ 212-463-8345; 8 Little W 12th St entre Ninth Ave y Washington St; 🕙 cenas; 🚇 A, C, E a 14th St, L a Eighth Ave; Ⓥ

El jardín de hortensias de la parte trasera resulta un pequeño edén en primavera y el lugar perfecto para disfrutar de unas *crêpes*, unos *paninis* o pescado a la plancha. La carta de vinos es excelente, con muchas opciones a precios asequibles que se presentan en botellines individuales.

PASTIS *Bistro francés* $$
☎ 212-929-4844; 9 Ninth Ave con Little W 12th St; 🕙 desayunos, almuerzos y cenas; 🚇 A, C, E a 14th St, L a Eighth Ave; Ⓥ

Sí, siempre está lleno, y sí, muchos neoyorquinos creen que ya no es el de antes, pero algunos siguen viniendo a tomarse el primer café de la mañana. Quizá ya no esté tan de moda, pero la verdad es que sirve buena comida casera y atrae un público de clase media. Elaboran platos como el *kronfleisch*, las alcachofas fritas y el pato glaseado. Son recetas sencillas pero deliciosas.

SASCHA *Americana/belga* $$
☎ 212-989-1920; 55 Gansevoort St cerca de Ninth Ave; 🕙 9.00-24.00 a diario; 🚇 L a Eighth Ave, A, C, E a 14th St; 👶 Ⓥ

En la planta superior hay un lujoso restaurante y, en la inferior, un atractivo bar/*bistro*, pero su

pasado está en la panadería.
Se recomienda sentarse en su
soleada terraza exterior y probar
algunos de sus *brioches*, cruasanes
y *paninis* bañados con chocolate
caliente.

SON CUBANO
LatinoAmericana/tapas/sureña $$
☎ 212-366-1640; 405 W 14th St;
☽ almuerzos y cenas; Ⓐ A, C, E a 14th
St, L a Eighth Ave; ♿

La Pequeña Habana tiene su
reflejo en el West Side con sus
mojitos y sus tapas picantes.
Es un local muy concurrido
después del trabajo y los fines de
semana (como bar, restaurante
y discoteca). En la carta destaca

el pulpo asado con salsa, los
plátanos y el cebiche.

SOY LUCK CLUB
Café saludable $
☎ 212-229-9191; 115 Greenwich Ave con
Jane St; ☽ 7.00-22.00 lu-vi, 9.00-22.00
sa y do; Ⓐ A, C, E a 14th St, L a Eighth
Ave; Ⓥ

Muchos de los platos del menú
tienen como base la soja –el pollo a
la soja con *crêpes* fontina (sin harina),
el sándwich de ensalada de *tofu* y
aguacate, y la ensalada mixta con
edamame y soja, como entrantes–
aunque también se ofrecen otras
opciones sin esta legumbre oriental,
como los paninis, las ensaladas y los
brunches con carne.

Son Cubano

🍴 SPICE MARKET

Asiática del sudeste $$-$$$

☎ 212-675-2322; www.jean-georges.com; 403 W 13th St; 🕐 lunch & dinner; 🚇 A, C, E a 14th St, L a Eighth Ave; ♿

Es fácil perderse entre las bellas pagodas y los Budas de este local, el sexto restaurante que abre Jean-Georges Vongerichten en la ciudad. Sirven comida asiática de primera calidad: pinchos de *satay*, mejillones con limón, *samosas* de pollo y *vindaloo* de cerdo. Una noche en el bar probando los aperitivos puede ser tan gratificante como en el restaurante (algunos dicen que incluso más).

🍴 THE SPOTTED PIG

Comida de pub $$-$$$

☎ 212-620-0393; www.thespottedpig.com; 314 W 11th St; 🕐 almuerzos y cenas hasta las 2.00; 🚇 A, C, E a 14th St, L a Eighth Ave; ♿ 🚼 Ⓥ

Aunque sea un pub, no se limita a acompañar la bebida con cuencos de cacahuetes. Su carta incluye tostadas con hígado de pollo, broquetas de habas con *mozzarella*, huevos de pato con atún *bottarga* y muchísimo más. Además, para contentar a todos, ofrece al menos dos platos vegetarianos cada día. Por las noches está abarrotado, así que, con niños, es preferible ir durante el día.

🍸 BEBER

🍸 BRASS MONKEY

☎ 212-675-6686; 55 Little W 12th St con Washington; 🕐 11.30-4.00; 🚇 A, C, E a 14th St, L a Eighth Ave

Los bares del barrio se están volviendo elegantes, pero éste mantiene los pies en la tierra, con una clientela que se preocupa más de la cerveza que va a tomar que de los zapatos que lleva puestos. Su pequeña fachada de madera es antesala de un interior relajante: techos bajos, camareros amables y una larga carta de cervezas y *whiskies*. En su menú de aperitivos hay mejillones o salchichas con puré de patatas.

🍸 DOUBLE SEVEN

☎ 212-981-9099; 418 W 14th St entre Ninth Ave y Tenth Ave; 🕐 18.00-4.00 lu-vi, 20.00-4.00 sa; 🚇 A, C, E a 14th St, L a Eighth Ave

El propietario del Lotus (p. 145) ha ideado este nuevo local, justo enfrente, para un público más maduro (es decir, treintañeros). Este pequeño bar de cócteles es un antro íntimo con banquetas altas tapizadas en piel que siempre está lleno de gente sofisticada a quien no le importa hacer cola para conseguir una bebida (probablemente porque son exquisitas e incluyen bombones de diseño).

Bebidas en el Plunge

▼ PLUNGE

☎ 212-206-6700; Gansevoort Hotel, 18 Ninth Ave con 13th St; ⏰ 11.00-3.00; ⓜ A, C, E a 14th St, L a Eighth Ave

Este restaurante está situado en el ático de la planta 15 del moderno Gansevoort Hotel, lo que le garantiza unas vistas maravillosas al río Hudson y Nueva Jersey, sobre todo al atardecer. Eso sí, se recomienda llegar pronto –incluso los días entre semana– si no se quiere estar como sardinas en lata y rodeados de hordas de aspirantes a artistas. Una advertencia: no se puede utilizar la piscina, sólo es para invitados, y el personal de seguridad no se deja engañar.

OCIO
☆ CIELO

☎ 212-645-5700; 18 Little W 12th St; entrada 15-25 $; ⏰ 22.30-5.00 lu-sa; ⓜ A, C, E a 14th St, L a Eighth Ave

Gracias a los amantes de la música *house* este local permanece abierto y sigue llenando sus noches Deep House de los lunes y sus fiestas mensuales, las Turntables on the Hudson. Entre los *disc-jockeys* habituales destacan, por ejemplo, Willie Graff y el famoso François K; tarde o temprano, sus sonidos hipnóticos acaban por arrastrar a todo el mundo hasta la pista de baile.

⭐ LEVEL V

☎ 212-699-2410; 675 Hudson St;
🕒 20.00-4.00; Ⓜ A, C, E a 14th St, L a
Eighth Ave

Muuuy clandestino, en todos
los sentidos de la palabra. Está
escondido debajo del Vento
Trattoria, un restaurante italiano
elegante de Hudson St. Si se
consigue convencer al portero,
se puede bajar hasta un club
con aspecto de mazmorra y
llamativos sofás rojos, camareros
sexys (hombres y mujeres) y un
disc-jockey que trabaja en la pista
durante toda la noche.

⭐ MOVIDA

☎ 212-206-9600; www.movidanyc.com;
28 Seventh Ave; 🕒 22.00-4.00 ma-sa;
Ⓜ A, C, E a 14th St, L a Eighth Ave

Imita de forma bastante
convincente a un yate de lujo,
logrando una extraña mezcla de
ostentación y sencillez. Su política
de admisión es muy abierta y la
clientela, tranquila y amante de
la música *retro punk*, *post-punk*,
rock y *electro*. La fiesta Robot Rock
de los sábados por la noche es
muy popular y cada día hay una
segunda *happy hour*, con bebidas
a mitad de precio, de 2.00 a 3.00.

>CHELSEA

Últimamente hay mucho movimiento en Chelsea, porque las galerías y los colectivos artísticos le están dando un buen empujón al barrio.

El pionero Gallery Group convirtió una vieja discoteca abandonada en unos estudios artísticos, en lo que supuso el primer avance horizontal en un barrio vertical y un matrimonio interesante, ya que Chelsea es conocido básicamente por dos motivos: las galerías de arte y las discotecas. Y hay espacio de sobra para ambas.

A pesar de las actuaciones del Departamento de Policía de Nueva York, la zona oeste del barrio –desde 26th St hasta 29th St– está repleta de discotecas, algunas de ellas gays: en la actualidad Chelsea es el centro neurálgico del ambiente gay en la ciudad. Pero en general hay de todo, homos y heteros, cualquiera es bienvenido siempre que supere la criba del gorila de la puerta. A primera vista, el barrio puede parecer un poco frío, pero su mezcla de cultura y diversión acaba encantando.

CHELSEA

Véase plano a continuación

VER

BARBARA GLADSTONE GALLERY

☎ 212-206-9300; www.
gladstonegallery.com; 515 W 24th St
entre 10th Ave y 11th Ave; ⏰ 10.00-
18.00 ma-sa, fines semana cerrado jul y
ago; ⓜ C, E, 1 a 23rd St; ♿

La encargada de esta galería, a
la que da nombre, ha aprendido
un par de cosas después de
27 años en el mundo artístico
de Manhattan. Programa las
exposiciones más prestigiosas
y conocidas y exhibe
frecuentemente la obra de artistas
como Shirin Neshat, Magnus von
Plessen y Anish Kapoor.

CHEIM & READ

☎ 212-242-7727; www.cheimread.com;
547 W 25th St entre 10th Ave y 11th Ave;
⏰ 10.00-18.00 ma-sa; ⓜ C, E a 23rd
St; ♿

Exhibe esculturas de todas las
formas, tamaños y materiales y
cada mes varía las exposiciones.
Con un poco de suerte, se podrán
ver las coloridas fotografías de
William Eggleston o una de las
instalaciones luminosas de Jenny
Holzer en la entrada.

CHELSEA ART MUSEUM

☎ 212-255-0719;
www.chelseaartmuseum.org; 556 W
22nd St; ⏰ 12.00-18.00 ma, mi, vi y sa,
12.00-20.00 ju; ⓜ C, E a 23rd St; ♿

Una de las nuevas incorporaciones
al panorama artístico, este
museo ocupa tres plantas de
un edificio de ladrillo rojizo que
data de 1850 y se ubica en unos
terrenos que pertenecieron al
escritor Clement Clarke Moore.
Centrado en el expresionismo
abstracto posbélico de artistas
nacionales e internacionales, su
colección permanente incluye
obras de Antonio Corpora, Laszlo
Lakner y el escultor Bernar Venet.
También es la sede de la Miotte
Foundation, dedicada al archivo
de las obras de Jean Miotte, un
artista afincado en el Soho que
ha jugado un importante papel
en el movimiento del *art informel*
(abstracción gestual).

CHELSEA HOTEL

☎ 212-243-3700; 222 W 23rd St entre
Seventh Ave y Eighth Ave; ⓜ 1, 2, C, E
a 23rd St

Lo primero que se ve en 23rd St
es un hotel de ladrillo rojo con
balcones de hierro ornamentados
y hasta siete placas que declaran
su condición de hito literario.
Incluso antes de que Sid Vicious,
de los Sex Pistols, asesinara aquí
a su novia, Nancy Spungeon, el
hotel era un lugar famoso y del
gusto de Mark Twain, Thomas
Wolfe, Dylan Thomas o Arthur
Miller. Supuestamente, Jack
Kerouac escribió aquí su novela
En el camino durante una sesión

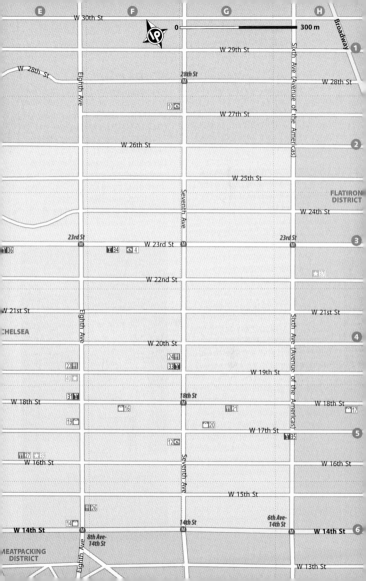

maratoniana (en general, los músicos siempre han defendido el barrio y muchos se han convertido en excéntricos residentes). El bar, Serena (p. 143), tiene un ambiente sugerente que lo hace perfecto para un Martini.

CHELSEA PIERS COMPLEX

☎ 212-336-6000; www.chelseapiers. com; Hudson River al final de 23rd St; ⊕ C, E a 23rd St

Este inmenso complejo satisface a todos los deportistas. Se puede jugar al golf en su campo de prácticas, hacer giros en la pista de hielo o alquilar patines en línea para dar una vuelta por Battery Park y el nuevo carril bici del muelle. Tiene una llamativa bolera, campos de baloncesto, una escuela de navegación para niños, jaulas para batear, un gimnasio enorme con piscina cubierta (las entradas para los no socios cuestan 50 \$) y rocódromo. En Downtown Boathouse, al norte del muelle 64, prestan kayaks gratuitamente y después se puede ir a cenar y de copas al Chelsea Brewing Company (p. 142), que sirve buena comida y cervezas tradicionales excelentes. Aunque esta zona del puerto está un poco incomunicada por la autopista West Side, sus múltiples atractivos reúnen a mucha gente. El autobús urbano M23, que llega hasta la entrada, ahorra la caminata desde el metro.

GAGOSIAN

www.gagosian.com; Chelsea (☎ 212-741-1111; 555 W 24th St; ⏰ 10.00-18.00 sa; ⊕ C, E, a 23rd St; ♿); Uptown (☎ 212-741-1111; 980 Madison Ave; ⏰ 10.00-18.00 ma-sa; ⊕ 6 a 77th St-Lexington Ave; ♿)

Las obras internacionales son las protagonistas en este Gagosian y en el de la zona alta. Las muestras temporales incluyen a genios como Schnabel, William de Kooning, Warhol o Basquiat.

La Gagosian Gallery

⊙ LEHMANN MAUPIN
☎ 212-255-2923; www.
lehmannmaupin.com; 540 W 26th St;
🕓 11.00-18.00 ma-sa; ⊙ C, E a
23rd St; ♿

Sigue siendo una de las galerías
más influyentes de la ciudad.
Muestra la obra del escultor
coreano Do-Ho Suh, de los
británicos Tracey Emin y David
Salle, entre muchos otros.

⊙ MATTHEW MARKS GALLERY
☎ 212-243-0200; www.matthewmarks.
com; 522 W 22nd St con Tenth Ave y 523
W 24th St; 🕓 10.00-18.00 lu-vi; ⊙ C, E
a 23rd St; ♿

El marcador de tendencias
Mathew Marks, que le dio el
empujón a Chelsea, ha abierto
dos galerías en antiguas fábricas.
Ahora son dos centros ostentosos
que exhiben obras de Nan Goldin
y Andreas Gursky.

⊙ MITCHELL-INNES & NASH
www.miandn.com; Chelsea (☎ 212-744-
7400; 534 W 26th St cerca de 10th Ave;
🕓 10.00-18.00 lu-vi; ⊙ C, E a 23rd St);
Uptown (1018 Madison Ave; 🕓 10.00-
17.00 lu-vi; ⊙ 6 a 77th St)

El matrimonio encargado de
estas galerías empezó su carrera
en Sotheby's y su respeto por el
pasado se nota en su trabajo: al
mismo tiempo que exhiben la
obra de artistas de vanguardia,
organizan muy buenas
retrospectivas.

⊙ MUSEUM AT FIT
☎ 212-217-5800; www.fitnyc.edu;
Seventh Ave con 27th St; entrada
gratuita; 🕓 12.00-20.00 ma-vi, 10.00-
17.00 sa; ⊙ 1 a 28th St

El Fashion Institute of Technology
es una escuela de moda, diseño
y bellas artes ubicada en el
límite del Fashion District de
Manhattan. La mejor forma
de acceder a sus joyas más
exclusivas es visitar el museo,
que organiza exposiciones
rotativas sobre moda y diseño
en las que se incluyen obras
de alumnos. Su nueva colección
permanente, inaugurada
en 2005, conforma la primera
galería de la historia de la moda
y el textil del país y va exhibiendo
de forma rotativa más de
50.000 prendas y accesorios
de los ss. XVIII, XIX y XX.

⊙ PAUL KASMIN
☎ 212-563-4474; www.
paulkasmingallery.com; 293 Tenth Ave
con 27th St y 511 W 27th St; 🕓 10.00-
18.00 ma-sa, 9.00-17.00 lu-vi jul y ago;
⊙ C, E a 23rd St; ♿

En Paul Kasmin se puede esperar
lo inesperado. Después de todo,
la galería representa al legendario
Frank Stella. Se aceptan todos
los formatos: *collage*, pintura,
fotografía, escultura y otros.
Las exposiciones son extensas,
diversas e intelectualmente
estimulantes.

GALERÍAS IMPRESCINDIBLES
Si no se tiene la suficiente resistencia para aguantar todo un día de galería en galería, aquí van las mejores:
Barbara Gladstone Gallery (p. 133)
Gagosian (p. 136)
Cheim & Read (p. 133)
Spencer Brownstone (p. 92)
Y si quedan fuerzas, se puede llamar a **New York Gallery tours** (☎ 212-946-1548; www.nygallerytours.com) para concertar una salida de dos horas.

🎭 RUBIN MUSEUM OF ART
☎ 212-620-5000; www.rmanyc.org; 150 W 17th St con Seventh Ave; 🕑 11.00-19.00 lu y sa, 11.00-17.00 mi, 11.00-21.00 ju y vi, 11.00-18.00 do; 🚇 1 a 18th St
Es uno de los museos más nuevos de la ciudad (abrió en 2004) y el primero del mundo occidental totalmente dedicado al arte del Himalaya y las regiones vecinas. Sus impresionantes exposiciones incluyen tejidos bordados de China, esculturas metálicas del Tíbet, estatuas de piedra de Pakistán, pinturas de Bután y objetos rituales y máscaras de baile de varias regiones chinas (desde el s. II al XIX).

🛍 COMPRAS

📖 192 BOOKS
☎ 212-255-4022; 192 Tenth Ave entre 21st St y 22nd St; 🕑 11.00-19.00 ma-sa, 12.00-18.00 do y lu; 🚇 C, E a 23rd St

Esta pequeña librería alternativa ubicada en pleno barrio de las galerías tiene secciones de literatura, historia, viajes, arte y crítica. Destacan sus exposiciones de arte, durante las cuales los propietarios organizan muestras de libros relacionados con el tema o el autor escogido para la ocasión.

🛍 BALDUCCI'S
☎ 212-741-3700; 81 Eighth Ave con 14th St; 🕑 9.00-22.00; 🚇 A, C, E a 14th St, L a Eighth Ave
Esta firma, instalada durante varios años en el Village, ha abierto una tienda en Chelsea hace poco. Ocupa el edificio de un banco centenario y ofrece productos *gourmet* de alta calidad, como quesos internacionales, aceitunas, panes, café tostado y alimentos envasados de todo el mundo.

🛍 BALENCIAGA
☎ 212-206-0872; 522 W 22nd St con Eleventh Ave; 🕑 10.00-19.00 lu-sa, 12.00-17.00 do; 🚇 C, E a 23rd St
Este espacio gris y tranquilo, de estilo zen, es el gran escaparate del barrio. Resulta muy adecuado para la línea de moda española, que se caracteriza por una estética vanguardista y post-apocalíptica. Apuestan por líneas extravagantes, diseños elegantes y pantalones para mujeres muy delgadas (y, además, ricas).

🏠 BARNEY'S CO-OP
☎ 212-593-7800; 236 W 18th St; ⏰ 11.00-20.00 lu-vi, hasta 19.00 sa, 12.00-18.00 do; 🚇 1 a 18th St

La versión más joven y económica de Barneys (p. 161) tiene opciones (relativamente) asequibles. Cuenta con un espacio amplio y un inventario muy selectivo de ropa de hombre y mujer, zapatos y cosméticos. Las rebajas bianuales (febrero y agosto) llenan la tienda, de mercancía y de clientes.

🏠 BOOKS OF WONDER
☎ 212-989-3270; www.booksofwonder.com; 16 W 18th St; ⏰ 11.00-19.00 lu-sa, 11.45-18.00 do; 🚇 L, N, R, 4, 5, 6 a 14th St-Union Sq

Nunca es demasiado tarde para transmitir a los niños la pasión por la lectura, y éste es el lugar para hacerlo. Además de la primera versión firmada de Maurice Sendaks se puede encontrar la literatura infantil más famosa del momento, con opciones incluso para los más pequeños. Está especializada en medio ambiente y los empleados son pacientes y están bien informados.

🏠 CHELSEA MARKET
www.chelseamarket.com; 75 Ninth Ave entre 15th St y 16th St; ⏰ 7.00-21.00 lu-sa, 10.00-20.00 do; 🚇 A, C, E a 14th St, L a Eighth Ave

Los amantes de la comida *gourmet* van a alucinar en este enorme espacio de más de 240 metros de largo que tiene los alimentos más frescos de la ciudad. Y además forma parte de un local todavía mayor (casi 95.000 m²) que ocupa toda una manzana, donde estuvo la fábrica de galletas Nabisco (creadora de las Oreo) en la década de 1930 y que ahora es sede de Food Network, Oxygen Network y el canal de noticias local NY1. El principal atractivo para los lugareños son las 25 tiendas de alimentación del mercado, entre las que destacan Amy's Bread, Fat Witch Brownies, The Lobster Place, Hale & Hearty Soup, Ronnybrook Farm Dairy y la carnicería de Frank.

🏠 GIRAUDON
☎ 212-633-0999; 152 Eighth Ave entre 17th St y 18th St; ⏰ 11.30-19.30 lu-mi y vi-do, hasta 23.00 ju; 🚇 A, C, E a 14th St, L a Eighth Ave

Esta pequeña zapatería vendía su maravilloso calzado de piel mucho antes de que el barrio se pusiese de moda. Los diseños son clásicos pero con carácter y los hay informales y elegantes. La tienda es pequeña pero raramente está abarrotada, y los dependientes son muy amables.

🏠 HOUSING WORKS THRIFT SHOP
☎ 212-366-0820; 143 W 17th St; ⏰ 10.00-18.00 lu-sa, 12.00-17.00 do; 🚇 1 a 18th St

Por sus ostentosos escaparates, esta tienda de segunda mano parece más una *boutique*. Tiene una buena selección de prendas, accesorios, muebles y libros. Y todas las ganancias se destinan a las personas sin hogar seropositivas o enfermas de sida.

🍴 COMER

🍴 AMUSE *Americana* $$
☎ 212-929-9755; 108 W 18th St; 🕑 almuerzos y cenas; 🚇 1 a 18th St; ♿ 🚼 Ⓥ

Dan ganas de rebañar los platos. Sirven patatas Amuse (con chipotle y alioli), atún cocido con aceitunas, remolacha asada y setas *shiitake* asadas (por mencionar algunos). Para probarlos todos se puede elegir la muestra *prix-fixe*.

🍴 BETTER BURGER
Hamburguesas biológicas $
☎ 212-989-6688; www. betterburgernyc.com; 178 Eighth Ave con W 19th St; 🕑 almuerzos y cenas; 🚇 A, C, E a 14th St, 1 a 18th St; ♿ 🚼 Ⓥ

Toda una lección para las hamburgueserías clásicas y una respuesta a la demanda de los chicos del barrio, musculosos y amantes de las proteínas. Es un restaurante elegante de comida rápida que ofrece hamburguesas biológicas sin hormonas con ingredientes a elegir: ternera, avestruz, pavo, pollo, atún, soja o

vegetal. Se sirven con panecillos caseros integrales y una salsa de tomate natural que es una versión sofisticada del *ketchup*. Se recomienda pedir patatas "fritas" al horno, tan deliciosas que parecen haber pasado por el aceite y la sartén, y uno de sus muchos batidos o cervezas. Hay más locales de la misma cadena en Midtown, Murray Hill y Upper East Side; en el sitio web están las direcciones.

🍴 BLOSSOM *Vegetariana* $$
☎ 212-627-1144; 187 Ninth Ave entre W 21 St y W 22nd St; 🕑 almuerzos y cenas; 🚇 C, E a 23rd St; Ⓥ

El barrio, que está lleno de restaurantes de cocina creativa con carne, no es precisamente famoso por sus tendencias vegetarianas. Pero este local, que pertenece a un matrimonio y está ubicado en una casa unifamiliar, pretende acabar con esta situación. Durante el día es un bar de zumos informal y de noche se convierte en un agradable comedor con velas y chimenea. Ése es su mejor momento, cuando los diferentes platos del menú de noche despiertan las papilas gustativas. Destacan los ñoquis de calabaza con setas salvajes o el *tofu fra diablo*, con salsa de tomate picante y brécol. Los pasteles con crema de trufa, chocolate y nata o las *crêpes* de piña son un final perfecto para la cena.

Blossom

🍴 ELMO *Americana* $$
☎ 212-337-8000; 156 Seventh Ave entre W 19th y W 20th St; 🕒 11.00-23.00; 🚇 1 a 18th St; Ⓥ

Un lugar donde recuperar fuerzas después de salir de fiesta (o antes). Elmo se ha subido al carro de los restaurantes de moda, aunque tiene un ambiente discotequero (de hecho, en el sótano hay una sala con música y una programación de actuaciones que va cambiando). Techos altos, una luz tenue, sillas cómodas y una puerta de garaje –que en primavera y verano está siempre abierta– contribuyen a su personalidad. Entre sus deliciosos platos caseros están el pastel de carne, el pollo frito, la hamburguesa con queso (con extra de *fontina* y *gruyère*), los mejillones al tequila y las ensaladas. ¡Y tanto los camareros como la clientela son guapísimos!

🍴 EMPIRE DINER
Económica $-$$
☎ 212-243-2736; www.theempirediner. com; 210 Tenth Ave; 🕒 24 h; 🚇 C, E a 23rd St; ♿ Ⓥ

Ubicado en un vagón Pullman restaurado, este restaurante tiene un toque excéntrico, en parte gracias al estrafalario personaje que se sienta en la barra a comer pastel. Aunque no se le puede culpar: los pasteles, hamburguesas, ensaladas y tortillas están tan buenos que piden a gritos que se los coman.

🍴 LA TAZA DE ORO
Portorriqueña $-$$

☎ 212-243-9946; 96 Eighth Ave; 🕐 desayunos, almuerzos y cenas lu-sa; ⓜ 1, A, C, E a 14th St; ♿ 👶

Este restaurante, con más de tres décadas de historia, tiene una larga barra con taburetes y unas mesas sencillas que no ganarían ningún premio de diseño. Pero la decoración sigue la filosofía de sus platos, abundantes y económicos: arroz con alubias, lechón asado, flan... Sin pretensiones, pero totalmente satisfactorio.

🍴 MATSURI
Japonesa/sushi $$-$$$

☎ 212-243-6400; The Maritime Hotel, 369 W 16th St; 🕐 cenas ma-sa; ⓜ L a Eighth Ave; A, C, E a 14th St; ♿ Ⓥ

La gente queda tan impresionada con su decoración –el techo parece el casco de un barco samurái– que la comida queda en un segundo término. Es una lástima, porque su arroz importado a diario desde Japón, el *sashimi* de platija con pimienta roja y *ponzu* y el *sashimi* de bacalao negro y pez limón con salsa de vinagre al jengibre merecen toda la atención.

🍴 TÍA POL
Española/tapas $$

☎ 212-675-8805; 205 Tenth Ave entre W 22nd St y W 23rd St; 🕐 cenas ma-do; ⓜ C, E a 23rd St; Ⓥ

Este auténtico y romántico bar de tapas español es un éxito: lo confirman las largas colas que se forman para conseguir una de las seis mini mesas llenas de platos deliciosos y abundantes. Si se llega temprano se puede conseguir sitio en media hora, una espera que vale su peso en vino tinto y tortillas españolas, que aquí son deliciosas. Como el resto del menú, que incluye platos como la ensalada con atún, las broquetas con puré de alubias y lima o los berberechos y almejas salteados.

🍸 BEBER

🍸 CHELSEA BREWING COMPANY
☎ 212-336-6440; Chelsea Piers, Pier 59, West Side Highway con 23rd St; 🕐 12.00-24.00; ⓜ C, E a 23rd St

Este paraíso de la cerveza tiene una gran zona exterior donde se puede disfrutar de una cerveza tradicional al lado del muelle, el marco perfecto para reencontrarse con el mundo después de un día de natación, golf o escalada en el Chelsea Piers Complex (p. 136).

🍸 EAGLE
☎ 646-473-1866; www.eaglenyc.com; 554 W 28th St; 🕐 22.00-4.00 lu-sa, 17.00-4.00 do; ⓜ C, E a 23rd St

Está lleno de hombres con pantalones de piel o Levi's que disfrutan de sus noches temáticas, en especial la S&M. En verano, hay que sentarse en la terraza descubierta.

GYM
☎ 212-337-2439; 167 Eighth Ave con 18th St; ☽ 16.00-2.00 lu-ju, 16.00-4.00 vi, 13.00-4.00 sa, 13.00-2.00 do; ⊕ A, C, E a 14th St, L a Eighth Ave

Este *sports bar* para hombres no tiene nada que ver con el resto de locales de este tipo, siempre ruidosos. Aquí la decoración es elegante –suelos de madera, techos altos y un bar reluciente–, los clientes son educados y los campeonatos de patinaje sobre hielo, tan populares como los *playoffs* de baloncesto (gracias a las zapatillas de los jugadores).

HALF KING
☎ 212-462-4300; 505 W 23rd St con Tenth Ave; ⊕ C, E a 23rd St

Mezcla única entre un *pub* entrañable y una sofisticada guarida de escritores, donde se realizan jornadas de lectura. Lleno de asientos, velas y olor a madera, tiene opciones para satisfacer a cualquiera, sobre todo durante los meses cálidos, con su terraza en el muelle, su salón interior, su acogedora sección de la parte de atrás y su tranquilo patio interior.

PETER MCMANUS TAVERN
☎ 212-929-6196; 152 Seventh Ave con 19th St; ☽ 11.00-4.00 lu-sa, 12.00-4.00 do; ⊕ 1 a 18th St

James "Jamo" McManus, nieto del fundador, todavía atiende el bar cuando puede. Este negocio familiar existe desde principios del s. xx y tiene objetos que lo demuestran: ventanas de cristal Tiffany, cabinas telefónicas de madera y mucho más.

SERENA
☎ 212-255-4646; www.serenanyc.com; 222 W 23rd St; ☽ 18.00-4.00 lu-vi, 20.00-4.00 sa; ⊕ C, E a 23rd St, 1 a 23rd St

Ubicado en el sótano del Chelsea Hotel, este local es una antigua taberna clandestina con aspecto de burdel –sofás de satén rosa y negro y faroles blancos decoran el espacio–. La clientela es exclusiva y tranquila y los asientos llenos de cojines resultan muy tentadores.

SPLASH BAR
☎ 212-691-0073; 50 W 17th St; ☽ 17.00-4.00 mi-sa; ⊕ L a 6th Ave, F, V a 14th St

Primero se llamó Splash, después SBNY, y ahora Splash Bar. A pesar de todo, no ha cambiado mucho (lo cual es bueno). Es un local con varios niveles que es parte *lounge* y parte discoteca, con camareros muy ligeros de ropa. El Trannyshack de los domingos es una fiesta de *drag-queens* muy popular.

WEST SIDE TAVERN
☎ 212-366-3738; 360 W 23rd St entre Eighth Ave y Ninth Ave; 🕙 14.00-2.00; ◎ C, E a 23rd St

¡Conversaciones normales! Esta taberna cervecera tiene un ambiente tradicional, música rock a todo volumen y las típicas mesas alargadas, además de comida de *pub* de calidad. Siempre está llena de la clientela de siempre y sus novias ocasionales y en viernes alternos la concentración de heteros es bastante alta (para Chelsea). Mientras, en el pequeño sótano se juntan los chicos más peligrosos del barrio para disfrutar de la noche Snaxx, animada por un *disc-jockey*.

OCIO

718 SESSIONS
☎ 212-229-2000;16 W 22nd St entre Fifth Ave y Sixth Ave; 🕙 23.00-4.00 ma-sa; ◎ F, V, R, W a 23rd St (W sólo sa y do)

Esta fiesta mensual, que se celebra en una discoteca bastante mediocre, atrae a multitudes que bailan los conmovedores ritmos *house* que pincha Danny Krivit y otros *disc-jockeys* ocasionales (por ejemplo, Joi Cardwell en la Nochevieja de 2006). Los viernes por la noche hay fiesta *house* con DJ Marc Anthony.

CAIN
☎ 212-947-8000; www.cainnyc.com; 544 W 27th St; 🕙 22.00-4.00 lu-sa; ◎ C, E a 23rd St

Muchos aspirantes a fiesteros matarían por poder echar un vistazo a la decoración safari de esta discoteca. Es más conocida por su arrogante política de admisión que por la música, la cabina de DJ excavada en una roca y los baterías en directo que acompañan las canciones de rock, *house* y *funk*. Se recomienda la noche de los martes para ver a algún famoso, pero habrá que preparar alguna estrategia para conseguir pasar de la puerta.

HIRO
☎ 212-727-0212; www.maritimehotel. com; 371 W 16th St; 🕙 22.00-4.00 a diario, cerrado mi; ◎ A, C, E a 14th St, L a Eighth Ave

La decoración es de estilo clásico urbano japonés con un

LA HIGH LINE
Es una vía de ferrocarril de 75 años elevada más de nueve metros que empieza en Meatpacking District en dirección oeste. En el 2000 se planeó su demolición pero se salvó gracias a un grupo de conservacionistas llamados Friends of the High Line. En la actualidad la estructura de casi 2,5 km se está transformando en un parque público. Al cierre de esta guía, el proyecto estaba en pleno desarrollo. Más detalles en www.thehighline.org.

toque marinero, así que no es recomendable para los que tengan aversión a los farolillos rojos, los biombos de bambú y los asientos bajos con bonitos apliques. Pero a los que les gusten las líneas elegantes y los accesorios llamativos –que abundan– les encantará, en especial las noches de los jueves y domingos, cuando la pista de baile se llena de gays del barrio.

⭐ JOYCE THEATER

☎ 212-242-0800; www.joyce.org; 175 Eighth Ave; Ⓜ C, E a 23rd St, A, C, E a 14th St, 1 a 18th St

Un lugar poco convencional de Chelsea. Con muy buena visión desde cualquier asiento, el teatro recibe visitas anuales de las compañías de danza Merce Cunningham y Pilobolus, que los espectadores disfrutan cómodamente desde los 470 asientos renovados.

⭐ LOTUS

☎ 212-243-4420; 409 W 14th St entre Ninth Ave y Tenth Ave; entrada 10-20 $; Ⓨ 19.00-23.00 ma-sa; Ⓜ A, C, E a 14th St, L a Eighth Ave

La gran noche en esta discoteca llena de gente VIP es la de

los viernes, cuando GBH (no confundir con el GHB) llena el local con una mezcla de música *house*, disco y *garage*.

⭐ MARQUEE

☎ 646-473-0202; 289 Tenth Ave entre 26th St y 27th St; Ⓨ 22.00-4.00 ma-sa; Ⓜ C, E a 23rd St

Un público *glamouroso* y unos cuantos famosos intentan pasar de la puerta para bailar los ritmos electrónicos, *house* y *funk* que pinchan sus *disc-jockeys* durante toda la noche.

⭐ ROXY

☎ 212-627-0404; 515 W 18th St entre Tenth Ave y Eleventh Ave; entrada 15-25 $; Ⓨ 20.00-2.00 mi, 23.00-4.00 vi y sa; Ⓜ A, C, E a 14th St, L a Eighth Ave

Este legendario megaclub sigue en su mejor momento con las noches de patines de los miércoles. John Blair promociona la gran velada de los sábados llamada "Circuit Party": una multitud de gays sin camiseta bailando los sonidos de artistas como Manny Lehman o Junior Vasquez. Todavía se habla de la visita que les hizo Madonna para promocionar el *Confessions on a Dance Floor* a finales del 2005.

>UNION SQ/FLATIRON DISTRICT/GRAMERCY PARK

Hay un desajuste de energía entre la ajetreada Union Sq y el impresionante Gramercy Park. La primera es una plaza abierta que alberga mercados de verduras, manifestaciones de la comunidad, *rallies* de bicis y muchas cosas más, mientras que la zona de Gramercy está dominada por un precioso parque vallado al que sólo pueden acceder los que viven en las carísimas casas unifamiliares de su perímetro.

Pero Gramercy tiene sus puntos buenos, como los restaurantes y discotecas de la Irving Plaza, en el lado este, y la tranquila Pierpont Library, que permite hacer un viaje al pasado.

En cuanto al Flatiron District, al norte de Union Sq, es una zona llena de atascos y grandes almacenes de renombre como Home Depot y ABC Home Carpets.

Los tres juntos forman un barrio práctico y boyante que ofrece algo más que restaurantes caros.

UNION SQ/FLATIRON DISTRICT/GRAMERCY PARK

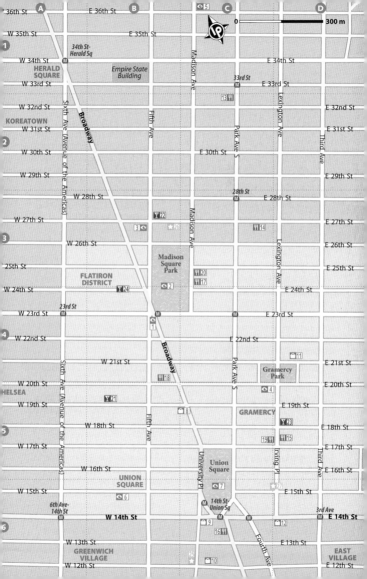

VER

FLATIRON BUILDING
Broadway, Fifth Ave y 23rd St; N, R, 6 a 23rd St

Algunos residentes escépticos que dudaban de que se mantuviera en pie bautizaron a este edificio de Daniel Burnham –de piedra caliza y terracota de 21 pisos– como "Burnham's Folly" (la locura de Burnham). En su punto más estrecho mide 1,82 m y se ha convertido en un icono del barrio.

MADISON SQ PARK
www.nycgovparks.org; 23rd St a 26th St entre Broadway y Madison Ave; 6.00-1.00; N, R, 6 a 23rd St;

Merece la pena visitar este parque de Flatiron District por sus elegantes estatuas, la programación artística gratuita de verano y las zonas de juego para niños. O, como hace todo el mundo, para comer en el Shake Shack, un puesto de comida biológica del extremo sur del parque.

MUSEUM OF SEX
212-689-6337; www.museumofsex. com; 233 Fifth Ave con 27th St; **adultos/jubilados y estudiantes 14.50/13.50 $;** 11.00-18.30 do-vi, 11.00-20.00 sa (las entradas se venden hasta 45 min antes de cerrar); N, R, 6 a 28th St

Empezando por su novedosa exposición *How New York City Transformed Sex in America*, este museo ha intentado informar, educar y excitar un poco al mundo. Las diferentes colecciones permanentes explican las sucesivas revoluciones sexuales de EE UU, desde el *burlesque* hasta los derechos de los gays, y vende los últimos juguetes sexuales.

NATIONAL ARTS CLUB
212-475-3424; 15 Gramercy Park South; 6 a 23rd St

Este club exclusivo posee un precioso techo abovedado de vidrieras de colores sobre su bar de madera. Calvert Vaux, que fue uno de los creadores de Central Park, diseñó el edificio. Organizan exposiciones de arte, desde escultura hasta fotografía, que suelen estar abiertas al público de 13.00 a 17.00.

PIERPONT MORGAN LIBRARY
212-685-0610; www.morganlibrary. org; 29 E 36th St con Madison Ave; 10.30-17.00 ma-ju, 10.30-21.00 vi, 10.00-18.00 sa, 11.00-18.00 do, cerrado lu; 6 a 33rd St

Esta biblioteca, que se ha reabierto recientemente después de una acertada reforma, forma parte de una mansión de 45 habitaciones de J. P. Morgan. Su colección incluye una selección extraordinaria de manuscritos, tapices y libros (tiene en su colección hasta tres Biblias de

Gutenberg), un estudio repleto de arte italiano renacentista, una rotonda de mármol y la biblioteca principal East Room, estructurada en tres niveles. Sus exposiciones temporales resultan excepcionales.

TIBET HOUSE
☎ 212-807-0563; www.tibethouse.org; 22 W 15th St entre Fifth Ave y Sixth Ave; 🕒 12.00-17.00 ma-vi; 🚇 F a 14th St, L a Sixth Ave

Con el dalái-lama al frente del proyecto, este espacio cultural sin ánimo de lucro se dedica a reunir y transmitir las tradiciones del Tíbet con exposiciones de arte, una biblioteca y diversas publicaciones y programas que incluyen talleres educativos, meditaciones abiertas, fines de semana de retiro y viajes por el mundo guiados por docentes.

UNION SQ
17th St entre Broadway y Park Ave; 🚇 L, N, Q, R, W, 4, 5, 6 a 14th St-Union Sq

Abierto en 1831, este parque se convirtió enseguida en el lugar de reunión de las mansiones y los auditorios vecinos. Las posteriores tiendas de lujo le dieron el nombre de "Ladies' Mile" (la milla de las damas). Después, desde el inicio de la Guerra Civil hasta bien entrado el s. XX, se convirtió en un lugar de protestas

Mercado navideño en Union Sq

LA CURVA DEL HOMBRE MUERTO

El tranvía circulaba por Union Sq a 14,5 km/h para evitar encallarse en una curva cerrada del oeste del parque. Había tan pocos conductores que lo hicieran sin atropellar a peatones que el lugar se bautizó como "la curva del hombre muerto", aunque parece que las mujeres y los caballos se llevaron la peor parte.

encabezado por grupos de todo tipo, desde obreros hasta activistas políticos. Durante la Primera Guerra Mundial, la zona entró en decadencia y albergó los "cuarteles generales" de las clases trabajadoras, como la American Civil Liberties Union, los partidos comunista y socialista y la Ladies' Garment Workers Union.

COMPRAS

ABC CARPET & HOME

☎ 212-473-3000; 888 Broadway; ⏱ 10.00-20.00 lu-ju, hasta 18.30 vi y sa, 12.00-18.00 do; Ⓢ L, N, Q, R, W, 4, 5, 6 a 14th St-Union Sq

Diseñadores de interiores y decoradores se pasean por aquí para coger ideas. Es como un museo de seis plantas, tienen muebles de diversos estilos, grandes y pequeños, chismes plegables de todo tipo, joyas de diseño, objetos de cualquier lugar del mundo y más muebles y alfombras antiguas. En Navidad, la tienda se llena de gente en busca de luces y otros objetos maravillosos.

FILENE'S BASEMENT

☎ 212-348-0169; 4 Union Sq; ⏱ 9.00-22.00 lu-sa, 11.00-20.00 do; Ⓢ L, N, Q, R, W, 4, 5, 6 a 14th St-Union Sq

A pesar de su nombre, esta tienda de la cadena de Boston no está en un sótano sino en una tercera planta con unas vistas extraordinarias a Union Sq. Tienen marcas con un 70% de descuento y, como en otros establecimientos del mismo estilo, también hay ropa, calzado, joyería, accesorios, cosméticos y algunos artículos del hogar (como ropa de cama). Los fanáticos de la moda expertos en búsquedas concienzudas pueden conseguir ropa de Dolce & Gabbana, Michael Kors, Versace y más.

KENTSHIRE GALLERIES

☎ 212-673-6644; www.kentshire.com; 37 E 12th St; ⏱ 9.00-17.00 lu-vi, 10.00-15.00 sa en oct, nov y ene; Ⓢ 4, 5, 6, L, N, R, Q, W a 14th St-Union Sq

Tiene tres plantas con muebles de estilo georgiano y regencia, de los ss. XVIII y XIX, pero las mejores piezas son las de su colección de joyas, en especial los relojes de oro Van Cleef & Arpels y los delicados pendientes de perlas eduardianos.

🏠 STARDUST ANTIQUES

☎ 212-677-2590; www.
stardustantiques.com; 38 Gramercy Park;
🕐 12.00-19.00 lu-sa, 12.00-18.00 do;
🚇 N, R, 6 a 23rd St

Es una tienda ecléctica y encantadora, con cuadros, mobiliario y accesorios. Es especialmente popular por las alianzas de boda y los anillos de compromiso de principios del s. XIX, eduardianos y *art déco*. Se puede aprovechar la ocasión para declararse en el Empire State Building.

🏠 TRADER JOE'S

☎ 212-529-4612; 142 E 14th St;
🕐 9.00-22.00 a diario; 🚇 4, 5, 6, L, N, Q, R, W a 14th St-Union Sq

Es una tienda de café de comercio justo y productos biológicos (como ternera y potro) y tienen ingredientes exóticos difíciles de encontrar en otros establecimientos. La cadena llegó a Nueva York en 2005 y ha tenido mucho éxito, situándose en primera línea en el ámbito de la alimentación integral.

🍴 COMER

🍴 **ARTISANAL** *Francesa* $$$

☎ 212-725-8585; 2 Park Ave;
🕐 almuerzos y cenas; a diario; 🚇 6 a 33rd St; 🚻 Ⓥ

Para todos los que viven, aman y hasta sueñan con el *fromage*, este restaurante es de visita obligada. En el menú hay más de 250 variedades de queso, desde cremosos hasta dulces. Aparte de los clásicos entrantes franceses como el bistec *au poivre*, hay cuatro tipos de *fondue* (también de chocolate) y *gougères* (raciones) de cualquier queso, desde Brie hasta Ossau-Iraty.

🍴 BLUE SMOKE
Del sur/barbacoa $$

☎ 212-447-7733; www.bluesmoke.
com; 116 E 27th St; 🕐 almuerzos y cenas; 🚇 6 a 28th St; 🚻

Puede que los puristas eviten las barbacoas de estilo norteño, pero aquí ofrecen unas cuantas recetas que rivalizan con las del sur. Entre lo mejor del menú destacan las costillas de ternera, las salpimentadas, las costillitas, los sándwiches de cerdo y las hamburguesas con queso.

🍴 CASA MONO
Española/tapas $$

☎ 212-253-2773; 52 Irving Pl; 🕐 12.00-24.00; 🚇 cualquier tren a Union Sq; 🚻 Ⓥ

Otro éxito de Mario Batali y el chef Andy Nusser. En su gran bar sirven pez espada a la plancha y gambas al ajillo. También tienen una zona con mesas de madera donde se pueden tomar tapas y un jerez de las botellas que decoran las paredes. Los postres de queso se pueden degustar en el vecino bar Jamón, también de Batali; siempre está lleno y el ambiente es genial.

🍴 CHOCOLATE BY THE BALD MAN
Americana ecléctica $-$$
☎ 212-388-0030; www.maxbrenner. com; 841 Broadway; 🕑 8.00-24.00 lu-mi, 8.00-2.00 ju-sa, 9.00-24.00 do; 🚇 cualquier tren a 14th St-Union Sq
Este imperio del cacao llegó a Union Sq de la mano de Aussie Max Brenner. Es un bar-cafetería-chocolatería con aspecto de casita de chocolate. Además de caramelos, tienen un menú completo (con unos desayunos fantásticos) y también hacen variaciones bajas en calorías. ¡Es divino!

🍴 ELEVEN MADISON PARK
Francesa $$$$
☎ 212-889-0905; www. elevenmadisonpark.com; 11 Madison Ave; 🕑 almuerzos y cenas; 🚇 6, N, R a 23rd St; ♿
Una maravilla *art déco* que se suele pasar por alto en la ciudad. Es suficientemente acogedor como para llevar a niños, pero también lo suficientemente exquisito como para satisfacer al comensal más exigente. Entre sus platos destacan el pato Muscovy con salsa de miel, el salmón salvaje con crujiente de rábano

picante y *risotto* al hinojo, el mero *mi-cuit* con zanahorias y otras sorpresas de temporada.

🍴 FLEUR DE SEL *Francesa* $$$
☎ 212-460-9100; www. fleurdeselrestaurant.com; 5 E 20th St; 🕑 almuerzos y cenas; 🚇 R, W a 23rd St
Con el ambiente marino de Brittany, donde nació y creció el chef Cyril Renaud, este restaurante es un placer sensual. Tienen una larga carta de vinos y una gran selección de platos de temporada, como pierna de conejo asada, platija salteada, mero con crujiente de almendras y pastel de trufa, chocolate y nata como postre.

🍴 PURE FOOD & WINE
Crudité/vegetariana $$
☎ 212-477-1010; 54 Irving Pl entre E 17th St y E 18th St; 🕑 cenas; 🚇 L, N, Q, R, W, 4, 5, 6 a 14th St-Union Sq; Ⓥ
El chef consigue lo imposible (no hay horno en la cocina) preparando platos deliciosos y artísticos a partir únicamente de alimentos crudos. El menú incluye lasaña de tomate y calabacín (sin queso ni pasta), rollitos de champiñones, aguacate y jengibre y raviolis de *ricotta* y aceitunas con aceite de pistacho y salsa cremosa de *macadamia*. Durante los meses cálidos se puede comer en el sombreado oasis trasero.

🍴 TABLA

Indoamericana de fusión $$

☎ 212-889-0667; 11 Madison Ave;
🕐 almuerzos lu-vi, cenas; Ⓜ R, W 6 a
23rd St; ♿ Ⓥ

A primera vista parece que
el menú esté equivocado: ¿la
langosta y las judías verdes son
indias? Pues sí, aunque sólo sea
en las manos de Floyd Cardoz,
nacido en Goa y educado
en Francia, que combina a
la perfección los productos
americanos con los de su
país natal. Se puede subir a la
segunda planta o quedarse en
el bar de abajo, más informal. Se
recomienda pedir un Tablatini
con el bistec *tandoori* y sentarse a
observar la gente de la calle.

🍸 BEBER

🍸 FLATIRON LOUNGE

☎ 212-727-7741; 37 W 19th St entre
Fifth Ave y Sixth Ave; 🕐 17.00-2.00
do-mi, 17.00-4.00 ju-sa; Ⓜ F, N, R, V, W
a 23rd St

Este bar de 1927 es un rincón
sencillo con ambiente clásico
que sirve cócteles hechos
con ingredientes frescos de
temporada: granada, manzana
Granny Smith, menta, lichi... Es un
local histórico y retro, decorado
con bancos de piel y lámparas de
vidrios de colores. A la entrada, un
arco con iluminación tenue, le
añade elegancia al conjunto.

🍸 GALLERY AT THE GERSHWIN

☎ 212-447-5700; Gershwin Hotel, 7 E
27th St entre Fifth Ave y Madison Ave;
🕐 18.00-24.00 a diario; Ⓜ F, N, R, V,
W a 23rd St

Este hotel económico y moderno
resulta especialmente interesante
para los que viajen solos, porque es
un buen lugar para conocer a otros
trotamundos. Se puede aprovechar
para parar un rato y descansar
en una de sus banquetas rojas
mientras se disfruta del ambiente
artístico (grandes cuadros decoran
las paredes), tranquilo (hay *DJ
lounge*) e ingenioso, con cócteles
con nombres inspirados en genios
como Pablo Neruda o Jean-Michel
Basquiat.

Pete's Tavern

☿ PETE'S TAVERN

☎ 212-473-7676; 129 E 18th St con Irving Pl; ⏰ 12.00-2.00; ◉ L, N, Q, R, W, 4, 5, 6 a 14th St-Union Sq

Este local oscuro es un clásico en Nueva York, decorado en estaño y madera tallada y con un ambiente histórico-literario. Hacen buenas hamburguesas y se puede elegir entre más de 15 cervezas de barril. La clientela es diversa, desde parejas que salen del teatro hasta inmigrantes irlandeses y universitarios.

☿ SAPA

☎ 212-929-1800; 43 W 24th St entre Fifth Ave y Sixth Ave; ⏰ 11.30-14.30 y 17.30-23.30 lu-vi, 18.00-24.00 sa, 17.30-22.30 do; ◉ N, R, W, 6 a 23rd St

Gracias a su aspecto moderno, creado por diseñadores de renombre, el bar de este restaurante francés/vietnamita se ha hecho muy popular en el barrio y atrae no sólo a profesionales de la zona y turistas gastronómicos, sino también a algunos famosos. Tiene una barra de nogal, cortinas que crean ambientes íntimos y una interesante combinación de obras de arte. Hacen un uso creativo de la menta, el sirope de mora y las infusiones caseras en los cócteles. También se puede tomar una cerveza de calidad o una copa de vino.

OCIO

☆ BOWLMOR LANES

☎ 212-255-8188; www.bowlmor.com; 110 University Pl; por persona y partida antes de 17.00/por persona y partida después de 17.00 7.95/8.95 $; ⏰ 11.00-18.00 todas las edades, después de 18.00 21 años y más; ◉ cualquier tren a Union Sq; ♿

Resulta un poco caro, pero es el entretenimiento perfecto para un día de lluvia. Tiene bolos de neón, bolas ligeras para manos pequeñas, buena música y, a menudo, clientes famosos. A los niños les encanta, sobre todo el ascensor para subir a la segunda planta.

☆ HAPPY VALLEY

☎ 212-481-2628; 14 E 27th St; entrada 20 $ si no se figura en la lista; ⏰ 22.30-4.00 ma, vi y sa; ◉ N, R, W a 23rd St

Si no se consigue entrar en la popular noche de los martes de Cain (p. 144), la de este local es la segunda opción. Puede que tampoco se logre pasar de la puerta, pero con tres plantas hay más opciones. Hay que ir vestido para impresionar, pero conviene recordar que este club es cualquier cosa menos serio: hay *gogós* (p. 108), bolas de discoteca y techos con espejos.

⭐ IRVING PLAZA

☎ 212-777-6800; 17 Irving Pl con 15th St; entradas 12-35 $; ⏱ 19.00-24.00 ma-sa; Ⓢ 4, 5, 6, L, N, Q, R, W a 14th St-Union Sq

Esta antigua sala de conciertos recorre toda la escena musical desde el *hard* rock clásico hasta *emo* o *punk* y a veces en la misma noche, dependiendo de quién pinche. U2, Prince y Rufus Wainwright, entre otros, han tocado aquí. Una organización sin ánimo de lucro da condones gratuitos en la puerta y los beneficios de las entradas se destinan a iniciativas contra el sida en países en desarrollo.

>MIDTOWN EAST

Ésta es una zona que abarca varios mundos y en la que se encuentran lugares muy conocidos, como la Trump Tower, la lujosa Quinta Avenida y la preciosa extensión de Park Ave, junto al Waldorf Astoria Hotel. Puede estar abarrotada, pero es muy divertida, con la contagiosa energía del Nueva York clásico.

Además de la Quinta Avenida y el Rockefeller Center (con el Top of the Rock), el barrio tiene dos zonas que merecen una visita: Little Korea, con karaokes y restaurantes coreanos, y la elegante Sutton Pl, una calle paralela a First Ave entre 54th St y 59th St. Además, desde esta zona las vistas del Queensboro Bridge y del East River son extraordinarias.

En cuanto al Theater District, coincide parcialmente con Sixth Ave y tiene algunos teatros y salas en las calles de los alrededores de 40th St.

MIDTOWN EAST

VER

VER

BRIDGEMARKET

☎ 212-980-2455; 409 E 59th St con First Ave; 🕙 9.00-20.00; 🚇 E, F, 6 a 59th St-Lexington Ave

Décadas de restauraciones y el rediseño de Sir Terence Conran en 1999 han devuelto la vida a este espacio abovedado y embaldosado por Guastavino. Situado bajo el 59th St Bridge, a principios del s. xx servía como mercado y en la actualidad es un complejo de tiendas y restaurantes encabezados, respecticamente, por Conran Shop (p. 162) –que vende originales piezas de diseño moderno– y Guastavino's –un ex restaurante (ahora se usa para recepciones privadas) donde merece la pena entrar–.

CHRYSLER BUILDING

405 Lexington Ave con 42nd St; 🕙 vestíbulo 9.00-19.00; 🚇 cualquier tren a 42nd St-Grand Central Terminal

Para muchos neoyorquinos, su aguja es el símbolo por excelencia de la ciudad. No tiene observatorio, pero su vestíbulo *art déco* y los elegantes ascensores de madera bien merecen una visita.

EMPIRE STATE BUILDING

☎ 212-736-3100; www.esbnyc.com; 350 Fifth Ave con 34th St; mayores 18 años/menores 18 años 18/16 $; 🕙 9.30-24.00; 🚇 B, D, F, N, Q, R, V, W a 34th St-Herald Sq

Desde 1976 las últimas 30 plantas del edificio se han iluminado con diferentes colores según la época del año o celebraciones señaladas (por ejemplo, verde para el St Patrick en marzo; negro para el Día Mundial del sida, el 1 de diciembre; rojo y verde para Navidad; o lavanda para el día del orgullo gay en junio; en su sitio web informan de la decoración y su significado a diario). Las vistas desde la planta 102 son maravillosas al atardecer.

GRAND CENTRAL TERMINAL

☎ 212-340-2210; www.grandcentralterminal.com; Park Ave con 42nd St; 🕙 5.30-1.30; 🚇 cualquier tren a 42nd St-Grand Central Terminal

No sólo es la estación de tren más grande y con más tráfico del mundo (300.000 m², 500.000 usuarios a diario) sino que además es una obra maestra de la ingeniería y la arquitectura. Tiene una fachada preciosa en E 42nd St, especialmente cuando se ilumina por la noche, y en el interior, unos arcos de mármol con vetas doradas y un techo abovedado de un azul intenso, decorado con constelaciones parpadeantes de fibra óptica. Se ha conservado sin restaurar un fragmento entre los 8.000 metros cuadrados de bóveda, lo que permite apreciar la embergadura de la obra llevada a cabo. Esta pequeña zona, que contrasta por su color negro, se encuentra en la esquina noroeste, al final de la línea que señala el meridiano.

◉ MOMA
☎ 212-708-9400; www.moma.org; 11 W 53rd St entre Fifth Ave y Sixth Ave; adultos/estudiantes 20/16 $, 16.00-20.00 vi gratuito; ⏱ 10.30-17.30 sa-lu y mi-ju, 10.30-20.00 vi

Su gran reapertura en 2004, después de un extenso proyecto de renovación en su 75 cumpleaños, descubrió un verdadero universo artístico para sus más de 100.000 piezas. Ni en dos días completos se podría ver todo. Las obras principales –Matisse, Picasso, Cézanne, Rothko, Pollock– se encuentran en el atrio central de cinco plantas, donde unas galerías tranquilas y ventiladas acogen colecciones de pintura y escultura, arquitectura y diseño, dibujo, grabados y libros ilustrados, cine y medios de comunicación. Es un placer sentarse en el jardín de esculturas del museo, que ha recuperado el tamaño original (más grande) proyectado por Philip Johnson.

◉ NEW YORK PUBLIC LIBRARY
☎ 212-930-0800; www.nypl.org; Fifth Ave con 42nd St; ⏱ 11.00-19.30 ma-mi,

Museum of Modern Art (MoMA)

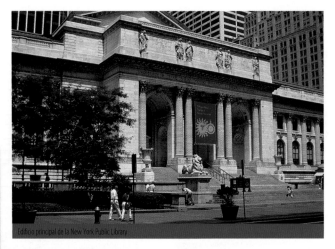

Edificio principal de la New York Public Library

10.00-18.00 ju-sa; 🚇 cualquier tren a
**Grand Central Station o 42nd St-Times
Sq;** ♿

Patience (paciencia) y Fortitude
(fortaleza) son los nombres
de los dos leones que dan la
bienvenida al visitante en las
escaleras de mármol blanco de la
Biblioteca Pública de Nueva York.
Aparte de su importante fondo
documental, el propio edificio
que la alberga destaca por sus
detalles arquitectónicos, como
los ventanales, los techos con
molduras o las escaleras antiguas.
A menudo organiza exposiciones
de libros descatalogados o
rarezas que atraen a bibliófilos
procedentes de todo el mundo.

🌀 **ROCKEFELLER CENTER**
☎ 212-632-3975; www.
rockefellercenter.com; entre Fifth
Ave y Sixth Ave y 48th St y 51st St;
🕐 24 h, los horarios varían según el
establecimiento; 🚇 B, D, F, V a 47th
St-50th St-Rockefeller Center

Construido en la década de 1930,
durante la Gran Depresión de los
Estados Unidos, este centro de
casi 9 km² dio trabajo a 70.000
trabajadores en nueve años.
También fue el primer proyecto
que combinó tiendas, ocio y
oficinas en lo que se llamó "una
ciudad dentro de la ciudad". En
2005 reabrió el observatorio Top
of the Rock (p. 12), que ofrece unas
vistas impresionantes de la ciudad.

 ST PATRICK'S CATHEDRAL

☎ 212-753-2261; www.ny-archdiocese.org/pastoral/cathedral_about.html; Fifth Ave entre 50th St y 51st St; ⏱ 7.00-20.45; ⊕ V a Fifth Ave-53rd St, 4, 6 a 53rd St-Lexington Ave; ♿

Sus torres de 100 metros de altura empequeñecen al resto de edificios del barrio (incluido el Rockefeller Center). Esta catedral de estilo neogótico es la sede de la archidiócesis católica romana de Nueva York y es donde se celebran las principales ceremonias de la ciudad.

NACIONES UNIDAS

☎ 212-963-8687; www.un.org; 46th St y First Ave; ⏱ visitas gratuitas cada 20 min 9.45-16.45, llamar para visitas en otras lenguas; ⊕ cualquier tren a 42nd St-Grand Central Station; ♿

En los alrededores de los edificios de cristal verde de Le Corbusier, construidos en 1953, ya se respira un aura de intriga internacional. Y la visita por su interior es aún mejor: mil idiomas y todos hablados a la vez.

🛍 COMPRAS

🛍 BARNEYS

☎ 212-826-8900; www.barneys.com; 660 Madison Ave; ⏱ 10.00-20.00 lu-vi, 10.00-19.00 sa, 11.00-18.00 do; ⊕ N, R, W a Fifth Ave-59th St

Visita obligada para cualquier comprador que se precie. Son los mejores almacenes de la ciudad y tienen lo mejor de los diseñadores actuales: Marc Jacobs, Miu Miu, Prada y más. Las oportunidades (comparativamente hablando) están en las plantas 7 y 8. También se puede ir a los Barneys Co-Op del Upper West Side, Soho o Chelsea.

🛍 BERGDORF GOODMAN

☎ 212-753-7300; www.bergdorfgoodman.com; 754 Fifth Ave; ⏱ 10.00-19.00 lu-mi y vi, 10.00-20.00 ju, 12.00-20.00 do; ⊕ N, R, W a Fifth Ave, F a 57th St

Edificio de las Naciones Unidas

No hay nada como entrar en el ultramundano Bergdorf. Tiene colecciones fabulosas para mujer –Pucci, Moschino, Dolce & Gabbana– y diferentes plantas para joyería, perfumería, bolsos, ropa de hombre, calzado y mucho más.

BLOOMINGDALE'S

☎ 212-705-2000; www.bloomingdales. com; 1000 Third Ave con 59th St; 🕙 10.00-20.30 lu-ju, 9.00-22.00 vi y sa, 11.00-19.00 do; Ⓜ 4, 5, 6 a 59th St, N, R, W a Lexington Ave-59th St

Es grande, descarado, con carácter y el lugar donde los neoyorquinos hacen sus principales compras. Esta tienda tiene las marcas más importantes, pero también diseñadores nuevos y colecciones recién salidas de la pasarela a precios bastante razonables.

CONRAN SHOP

☎ 212-755-9079; 407 E 59th St con First Ave; 🕙 11.00-20.00 lu-vi, 10.00-19.00 sa, 12.00-18.00 do; Ⓜ 4, 5, 6 a 59th St

En este imperio del rey del diseño británico Terence Conran, ubicado en un espacio maravilloso bajo el Queensboro Bridge, tienen menaje, ropa de casa, muebles y accesorios para el hogar. Se pueden encontrar sofás aerodinámicos, porcelana Missoni, plumas Ducati, despertadores retro de Jacob Jensen, vasos de Rob Brandt, maletas de Mandarina Duck, marcos Lucite y mucho más.

FAO SCHWARZ

☎ 212-644-9400; 767 Fifth Ave; 🕙 12.00-19.00 lu-mi, hasta 20.00 ju-sa, 11.00-18.00 do; Ⓜ 4, 5, 6 a 59th St, N, R, W a Fifth Ave-59th St

Esta tienda de juguetes gigante, donde Tom Hanks toca el piano con los pies en la película *Big*, ocupa el puesto número uno en la lista de deseos de los niños que visitan la ciudad. ¿Y por qué no complacerlos? Este mundo mágico (y tremendamente consumista) con muñecas, peluches de tamaño real, coches infantiles con motor, equipos de *hockey* y mucho más puede incluso enamorar a los adultos.

GHURKA

☎ 212-826-8300; www.ghurka.com; 683 Madison Ave; 🕙 10.00-18.00 lu-mi, vi y sa, 10.00-19.00 ju, 12.00-17.00 do; Ⓜ 4, 5, 6 a 59th St

El problema de comprar una maleta se soluciona con una visita a este establecimiento especializado, que las vende de todos los tamaños y materiales, incluso de piel de primera calidad. La mayoría tiene un ingenioso sistema de ruedas que aparece como por arte de magia y accesorios para organizar las prendas.

HENRI BENDEL

☎ 212-247-1100; www.henribendel. com; 712 Fifth Ave; 🕙 10.00-19.00 lu-mi y vi-do, 10.00-20.00 ju; Ⓜ E, V a Fifth Ave-53rd St, N, R, W a Fifth Ave-59th St

Las preciosas ventanas de Lalique encajan a la perfección con su pequeño y pintoresco salón de té y dan la sensación de estar de compras en casa de alguien. Además, vagar por la Quinta Avenida es una delicia, se pueden encontrar colecciones europeas vanguardistas al lado de clásicos de Chanel.

🏠 JIMMY CHOO
☎ 212-593-0800; www.jimmychoo. com; 645 Fifth Ave; ⏱ 10.00-18.00 lu-sa, 12.00-17.00 do; ◉ E, V a Fifth Ave-53rd St, 6 a 51st St

Para entender el encanto de esta tienda hay que ser un amante de las alturas (porque aquí incluso las sandalias tienen tacones de aguja). También se pueden encontrar botas de piel, zapatos cerrados y todos con interiores coquetos de satén o piel.

🏠 JOON NEW YORK
☎ 212-935-1007; www.joon.com; 795 Lexington Ave; ⏱ 9.30-18.30 lu-vi, 10.00-18.00 sa; ◉ 4, 5, 6 a 59th St

Las plumas de Cartier, Montblanc, Namiki y Carter son el pan de cada día en esta antigua cadena local que tiene tiendas en la Trump Tower y en la Grand Central Station.

🏠 TAKASHIMAYA
☎ 212-350-0100; www.nytakashimaya. com; 693 Fifth Ave; ⏱ 10.00-19.00

> ### EL CENTRO COMERCIAL DE MANHATTAN
> El **Time Warner Center** (p173; ☎ 212-823-6300; www.shopsatcolumbuscir cle.com) de Columbus Circle es lo más parecido a un gran centro comercial de extrarradio que se puede encontrar en la ciudad. En las primeras plantas hay tiendas exclusivas como Williams-Sonoma, Coach, Hugo Boss, Sephora, Armani Exchange y Thomas Pink. Las necesidades más mundanas se pueden satisfacer en la tienda de comestibles Whole Foods del sótano y la cafetería está muy concurrida tras las compras.

lu-sa, 12.00-17.00 do; ◉ E, V a Fifth Ave-53rd St

En el café Tea Box de estos espectaculares almacenes venden 42 tipos de té. Cada una de sus siete plantas tiene algo diferente, desde productos de belleza y un *spa* (última planta) hasta ropa, accesorios, moda para el hogar y ramos de flores (planta baja).

🍴 COMER

🍴 AL BUSTAN
Libanesa/de Oriente Medio $$
☎ 212-759-5933; 827 Third Ave; ⏱ almuerzos y cenas; ◉ 6 a 51st St, E, V a Lexington Ave-53rd St; ♿ 👶 Ⓥ

Se come un delicioso *hummus* y *baba ganoush*, así como *moudardarah* (lentejas verdes con arroz *pilaf*), chuletas de cordero asadas, hamburguesas de ternera fritas con trigo molido y otros platos de Oriente medio. Su *meze* –perfecto para compartir en grupo– es uno de los más sabrosos de la ciudad.

🍴 ALCALA Española/vasca $$$
☎ 212-370-1866; 342 E 46th St; 🕑 almuerzos y cenas lu-vi, cenas sa-do; 🚇 S, 4, 5, 6, 7 a 42nd St-Grand Central; ♿ 🚻

Un secreto bien guardado cerca de la ONU; no hay ningún lugar más tranquilo. Tiene una selección de vinos vascos, que combinan a la perfección con platos como el salteado de verduras y bacalao con olivas negras, chipirones, canelones de carne con trufa y bechamel y paella de marisco.

🍴 BLT STEAK
Asador/americana $$$
☎ 212-752-7470; www.bltsteak.com; 106 E 57th St; 🕑 almuerzos y cenas lu-sa; 🚇 4, 5, 6 a 59th St, N, R, W a Fifth Ave-59th St; ♿

Que un asador tenga una parte de su menú dedicada a las setas significa que tiene mucho más que ofrecer además de carne. BLT le da tanta importancia a los platos secundarios como a los principales. El bar es un espacio lúdico, mientras que el restaurante es muy tranquilo, perfecto para digerir un filete *chateaubriand* o una hamburguesa *Kobe*.

🍴 DAWAT India $$
☎ 212-355-7555; 210 E 58th St entre Second Ave y Third Ave; 🕑 cenas diario, almuerzos lu-sa; 🚇 N, R, W a Lexington Ave-59th St; ♿ 🚻 Ⓥ

La famosa chef, autora de libros de cocina y actriz Madhur Jaffrey dirige esta sucursal del Nirvana y transforma platos típicos indios como los *bhajia* (buñuelos) de espinacas y *currys* de pescado en platos exóticos con adornos de fantasía. La lubina y las chuletas de cordero reciben un trato de reyes mediante marinados hechos con varios tipos de yogur, semillas de mostaza, azafrán y jengibre. Los postres con un toque de cardamomo sirven para refrescar el paladar. El comedor es formal y tranquilo y la clientela es un poco estirada (lo que se debe al propio barrio). Pero nada de eso importará una vez que se haya entrado en este paraíso.

🍴 L'ATELIER DE JOEL ROBUCHON
Japonesa/sushi, francesa $$$
☎ 212-350-6658; 57 E 57th St cerca de Park Ave; 🕑 11.30-14.00 y 18.00-23.00; 🚇 4, 5, 6 a 59th St; Ⓥ

Si se ha comido en alguno de los restaurantes que Robuchon tiene en París, Tokio, Londres o Las Vegas, ya se sabe lo que se puede esperar: un bufé de sabores en pequeñas dosis. Aquí llevan las raciones y el *omakase* (la elección

Reuven Blau,
Brooklyn, estudiante de periodismo de la Columbia University

¿Algún momento de "esto sólo puede pasar en Nueva York"? Entré en la web de un grupo independiente que había descubierto y justo actuaban esa noche en Manhattan. Compré entradas y fui a su increíble concierto en el Village. **¿Cómo ha cambiado la ciudad en los últimos cinco años?** Cada vez es más difícil para la gente de clase media encontrar una vivienda asequible. **¿Algún placer inconfesable relacionado con Nueva York?** Me encanta observar a la gente en restaurantes y lugares muy concurridos. **¿Una atracción turística que merezca la visita?** El View Restaurant and Lounge del New York Marriott Marquis, en Times Sq. **¿Dónde se puede comprar comida asequible entre clase y clase?** Yo como *kosher*, así que no es fácil. Me acerco a H&H Bagels, en 81st St. Son los mejores de la ciudad, ¡y además económico y *kosher*!

del chef) a un nuevo nivel; sus croquetas de ancas de rana, el filete *hanger*, la codorniz caramelizada rellena de *foie gras* con puré de patata y los postres de lichi son magníficos. Se recomienda sentarse en la barra.

BEBER

CAMPBELL APARTMENT

☎ 212-953-0409; 15 Vanderbilt Ave con 43rd St; ⏰ 15.00-1.00 lu-sa, 15.00-23.00 do; Ⓜ S, 4, 5, 6, 7 a Grand Central

Para subir a este sublime bar de cócteles se puede coger el ascensor al lado de Oyster Bar u optar por las escaleras de West Balcony, pasar las puertas y girar a la izquierda. Antes era el piso de un magnate del ferrocarril y todavía conserva el terciopelo, la caoba y los murales para demostrarlo. Los cigarros están permitidos, a diferencia de las zapatillas de deporte y los vaqueros.

GINGER MAN

☎ 212-532-3740; 11 E 36th St; ⏰ 11.30-2.00 lu-mi, 11.30-4.00 ju-vi, 12.30-4.00 sa, 15.00-24.00 do; Ⓜ 6 a 33rd St

Este elegante *pub* de techos altos es el paraíso para los que se toman la bebida en serio. Con sede en Texas, tiene tres locales en ese estado y sólo uno en éste. Los amantes de la cerveza se

emocionarán cuando vean su extensa colección de botellas y barriles de todo el mundo, sin mencionar los *whiskies*, vinos y puros. La comida de *pub* que sirven –estofado de ternera con Guiness y bocadillos de *bratwurst*– tampoco está nada mal.

MANCHESTER PUB

☎ 212-935-8901; 920 Second Ave con 49th St; ⏰ 11.00-4.00; Ⓜ E, V, 6 a Lexington Ave-53rd St

Éste es el lugar al que hay que acudir si se echa de menos el sabor de Inglaterra. Sirven pintas muy frías y tienen una increíble máquina de discos conectada a Internet que permite descargar cualquier canción. Es mejor llegar temprano, porque hacia las 21.00 se llena de lugareños.

OCIO

BRYANT PARK

☎ 212-768-4242; www.bryantpark.org; Sixth Ave entre E 40th St y 42nd St; ⏰ 7.00-23.00 lu-vi, 7.00-20.00 sa y do en verano, 7.00-19.00 ene-abr y sep-dic; Ⓜ F, V, B, D a 42nd St-Bryant Park, 7 a Fifth Ave; ♿

La semana de la moda, películas gratuitas, bailes latinos, conciertos y espectáculos de Broadway (además de patinaje sobre hielo en invierno): en este paraíso ubicado tras la New York Public Library siempre tiene lugar algún evento.

Little Korea

Tiene *wi-fi*, una bonita cafetería y es el local con antena parabólica más popular de la ciudad. Para las películas gratuitas en verano hay que llegar pronto y llevarse mantas.

⭐ LITTLE KOREA
Broadway y Fifth Ave y 31st St y 36th St;
🚇 **B, D, F, N, Q, R, V, W a 34th St-Herald Sq**
En Herald Sq no hay demasiados sitios en los que se coma bien, pero por suerte este pequeño enclave de restaurantes, tiendas, salones y *spas* coreanos se encuentra bastante cerca. A lo largo de los últimos años, se han abierto en el barrio muchos locales de comida coreana, con asadores típicos del país asiático y abiertos a cualquier hora del día en 32nd St (algunos incluso con karaoke).

>MIDTOWN WEST

Incluye a una serie de barrios de la zona oeste, como el Hell's Kitchen o esa aglomeración de oficinistas y carritos de comida que conforman Sixth Ave y Columbus Circle. El barrio de Midtown West es como una cornucopia de ritmos y ofertas.

En Little Brazil se pueden encontrar asadores brasileños y oír conversaciones en portugués y samba. Y, en el frenético Diamond District, se verá a una multitud de prometidos que buscan los anillos de boda y a un montón de gente comprando al por mayor. También se enmarca aquí el famoso Garment District, repleto de oficinas de diseñadores y de tiendas, tanto mayoristas como minoristas. En el puesto de información del Fashion Center dan planos e indicaciones, aunque el consejo imprescindible para esta zona es visitar Columbus Circle, puerta de entrada a Upper West Side y Central Park, y donde se ubica el maravilloso Time Warner Center.

MIDTOWN WEST

Lincoln Center

West Dr

0 — 300 m

A B C D

W 60th St

W 59th St
59th St-
Columbus Circle

W 58th St
W 58th St

Columbus Circle

W 57th St
57th St
W 57th St

Carnegie Hall
W 56th St
W 56th St

W 55th St

55th St
W 54th St
W 54th St

W 53rd St
W 53rd St
5th Ave

7th Ave

W 52nd St

W 51st St
W 51st St

50th St
W 50th St
W 50th St

Radio City
Music Hall

Rockefeller
Center

Worldwide
Plaza

W 49th St
49th St
W 49th St

W 48th St

THEATER
DISTRICT

47th-50th Sts-
Rockefeller
Center

W 47th St
47th St

W 46th St
TIMES
SQUARE

W 45th St
W 45th St

HELL'S
KITCHEN

W 44th St

W 43rd St
W 43rd St

Times Sq-
42nd St

42nd St

Port Authority
Bus Terminal

W 41st St

42 St-
Bryant
Park

New York
Public Library

Bryant
Park

W 40th St

W 39th St

W 38th St
GARMENT
DISTRICT
W 38th St

W 37th St
W 37th St

Lincoln Tunnel

W 36th St

W 35th St

34th St Penn
Station

HERALD
SQUARE

MIDTOWN

34th St-
Herald Sq

Empire State
Building

W 34th St
W 34th St

W 33rd St

Central Park South

Columbus Ave
Amsterdam Ave
Ninth Ave
Eighth Ave
Seventh Ave
Broadway
Tenth Ave
Sixth Avenue (Avenue of the Americas)
Fifth Ave

5th Ave

VER

◉ HERALD SQUARE

◉ B, D, F, N, Q, R, V, W a 34th St- Herald Sq

Esta ajetreada intersección entre Broadway, Sixth Ave y 34th St es conocida por los grandes almacenes Macy's (p. 172), que todavía conservan algunos de sus ascensores de madera originales. La plaza debe su nombre al ya difunto periódico *Herald* y su pequeño pero frondoso parque se llena durante el horario de oficinas gracias a una reciente y necesaria renovación. No merece la pena acercarse a los otros dos centros comerciales al sur de Sixth Ave, pues sólo tienen las típicas tiendas aburridas (a excepción de Daffy's, que ofrece grandes descuentos en primeras marcas).

◉ INTERNATIONAL CENTER OF PHOTOGRAPHY

☎ 212-857-0000; www.icp.org; 1133 Sixth Ave con 43rd St; entrada 10 $, contribuciones voluntarias 17.00-20.00 vi; ⏲ 10.00-18.00 ma-ju, sa y do, 10.00-20.00 vi; ◉ B, D, F, V a 42nd St-Bryant Park

Sus últimas exposiciones han incluido obras de Henri Cartier-Bresson, Man Ray, Matthew Brady, Weegee y Robert Capa y han realizado un recorrido por gran variedad de temas a partir de muestras creativas, como las

Descansando en Herald Sq

recientes *Che! Revolution and Commerce* y *The Body at Risk: Photography of Disorder, Illness and Healing*. También es una escuela de fotografía que expone sus obras y organiza conferencias públicas. La tienda de regalos vende libros de fotografías excelentes y algunos regalos estrafalarios.

MUSEUM OF TELEVISION & RADIO
☎ 212-621-6800; www.mtr.org; 25 W 52nd St; adultos/niños menores de 14 años/jubilados y estudiantes/10 $/gratuito/8 $; 🕐 12.00-18.00 ma-do; 🚇 E, V a Fifth Ave, 53th St, N, R, W a 49th St y Seventh Ave, 1 a 50th St y Broadway, B, D, F, o V a 47th St-50th St-Rockefeller Center; ♿
Por fin alguien ha escuchado a los que reclamaban una retrospectiva sobre *Star Trek*. Este museo está dedicado a escenas de la pequeña pantalla y momentos clásicos de la radio. Y, si Bob Hope y Lucille Ball no son suficientes, también hay mucho material de Spock y el capitán Kirk.

RADIO CITY MUSIC HALL
☎ 212-247-4777; www.radiocity.com; 51st St con Sixth Ave; entrada gratuita al vestíbulo, exposiciones 15-40 $; 🚇 B, D, F, V a 47th St-50th St-Rockefeller Center
Este palacio de cine *art déco* con capacidad para 6.000 personas ha sufrido una reforma extraordinaria que le ha devuelto los asientos de terciopelo y la decoración originales de 1932. Las entradas para conciertos se venden enseguida y las del espectáculo anual de Navidad (con la divertida compañía de danza Rockette) llegan a costar hasta 70 $. Se pueden hacer visitas al interior, que comienzan cada media hora entre las 11.00 y las 15.00, de lunes a domingo. Las entradas se venden allí mismo.

COMPRAS

B & H PHOTO-VIDEO
☎ 212-502-6200; www.bhphotovideo. com; 420 Ninth Ave; 🕐 9.00-19.00 lu-ju, 9.00-13.00 vi, 10.00-17.00 do; 🚇 A, C, E a 34th St-Penn Station
La mera visita a esta tienda resulta una experiencia en sí misma: en su amplio espacio se pueden encontrar accesorios de todo tipo para cámara, video o DVD.

COLONY
☎ 212-265-2050; www.colonymusic. com; 1619 Broadway; 🕐 9.30-24.00 lu-sa, 10.00-24.00 do; 🚇 R, W a 49th St
Sus fans no cumplirán su deseo de ver en vivo y en directo a Frank Sinatra, pero sí podrán comprar una entrada real de uno de sus conciertos. Las pertenencias de personajes de la música y los carteles hacen de esta tienda lo que podría ser la colección de

música más grande del mundo.
Charlie Parker y Miles Davis
acostumbraban a pasar por aquí,
así como los integrantes de The
Beatles.

🏠 DRAMA BOOKSHOP
☎ 212-944-0595; www.dramabookshop.
com; 250 W 40th St; 🕙 10.00-20.00
lu-sa, 12.00-18.00 do; 🚇 A, C, E a 42nd
St-Port Authority Bus Terminal
Los fans de Broadway encontrarán
verdaderos tesoros impresos en
esta enorme librería especializada
en teatro (obras y musicales)
desde 1917. Los dependientes
suelen hacer buenas
recomendaciones. Los eventos,
como charlas con dramaturgos, se
pueden consultar en el sitio web.

🏠 GOTHAM BOOK MART
☎ 212-719-4448; 16 E 46th St entre
Fifth Ave y Madison Ave; 🕙 9.30-18.30
lu-vi, 9.30-18.00 sa; 🚇 B, D, F, V a 47th
St-50th St-Rockefeller Center
Repleta de opciones, esta librería
fundada en 1920 es lo que toda
librería debería ser. Y también es
histórica (aunque recientemente
se ha trasladado de su ubicación
original): Frances Stelof (que
falleció en 1989) fundó aquí la
James Joyce Society en 1947 y
ojeaba a escondidas algunos de
sus libros y otros como *Trópico de
cáncer*, de Henry Miller, pasando
por alto las leyes contra la
pornografía de EE UU.

🏠 MACY'S
☎ 212-695-4400; www.macys.com; 151
W 34th St con Broadway; 🕙 10.00-20.30
lu-sa, 11.00-19.00 do; 🚇 B, D, F, N, Q, R,
V, W a 34th St-Herald Sq
Hay que tener cuidado con los
dedos en los antiguos ascensores
de madera, uno de los atractivos
de esta tienda. Venden productos
básicos y asequibles como ropa
de casa, moda, muebles, menaje,
calzado... Son los almacenes más
grandes del mundo, así que uno
puede perderse durante horas
entre sus productos.

🏠 MANNY'S MUSIC
☎ 212-819-0576; www.mannysmusic.
com; 156 W 48th St; 🕙 10.00-19.00 lu-
sa, 12.00-18.00 do; 🚇 N, R, W a 49th St
Venden instrumentos, no música,
pero a los que se toman esto
en serio quizás les gustará ver
dónde reencordaba Jimi Hendrix
sus Stratocasters (era zurdo y las
guitarras estaban preparadas para
diestros). Muchos artistas, como
Dizzy Gillespie o los miembros de
The Beatles, han venido aquí y hay
fotografías que lo demuestran.

🏠 RIZZOLI'S
☎ 212-759-2424; 31 W 57th St;
🕙 10.00-19.30 lu-vi, 10.30-19.00 sa,
11.00-19.00 do; 🚇 F a 57th St
Esta bonita tienda del editor y
librero italiano del mismo nombre
vende libros de arte, arquitectura y
diseño excelentes, aparte de otros

Time Warner Center

de temática general. También ofrece una buena selección de periódicos y revistas internacionales.

TIME WARNER CENTER
☎ 212-823-6300;
www.shopsatcolumbuscircle.com;
10 Columbus Cir; A, B, C, D, 1 a 59th St-Columbus Circle;
Recomendamos estirar las compras hasta llegar al lujoso centro comercial de Manhattan. Parece una montaña de cristal y alberga más de 40 tiendas, un mercado de productos biológicos, un par de discotecas y teatros, residencias elegantes y restaurantes de 500 $ el cubierto (vease p. 204).

WEAR ME OUT
☎ 212-333-3047; 358 W 47th St entre Eighth Ave y Ninth Ave; 11.30-20.00; C, E a 50th St
Es una pequeña *boutique* perfecta para los que quieran comprar ropa para ir a Roxy (p. 145) el fin de semana. Es un lugar divertido, con camisetas con mensaje, vaqueros Energie, ropa interior provocativa y diversos tipos de joyería. Los dependientes son divertidos y con mucha energía.

COMER

BURGER JOINT
Hamburguesas $
☎ 212-708-7414; Le Parker Meridien,

118 W 57th St; ⏰ **almuerzos y cenas;** ⊙ **F, N, Q, R, W a 57th St;** ♿ 👶
Como dice su nombre, este restaurante sirve una sola cosa. Bueno, también patatas y batidos, pero las hamburguesas son la especialidad de la casa: son tiernas y tienen el tamaño perfecto. Es algo difícil de encontrar –hay que entrar al hotel Le Parker Meridien y preguntar–, pero el trayecto desde el estiloso vestíbulo hasta este grasiento local añade una nueva dimensión a su encanto.

🍴 CHO DANG GOI *Coreana* $$
☎ 212-695-8222; 55 W 35th St; ⏰ **almuerzos y cenas;** ⊙ **B, D, F, N, Q, R, V, W a 34th St-Herald Sq;** 👶 Ⓥ
Justo en el corazón de Korea Town, este restaurante elabora *bibimbops* tradicionales (verduras con arroz y salsa picante), platos de arroz y estofados de cerdo que se encuentran entre los mejores de la zona. También sirven raciones pequeñas de sorpresas *kimchi* (incluso pescado desecado) antes de empezar a comer.

🍴 DB BISTRO MODERNE
Francesa $$$
☎ 212-391-2400; 55 W 44th St; ⏰ **almuerzos y cenas lu-sa, cerrado sa mediodía en verano;** ⊙ **cualquier tren a 42nd St;** ♿
Un local sofisticado en Times Sq, elegante y moderno, que reserva la ostentación para la comida:

velouté de hinojo fresco, salmón cubierto de bacón, *fricassée* de caracol, *coq au vin* y, por supuesto, la hamburguesa DB con trufa, *foie gras* y costillitas estofadas.

🍴 EATERY *Americana* $
☎ 212-765-7080; www.eaterynyc.com; 798 Ninth Ave con 53rd St; ⏰ **almuerzos y cenas;** ⊙ **C, E a 50th St, 1, A, B, C, D a 59th St-Columbus Circle;** ♿ 👶 Ⓥ
Aunque no se tenga apetito hay que entrar y sentarse en el bar. Incluso así va a ser duro no pedir ninguno de sus platos, como los calamares al jengibre, los mejillones con caldo de *curry*, las jugosas hamburguesas o uno de sus platos a base de *edamame*. Se puede intentar resistir la tentación concentrándose en el *disc-jockey* de la esquina, pero ¿para qué?

🍴 MARKET CAFÉ
Americana/francesa $-$$
☎ 212-564-7350; 496 Ninth Ave; ⏰ **almuerzos y cenas lu-sa;** ⊙ **A, C, E a 34th St;** ♿
Una vieja gloria, pero de las buenas, que sigue siendo muy popular en el West Side. Sus mesas de formica y bancos de plástico no están a la última, pero tiene un servicio muy atento, buena música y platos como *gravlax* a la parrilla, bacalao atlántico, patatas fritas con bistec y *pizzas*. Por eso sigue siendo un local de moda.

TABOON
De Oriente Medio/mediterránea $$

☎ 212-713-0271; 773 Tenth Ave; cenas; ⊕ C, E a 50th St; ♿ 🚭 Ⓥ

Un horno blanco llama la atención nada más entrar a este restaurante con suelo de piedra y paredes de ladrillo. Y, si se mira con atención, también se puede ver cómo sacan los panes crujientes y los llevan a las mesas. La comida es una fusión de ambos lados del Mediterráneo: gambas en pasta filo, ensalada *haloumi*, *kabob* de cordero, varios platos de pescado a la parrilla y muchas variantes del *hummus*. Las noches de los lunes hay flamenco en directo.

TOWN
Americana/francesa $$$$

☎ 212-582-4445; www.townrestaurant. com; 15 W 56th St; desayunos, almuerzos y cenas; ⊕ F a 57th St, E, V a Fifth Ave-53rd St, N, R, W a Fifth Ave-59th St; ♿

¡Hay tantas opciones para elegir! Se puede empezar el día con unos huevos *benedict* cremosos, equilibrados con un perfecto sofrito de langosta, o tomar un aperitivo al mediodía, a base de vieiras con salchicha y lechuga roja. Y después viene la cena: codorniz con rúcula y buñuelos de *foie gras*, filete de pato con endivias y *pilaf* de trigo sarraceno, muchos tipos de *risotto* y, como postre, *buñuelos* de chocolate.

VIRGIL'S REAL BARBECUE
Americana/barbacoa $$

☎ 212-921-9494; 152 W 44th St entre Broadway y Eighth Ave; almuerzos y cenas; ⊕ N, R, S, W, 1, 2, 3, 7 a Times Sq-42nd St

En lugar de especializarse en un estilo de barbacoa (los diferentes estilos de EE. UU. varían en el tipo de salsa y carne), este restaurante los domina todos. Su menú abarca al completo el "plano" de barbacoas estadounidense, con *corndogs* de Oklahoma, cerdo al estilo de Carolina, sándwiches de

---

SWING 46

Fue taberna clandestina, pero ahora el **Swing 46** (☎ 212-262-9554; www.swing46.com; 349 W 46th St; entrada 10 $; 12.00-24.00 a diario; ⊕ cualquier tren a 42nd St-Times Sq; ♿ 🚭) ocupa un lugar especial en el corazón de más de un bailarín de Broadway. Cada noche abre sus puertas para ofrecer clases gratuitas de baile –*swing*, latino o claqué– con música en directo de grupos locales y a veces la actuación sorpresa de una celebridad. Los domingos de 13.00 a 17.00 se llena de familias. Aficionados al claqué de la ciudad se reúnen para bailar; un incondicional es Jimmy Slyde, a menudo acompañado por el también bailarín Savion Glover.

jamón ahumado de Maryland, falda de ternera al estilo de Texas y filete de pollo frito de Georgia. Las carnes son ahumadas con nogal americano, roble y madera de frutales.

BEBER

☿ AVA LOUNGE

☎ 212-956-7020; Majestic Hotel, 210 W 55th St entre Seventh Ave y Broadway; 🕒 18.00-2.00 do, 17.00-2.00 lu-ma, 17.00-3.00 mi, 17.00-4.00 ju-vi, 18.00-4.00 sa; 🚇 N, Q, R, W a 57th St

El moderno *lounge* de la azotea del Majestic Hotel es una joya que ilumina las suaves noches en la ciudad con unas vistas espectaculares. Una vez dentro, lo mejor es sentarse en una de las lujosas otomanas y disfrutar del ambiente retro-moderno de color miel y de la moderna clientela. Es como ir a South Beach sin moverse de Nueva York.

☿ BELLEVUE BAR

538 Ninth Ave; 🕒 11.00-4.00; 🚇 A, C, E a 42nd St-Port Authority Bus Terminal, 1, 2, 3, 7, N, Q, R, S, W a Times Sq-42nd St, B, D, F, V a 42nd St-Bryant Park; ♿

Quizás no es precioso, pero es muy divertido. Tiene algo de antro, pero es uno de los locales más populares de este barrio, en proceso de aburguesamiento. Los lunes ponen *blues*, tienen sándwiches a 1 $, dos por

uno cada día de 11.00 a 19.00, margaritas a 3 $ y una clientela que es una mezcla de gente del barrio y jóvenes recién llegados.

☿ MORRELL WINE BAR & CAFÉ

☎ 212-262-7700; 1 Rockefeller Plaza, W 47th St entre Fifth Ave y Sixth Ave; 🕒 11.30-23.00 lu-sa, 12.00-18.00 do; 🚇 B, D, F, V 49th St-50th St- Rockefeller Center

Este establecimiento fue uno de los pioneros en la moda de los bares especializados en vinos que arrasó Nueva York. Tienen más de 2.000 botellas de vino y sirven copas de 150 vinos distintos. Su espacioso salón partido en dos niveles, justo frente a la pista de hielo del Rockefeller Center, es tan estupendo como sus caldos.

☿ SINGLE ROOM OCCUPANCY

☎ 212-765-6299; 360 W 53rd St entre Eighth Ave y Ninth Ave; 🕒 19.30-4.00 lu-sa, cerrado do; 🚇 C, E a 50th St

Es sólo uno de los muchos lugares donde hay que trabajárselo para entrar –en éste hay que saber llamar al timbre–, pero merece la pena. Tiene un ambiente con algo de clandestinidad y una buena selección de vinos y cervezas en el menú, pero es muy pequeño y parece una cueva, así que resulta una mala opción para los claustrofóbicos. Los demás lo encontrarán excitante.

⭐ OCIO

⭐ AMBASSADOR THEATER

☎ **información sobre las entradas 800-927-2770, ext 4148; www. ambassadortheater.com; 219 W 49th St;** Ⓜ **C, E a 50th St;** ♿ 🚻

Con forma de herradura, es el más íntimo de los grandes teatros de Broadway. Recomendamos ir a ver *Chicago* si el calendario lo permite. Se aprecian al detalle cada movimiento y cada nota incluso desde los asientos más baratos del fondo.

⭐ BILTMORE THEATER

☎ **212-399-3000; biltmoretheater.net; 261 W 47th St;** Ⓜ **1 a 50th St, C, E a 50th St;** ♿ 🚻

Marcado por un incendio y el vandalismo durante la década de 1980, el antaño gran teatro parecía condenado a desaparecer, a pesar de su interior. Pero una renovación y una infusión de capital lo reanimaron en la década de 1990 y ahora es uno de los primeros teatros de Broadway. Alberga el Manhattan Theater Club y ofrece espectáculos americanos y europeos.

⭐ BIRDLAND

☎ **212-581-3080; www.birdlandjazz. com; 315 W 44th St; entrada 10-40 $;** Ⓜ **A, C, E a 42nd St-Port Authority**

Debe su nombre a Charlie Parker (alias "Bird"). Este club de *jazz* ofrece espectáculos de gran relevancia desde 1949, cuando Thelonious Monk, Miles Davis, Stan Getz y otros tocaban y grababan discos delante de la audiencia. En la actualidad programa a grandes artistas de los festivales europeos como Montreux o North Sea Jazz y otros talentos locales. Entre los habituales están la Chico O'Farrill Afro-Cuban Jazz Big Band, Barry Harris y los Sultans of Swing.

⭐ CITY CENTER

☎ **212-581-1212; www.citycenter.org; 131 W 55th St;** Ⓜ **N, Q, R, W a 57th St;** ♿ 🚻

Esta maravilla con cúpulas rojas casi fue demolida en 1943, pero fue rescatada por los conservacionistas, aunque después se vio amenazada de nuevo con la marcha de sus principales compañías de ballet al Lincoln Center. En la actualidad acoge a la Paul Taylor Dance Company, Alvin Ailey y el American Ballet Theater, el New York Flamenco Festival en febrero y otros eventos de danza.

⭐ LOEWS 42ND ST-E WALK THEATER

☎ **212-505-6397; 42nd St entre Seventh Ave y Eighth Ave; entrada 9-13 $;** Ⓜ **cualquier tren a 42nd St;** ♿ 🚻

Por si no hubiese suficiente entretenimiento en Times Sq,

ahora existe un *megaplex* de 13 pantallas para evadirse cuando se necesita huir de la realidad. Se puede ver lo último de Hollywood en un entorno de lujo.

☆ MAJESTIC THEATER
☎ 212-239-6200; www.majestic-theater.net; 247 W 44th St; Ⓜ cualquier tren a 42nd St

Un espacio legendario que ha visto actuar a Angela Lansbury, Julie Andrews y a algunos Barrymores. El Majestic todavía (¡todavía!) llena cada noche con *El fantasma de la ópera* de Lloyd Webber, 20 años después de su debut.

☆ NEW AMSTERDAM THEATER
☎ 212-282-2900; www.newamsterdamtheater.net; 214 W 42nd St; Ⓜ cualquier tren a 42nd St; ♿ 👶

A los niños les encanta observar la entrada *art déco* de este teatro y su interior *art noveau* de yeso esculpido y pintado, piedra, madera, murales y azulejos –que evocan el ambiente teatral de principios del s. xx– antes de ver el musical *Mary Poppins*.

☆ NEW VICTORY THEATER
☎ 646-223-3020; www.newvictory.org; 209 W 42nd St; Ⓜ cualquier tren a 42nd St-Times Sq; ♿ 👶

Los actores dramáticos y bailarines en ciernes acuden en masa a este animado teatro orientado a

los niños. Programan comedia, danza, música, marionetas y drama para chicos hasta 12 años y otros de espectáculos para los adolescentes. Tampoco se olvidan de los adultos: entre *Hip-Hop Legends* y *Speedmouse*, también está *Ojos azules*, adaptación de la novela homónima del premio Pulitzer Toni Morrison.

☆ THE OAK ROOM
☎ 212-840-6800; www.algonquinhotel.com; 59 W 44th St; Ⓜ D, F, V a 42nd St-Bryant Park; ♿

Lo mejor es soltarse la lengua con los excelentes *martinis* que preparan en este lugar y dejarse llevar por la energía de la incisiva escritora Dorothy Parker que reina en toda la sala. Pronto el piano de cola silenciará los comentarios ingeniosos. Se pueden ver talentos del nivel de Barbara Carroll y Andrea Marcovicci (que tiene un espectáculo cada Año Nuevo) y Harry Connick Jr acude siempre que puede.

☆ TOWN HALL
☎ 212-840-2824; www.the-townhall-nyc.org; 123 W 43rd St; 🕐 cerrado ago; Ⓜ cualquier tren a 42nd St-Times Sq; ♿ 👶

Cuando se diseñó el edificio, a principios del s. xx,se hizo con los principios democráticos en mente (los palcos y los asientos con visión reducida se eliminaron) y la acústica impresionó a todo el mundo. Se hacen visitas guiadas sobre su historia y también ofrece espectáculos diarios que suelen merecer la pena. La programación incluye desde *jazz* y *blues* hasta cantantes clásicos, pasando por todo tipo de música.

>CENTRAL PARK

Todo tipo de personajes han convertido esta impresionante secuencia de colinas onduladas en su hogar; entre ellos se encuentran Pale Male y Lola, dos halcones de cola roja que viven en un contrafuerte de la Quinta Avenida desde hace más de una década. Es sólo una muestra de lo salvaje que puede ser este parque, precisamente por toda su intensa actividad humana.

Cuenta con grandes extensiones de terreno, especialmente en la zona norte, que se dejó intacta para que los visitantes pudiesen disfrutar del paisaje. La parte sur se planeó con más exhaustividad pero siempre pensando en el público. La granja ubicada al lado del carrusel del parque estaba en funcionamiento a finales del s. XIX; los diseñadores, Olmsted y Vaux, la colocaron allí pensando que los niños, después de una larga caminata, agradecerían un vaso de leche fresca.

Los campos y las pistas de tenis se llenan en verano, cuando es un auténtico placer dar un paseo entre las numerosas estatuas, fuentes y plazas. Es casi imposible perderse en el parque, pero se pueden recorrer tramos sin cruzarse con nadie. Y esto a veces es lo mejor.

CENTRAL PARK

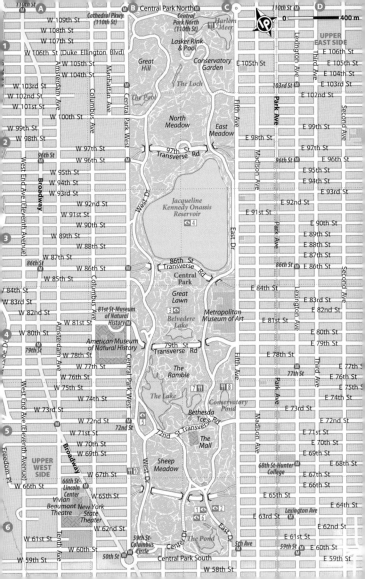

VER

◉ ARSENAL

Construido entre 1847 y 1851 como almacén de municiones para la New York State National Guard, este edificio (en E 64th St) fue diseñado con el aspecto de un castillo medieval y su construcción es anterior a la del parque actual. En la actualidad alberga el Departamento de Parques y Ocio de la ciudad y el Central Park Wildlife Center. Pero el principal motivo de la visita no es el propio edificio sino los planos originales del parque realizados por Olmsted y que se encuentran protegidos bajo un cristal en la sala de conferencias de la tercera planta.

◉ CENTRAL PARK WILDLIFE CENTER
☎ 212-861-6030; www.centralparknyc. org; 64th St con Fifth Ave;
🕑 10.00-17.00

Los pingüinos son la principal atracción de este moderno zoo, aunque hay más de dos docenas de especies de animales diferentes, como osos polares o monos tamarindos y pandas rojos, que están en peligro de extinción. La hora de las comidas es el momento más divertido para pasear: se puede ver comer a los leones marinos a las 11.30, 14.00 y 16.00 y a los pingüinos engullir pescado a las 10.30 y 14.30. El

Tisch Children's Zoo, entre 65th St y 66th St, es perfecto para los más pequeños.

◉ GREAT LAWN

Situada entre 72nd St y 86th St, esta inmensa alfombra esmeralda fue creada en 1931 rellenando un antiguo pantano. Aquí se celebran conciertos al aire libre (es donde Paul Simon hizo su famoso concierto de reaparición y se puede ver a la New York Philharmonic Orchestra cada verano) y hay ocho campos de *softball*, canchas de baloncesto y una zona sombreada con plátanos. No muy lejos del césped se encuentran el Delacorte Theater, donde se celebra el festival anual Shakespeare in the Park, con

Great Lawn

ESTATUAS DEL PARQUE

Entre las múltiples esculturas naturales, también conocidas como árboles, se encuentran obras de arte maravillosas. El **Maine Monument** (en el Merchant's Gate en Columbus Circle) es un tributo a los marineros fallecidos en 1898 en una misteriosa explosión en el Havana Harbor que empeoró la guerra hispanoamericana. Más al este, cerca de la entrada de Seventh Ave, hay estatuas de los liberadores de América Latina, como la de **José Martí**, el "apóstol" de la independencia cubana. Más al este, todavía en la Scholar's Gate (Quinta Avenida con 60th St), hay una plaza pequeña dedicada a **Doris Chanin Freedman,** fundadora del Public Art Fund, donde se puede ver una escultura nueva cada seis meses.

El icónico **Angel of the Waters** está sentado en la Bethesda Fountain, y el Literary Walk entre Bethesda Fountain y la 65th St Transverse está plagado de estatuas como la de **Cristóbal Colón** y las de los literatos **Robert Burns** y **Shakespeare**. En el Conservatory Water, donde siempre navegan maquetas de barquitos, los niños se suben a las setas venenosas de la estatua de **Alicia en el país de las maravillas**, que representa a Alicia, el elegante Sombrerero Loco y el malicioso gato Cheshire y es el lugar favorito de los niños de todas las edades que acuden al parque. En la cercana estatua de **Hans Christian Andersen** se celebra la hora de los cuentos los sábados entre junio y septiembre, a las 11.00.

En el extremo nordeste del parque se encuentra la estatua de **Duke Ellington** con su piano. Este lugar suele pasar desapercibido por su situación (en 110th St), pero es un tributo impresionante al maestro del *jazz*. Es un retablo de bronce de más de siete metros ideado y patrocinado por Bobby Short e inaugurado en 1997.

su exuberante Shakespeare Garden; el panorámico Belvedere Castle; el frondoso Ramble, epicentro del ligue entre gays; y Loeb Boathouse, donde se pueden alquilar botes de remo para un paseo romántico por este paraíso urbano.

🟢 JACQUELINE KENNEDY ONASSIS RESERVOIR

No hay que dejar pasar la oportunidad de recorrer los casi tres km de caminos que reúnen a corredores durante los meses cálidos en esta zona. La reserva de más de 400.000 m² de agua ya no distribuye agua potable entre los residentes, pero se ha convertido en un estanque que refleja el maravilloso paisaje de los alrededores. El mejor momento para venir es el atardecer, cuando el cielo toma tonos brillantes que van desde el rosa o el naranja hasta el azul cobalto, mientras las lucecitas de la ciudad se van encendiendo.

🟢 STRAWBERRY FIELDS

Justo al otro lado del famoso edificio Dakota –donde se filmó *La semilla del diablo* en 1967 y donde dispararon a John Lennon en 1980–

Un concierto improvisado en Strawberry Fields

se encuentra este conmovedor jardín con forma de lágrima en memoria del integrante de The Beatles. Es el lugar más visitado del parque y se mantiene con una ayuda de un millón de dólares donada por su viuda Yoko Ono, que aún reside en el Dakota. Es un lugar tranquilo, que contiene una arboleda de olmos majestuosos y un mosaico que los visitantes suelen cubrir con pétalos de rosa. Simplemente dice "Imagine".

WOLLMAN SKATING RINK
☎ 212-439-6900; entre 62nd St y 63rd St; 🕙 nov-mar
Situada en el lado este del parque, esta popular y romántica pista

de hielo permite deslizarse con patines de alquiler, especialmente durante las vacaciones de Navidad, cuando toda la zona se decora con las típicas y entrañables luces.

🍴 COMER
🍴 CENTRAL PARK BOATHOUSE
Pescados y mariscos/típica americana $$$
☎ 212-517-2233; E 72nd St con Park Dr N; 🕙 12.00-16.00 lu-vi, 9.30-16.00 sa y do 4 nov-14 abr, 12.00-16.00 y 17.30-21.30 lu-vi, 9.30-16.00 sa y 18.00-21.30 sa y do 15 abr-3 nov; 🚇
Después de una reinversión y reforma reciente, este

Christian Larsen,
*Ayudante de conservador, sección de Arquitectura y Diseño,
Museum of Modern Art*

¿En qué consiste su trabajo? Me encargo de preparar exposiciones, buscar y comprar piezas nuevas para la colección e investigar el material de nuestros archivos; tenemos muchos objetos almacenados. **¿Una atracción turística que merezca la visita a la ciudad?** El otro día fui al Top of the Rock con mi hermano y tengo que admitir que fue espectacular. Se puede ver todo en un ángulo de 360 grados, incluso los barrios. **¿Cuál es su lugar favorito en el MoMA?** Me encanta la vista del ala de las galerías desde el Sculpture Garden los viernes por la tarde; la gente viene porque es gratis y parece un hormiguero, se ve gente por todas partes, cruzando los puentes o circulando por los pasillos. **¿Un secreto del MoMA que no todo el mundo ve?** El Ferrari colgado de la pared del edificio de la educación.

establecimiento se deshizo de su reputación de restaurante que sólo se preocupaba por la comunión con la naturaleza y se convirtió en un placer culinario. Su pato asado y su salmón tártaro están entre los mejores de la ciudad, y además posee unas vistas maravillosas.

🍴 QUIOSCOS DE COMIDA
Sándwiches/aperitivos $

76th St cerca de Conservatory Pond y 108th St cerca de Harlem Meer;
⏱ **11.00-20.00 jun-sep;** Ⓥ

Durante los meses cálidos hay muchos puestos con aperitivos en el parque, pero estos dos son muy populares. Ambos están ubicados junto a pequeños estanques, así que se puede pedir un *pretzel* y sentarse a comerlo en la orilla para ver cómo nadan los patos (esperando que se les eche un poco).

🍴 TAVERN ON THE GREEN
Típica americana $$$

☎ **212-873-3200; Central Park West con 67th St;** ⏱ **almuerzos y cenas;** Ⓜ **1 a 66th St-Lincoln Center, B, C a 72nd St**

En esta taberna todo llama al romance: su localización, su ambiente tranquilo y sus adornados jardines en un entorno maravilloso. Comer aquí es una experiencia única, pero no se debe esperar una gastronomía demasiado buena. El menú

siempre ha sido el mismo y la cocina parece haber perdido interés. Pero que eso no estropee las vistas.

⭐ OCIO

Muchos de los eventos más populares de Central Park se celebran en verano: Shakespeare in the Park (p. 106) y Summerstage son dos de los grandes. Pero hay muchas otras actividades durante el año.

🟦 BOWLING LAWNS

Hay dos campos de bolos de casi 1.400 m² al norte de Sheep Meadow con 69th St, uno para *croquet* y el otro para bolos, donde miembros del New York Lawn Bowling Club, que tiene 80 años de antigüedad, juegan torneos de mayo a octubre.

🟦 CAMPING

☎ **866 NYC-HAWK; www.nycgovpark. org/sub_about/parks_divisions (la programación de eventos en la sección Urban Park Ranger programs)**

Muchos neoyorquinos no lo saben, pero los Urban Park Rangers, una división del Departamento de Parques de Nueva York, organiza excursiones con acampada incluida. Lo hacen en varias zonas verdes de la ciudad, como ésta, durante todo el verano.

⭐ MONTAR A CABALLO
☎ **212-724-5100; por 30 min 58 $**
La Claremont Riding Academy, ubicada en el parque, ofrece clases privadas de equitación o salidas en grupo. Recorrer la zona a lomos de un caballo proporciona una perspectiva diferente.

⭐ ESCALADA
En Nueva York, los escaladores se reúnen en el Worthless Boulder (una roca de 3 m en el extremo norte del parque), cerca de Harlem Meer. También se puede practicar bajo supervisión en el rocódromo (en North Meadow Recreation Area, al norte de 97th St).

⭐ SAFARI PLAYGROUND
W 91st St
Es una zona de juegos que recrea una selva con 13 esculturas de hipopótamos, una casita en un árbol y un caminito para correr, perfecto para niños.

⭐ SENECA VILLAGE
Entre 81st y 89th Sts
Está señalado con una simple placa, pero ésta fue la sede de la primera comunidad importante de propietarios afroamericanos de Manhattan (en 1840).

UPPER EAST SIDE

Conocidos como la "costa de oro" de Nueva York –y sólo medio en broma, porque realmente son carísimos– estos bloques se extienden desde el extremo inferior de Central Park hasta 96th St. Las tiendas y viviendas de la Quinta Avenida, Madison Ave y Park Ave están entre las más caras del mundo.

El resto del barrio tampoco es demasiado pobre. Se aprecian algunas reminiscencias de su pasado en los viejos edificios de la zona este, pero ya hace tiempo que pasó su época como zona de tráfico de drogas. En la actualidad está lleno de estudiantes pijos, parejas jóvenes y familias, y también bastantes treintañeros solteros.

Las opciones de vida nocturna se centran en acudir a los eventos de verano de Central Park, comer en buenos restaurantes y tomar unas cervezas en los *pubs* y bares especializados en vinos. Para bailar es mejor ir al centro, pero si se busca una noche de cena y copas con una conversación interesante, el Upper East Side es perfecto.

UPPER EAST SIDE

VER

FRICK COLLECTION

☎ 212-288-0700; www.frick.org; 1 E 70th St con Fifth Ave; entrada 12 $; ⏱ 10.00-18.00 ma-ju y sa, 10.00-21.00 vi, 13.00-18.00 do; ⓜ 6 a 68th St-Hunter College

Esta espectacular colección de arte se ubica en el interior de una mansión construida por el empresario Henry Clay Frick en 1914, una de las múltiples residencias que formaron la "Millionaires' Row". Muchas de estas mansiones resultaron demasiado caras para las generaciones sucesivas y fueron demolidas, pero el astuto y rico Frick, un magnate del acero de Pittsburg, creó una fundación para abrir su colección privada como museo. Son destacables la escultura de *Diana cazadora*, de Jean-Antoine Houdon, las obras de Tiziano y Vermeer y los retratos de Gilbert Stuart, El Greco, Goya y John Constable. El precio incluye la visita con audioguía. Quizás lo mejor es que nunca está abarrotado.

METROPOLITAN MUSEUM OF ART

☎ 212-535-7710; www.metmuseum. org; Fifth Ave con 82nd St; entrada con

Sede de la Frick Collection

Metropolitan Museum of Art

donativo recomendado; 🕙 **9.30-17.30 ma-ju y do, 9.30-21.00 vi y sa;** 🚇 **4, 5, 6 a 86th St**

¿Qué se puede decir de este increíble gigante? Su tamaño y el valor de su colección son abrumadores. Tiene más de cinco millones de visitantes anuales que acuden por las exposiciones temporales, o simplemente para echar un vistazo a la cavernosa entrada del Great Hall, el templo de Dendur, las ventanas Tiffany en el ala americana, las obras africanas y de Oceanía o la famosa colección europea de la segunda planta. Realmente es una ciudad dentro de la ciudad y resulta

más fácil perderse aquí que en Central Park. Es mejor evitar las aglomeraciones de los domingos lluviosos en verano, pero durante el invierno el museo está desierto por las noches. ¡Y eso sí es una experiencia! El jardín de la azotea también es una joya, en especial en verano, cuando se convierte en bar las noches de los fines de semana.

🟢 NEUE GALERIE
☎ **212-628-6200; www.neuegalerie. org; 1048 Fifth Ave con 86th St; entrada 15 $, niños menores 12 años no admitidos;** 🕙 **11.00-18.00 sa-lu y ju, 11.00-21.00 vi;** 🚇 **4, 5, 6 a 86th St**

Esta galería de arte alemán y austriaco es relativamente nueva (abrió en 2000) pero enseguida despuntó. Ubicada en una antigua mansión de Rockefeller, reúne una colección íntima con obras de Gustav Klimt, Paul Klee y Egon Schiele. También cuenta con un restaurante a nivel de calle, el Cafe Sabarsky (p. 194), que sirve comida vienesa, pastas y bebidas. Y, debido a su política de no admisión a niños, nunca hay cochecitos que bloqueen el paso.

☉ SOLOMON R GUGGENHEIM MUSEUM

☎ 212-423-3500; www.guggenheim. org; 1071 Fifth Ave con 89th St; adultos/niños menores 12 años/jubilados y estudiantes/18 $/gratuito/15 $; 🕑 10.00-17.45 sa-mi, 10.00-19.45 vi; ⊕ 4, 5, 6 a 86th St; ♿

MUSEUM MILE

¿Es imaginable la Quinta Avenida sin tráfico y llena de lienzos de colores? Pues así es la **Museum Mile** (☎ 212-606-2296; www.museummilefestival.org; Fifth Ave entre 82nd St y 104th St; entrada gratuita; 🕑 18.00-21.00; ⊕ 4, 5, 6 a 86th St, 6 a 103rd St; ♿), un evento anual que tiene lugar en junio. La Quinta Avenida se cierra al tráfico desde la calle 82nd hasta la 105th St y los museos son gratuitos. Acuden miles de personas para disfrutar del arte y la música en la calle y de la riqueza de Manhattan.

El Guggenheim es uno de los principales museos de Manhattan, tanto por su diseño cilíndrico en forma de lazo blanco como por sus maravillosas colecciones. Dedicado al arte de vanguardia, sus paredes curvadas muestran cuadros de Piet Mondrian, Wassily Kandinsky y muchos otros.

☉ TEMPLE EMANU-EL

☎ 212-744-1400; www.emanuelnyc. org; 1 E 65th St; 🕑 9.00-19.00; ⊕ 6 a 68th St-Hunter College; ♿
Antaño parte de la comunidad semita de Lower East Side, este templo alberga una famosa colección de objetos típicos judíos y explica la historia de su transformación en un elegante templo de culto con murales en las paredes.

☉ WHITNEY MUSEUM OF AMERICAN ART

☎ 212-570-3676; www.whitney.org; 945 Madison Ave con 75th St; adultos/ niños menores 12 años/jubilados y estudiantes, 15 $/gratuito/10 $, donativo recomendado 18.00-21.00 vi; 🕑 11.00-18.00 mi-ju, sa y do, 13.00-21.00 vi; ⊕ 6 a 77th St; ♿
El elegante exterior de este museo es tan interesante como su gran colección de arte americano del s. XX, que incluye a artistas de renombre como Rothko y Hopper, pero también recién llegados como Kiki Smith. Es visita

Solomon R Guggenheim Museum

imprescindible para los amantes
del arte moderno estadounidense.

 # COMPRAS

🛍 LUCA LUCA
☎ 212-753-2444; www.lucaluca.com;
690 Madison Ave; ⏱ 11.00-18.30 lu-mi
y sa, 11.00-20.00 ju; Ⓜ N, R, W a Fifth
Ave-59th St, 4, 5, 6 a 59th St
El diseñador italiano Orlandi Luca
consigue lo que pocos hacen: ropa
sensual para mujeres de todas
las edades. Es famoso por sus
vestidos de noche que se ajustan
donde conviene, pero también
ofrece una extraordinaria línea de
ropa de día.

🛍 NELLIE M BOUTIQUE
☎ 212-996-4410; 1309 Lexington Ave;
⏱ 10.00-20.00 lu-vi, 11.00-20.00 sa,
hasta 19.00 do; Ⓜ 4, 5, 6 a 86th St
Ubicada en Madison Ave, esta
boutique tiene ropa de diseñadores
como Rebecca Taylor, que suelen
encontrarse en la mayoría de
grandes tiendas de Upper East
Side (UES). También tienen muchos
accesorios y vestidos de noche, así
como ropa deportiva.

🛍 RALPH LAUREN
☎ 212-606-2100; 867 Madison Ave;
⏱ 10.00-18.00 lu-mi y vi, hasta 19.00 ju,
12.00-17.00 do; Ⓜ 6 a 68th St-Hunter
College

Situada en una bonita mansión de la década de 1890 (una de las pocas residencias de esa época que quedan en Manhattan), la tienda merece la subida por Madison Ave, aunque ya se hayan comprado polos en otro lugar. Aquí tienen una gran selección, con especial atención a las prendas más formales, especialmente para hombres.

COMER

ANDRE'S PATISSERIE

Panadería europea/húngara $-$$

☎ 212-327-1105; 1631 Second Ave; 🕑 10.00-21.00; 🚇 4, 5, 6 a 86th St; 🚻 Ⓥ

Es un secreto de Upper East Side. Este maravilloso restaurante-panadería húngaro hace algunos de los mejores postres de la ciudad, además de estofados, *goulashes* y *crêpes* caseros. Es un local estrecho decorado en madera clara y con camareras amables llegadas del viejo continente.

BEYOGLU

Turca/de Oriente Medio $$

☎ 212-650-0850; 1431 Third Ave; 🕑 almuerzos y cenas; 🚇 4, 5, 6 a 86th St; 🚻 Ⓥ

Los azulejos de color celeste y los bonitos platos le dan a este restaurante un ambiente festivo, especialmente si es verano y se puede disfrutar de una de las mesas de la calle. Tiene una variedad culinaria deliciosa, con muchas opciones vegetarianas y marisco fresco. También son destacables los vinos turcos.

CAFE SABARSKY

Austriaca $$

☎ 212-288-0665; www.wallse.com; 1048 Fifth Ave; 🕑 desayunos, almuerzos y cenas; 🚇 4, 5, 6 a 86th St; 🚻 Ⓥ

Los fines de semana este popular café puede estar un poco lleno, pero la comida y el ambiente lujoso compensan la lucha por conseguir una mesa. Sirven comida austriaca auténtica –*crêpes* de trucha, *goulash*, salchichas y *strudel*– en grandes fuentes y copas de plata de Viena.

CANDLE CAFÉ

Vegetariana $$

☎ 212-472-0970; 1307 Third Ave; 🕑 almuerzos y cenas a diario; 🚇 6 a 77th St; 🚻 🚻

Lo que atrae aquí a la gente no es sólo la comida saludable sino también el ambiente romántico y decadente que hace de este café el lugar perfecto para una cita. La comida es abundante y sencilla e incluye verduras, hortalizas, cereales y algunos guisos. Los pasteles vegetarianos son sorprendentemente tiernos y dulces y la carta de vinos es extensa y tentadora. Tanto la comida como el ambiente se degustan con los cinco sentidos.

🍴 DANIEL *Francesa* $$$$

☎ 212-288-0033; www.danielnyc.com; 60 E 65th St; 🕑 cenas lu-sa; ⓧ 6 a 86th St; ♿

Hay pocas cosas que sobrevivan a una publicidad tan exagerada y es raro encontrar un lugar que, con el tiempo, continúe superando su propia (y excelente) reputación. El restaurante de Daniel Boulud es grande y elegante y la comida, delicada y abundante al mismo tiempo. Pero sus amables camareros le dan el toque final y especial. Si no se consigue reservar, se puede probar en **Cafe Boulud** (20 E 76th St), justo en la esquina, o en DB Bistro Moderne, para una comida diferente pero del mismo chef.

🍴 DAVID BURKE & DONATELLA

Americana moderna $$$$

☎ 212-813-2121; www.dbrestaurant. com; 133 E 61st St; 🕑 almuerzos y cenas a diario, *brunches* sa-do; ⓧ F a Lexington Ave-63rd St, N, R, W a Lexington Ave-59th St

Puede parecer que este espacio rojo haya sido decorado por un miembro de la familia Versace, pero la Donatella en cuestión no tiene ningún vínculo con el imperio de la moda. Ella y su compañero David Burke trabajan exclusivamente

con alimentos, como el *knish* de salmón con patata tibia, el *crabcake* con corteza de *pretzel* y el cóctel de bogavante.

🍴 JO JO *Francesa* $$$$

☎ 212-223-5656; www.jean-georges. com; 160 E 64th St; 🕑 almuerzos y cenas; ⓧ 4, 5, 6 a 59th St, N, R, W a Lexington Ave-59th St

No importa hasta dónde pretenda Jean-Georges Vongerichten hacer llegar la fusión. Su primer y mejor local retiene su estatus de icono neoyorquino. La decoración es oscura y sugerente y lo mismo ocurre con los platos: carne de venado con semillas de granada o pollo asado con aceitunas verdes. Su creación estrella es un postre: el sibarita pastel Valrhona, rebosante de chocolate.

🍴 MAYA *Mexicana* $$

☎ 212-585-1818; www.modernmexican. com; 1191 First Ave; 🕑 cenas; ⓧ 4, 5, 6 a 59th St; ♿ 👶

Este restaurante recientemente renovado tiene aspecto de hacienda mexicana del s. XVIII y la decoración se complementa a la perfección con los platos de mole. El menú del chef Richard Sandoval tiene, entre otros platos, tortillas de maíz con queso Oaxaca y rajas de chile poblano, cebiche de mero, filete *mignon* marinado y exquisito guacamole como acompañamiento.

UPPER EAST SIDE > BEBER

BEBER

☼ BAR EAST
☎ 212-876-0203; 1733 First Ave entre 89th St y 90th St; ⊖ 6 a 86th St

Queda bastante apartado (de hecho hay una pequeña caminata desde el metro) pero el bar tiene mesa de billar, buenos *disc-jockeys* de pop-rock, dardos y una pared cubierta de espejos. Los que tengan ganas de juntarse con los lugareños para comer y beber sin más pretensiones sólo tienen que venir aquí y conseguir un taburete.

☼ BEMELMANS BAR
☎ 212-744-1600; www.thecarlyle.com; Carlyle Hotel, 35 E 76th St; después 21.30 20 $, después 21.30 sa 25 $; ⏱ 12.00-2.00 lu-sa, 12.00-24.30 do; ⊖ 6 a 77th St

El único mural de Ludwig Bemelmans que aún está expuesto al público transmite a este café el ingenio legendario del artista. El interior rojo del local es el decorado perfecto para un beso, así que suele estar lleno de parejas y de aquellos que buscan discreción para su aventura amorosa. El sofisticado piano *jazz* aporta el toque musical.

☼ SUBWAY INN
☎ 212-223-8929; 143 E 60th St entre Lexington Ave y Third Ave; ⊖ 4, 5, 6 a 59th St

Éste es un bar clásico, con bebidas a buen precio y muy auténtico,

como se comprueba en el atuendo de los camareros: camisa blanca y fina corbata negra. Debería ser un lugar de referencia por cómo recuerda los días pasados, con el cartel de neón de la entrada, las mesas rojas y los ancianos que componen su clientela habitual. Ofrece muchas opciones económicas y es un lugar divertido donde recuperarse después de un día de compras en el cercano Bloomingdale's (p. 162).

OCIO

⬛ 92ND ST Y
☎ 212-415-5500; www.92y.org; 1395 Lexington Ave con 92nd St; ⏱ los horarios varían según los eventos; ⊖ 6 a 96th St

Este centro cultural y comunitario es un bastión de grandeza literaria (a la vez que ofrece música y baile). Su Unterburg Poetry Center organiza lecturas con frecuencia, además de las conferencias Biographers and Brunch de los domingos a mediodía, con los mejores autores. Entre sus invitados recientes están Paul Auster, Margaret Atwood, Joan Didion y Michael Chabon. Casi todas las sesiones con escritores importantes se llenan enseguida, así que si se quiere ver a uno en particular lo mejor es reservar con tiempo.

NUEVA YORK >196

☆ CAFÉ CARLYLE

☎ 212-744-1600; www.thecarlyle.com; 35 E 76th St con Madison Ave; 🕑 18.30-22.00 lu-mi, 18.30-24.00 ju-sa, cerrado do; 🚇 6 a 77th St

Los lunes por la noche toca Woody Allen el clarinete con su grupo de *jazz*. Suele presentar Ute Lemper y, si ella no puede, lo hace Eartha Kitt, aunque eso depende de si está actuando en algún teatro de Broadway. En resumen, el espectáculo es fantástico de todos modos.

UPPER WEST SIDE

¿De qué se puede disfrutar en el Upper West Side? De los mejores *bagels* de la ciudad, los edificios típicos y miles de libros, en las tiendas, las aceras y los bares de los alrededores del American Museum of Natural History (otra gran atracción).

No es de una categoría social tan alta como el East Side, pero ha sido durante mucho tiempo el eje de los círculos intelectuales de la ciudad. El Dakota, donde vivía John Lennon, es uno de sus edificios más famosos, pero hay muchas otras fachadas que merecen una visita.

También destaca en el ámbito artístico: alberga el Lincoln Center, donde se puede ver la Metropolitan Opera House, la organización Jazz at Lincoln Center, la mundialmente famosa Juilliard School of Music y, en verano, actuaciones al aire libre y noches de baile gratuitas (dan clases de salsa, tango y *swing*).

La cercana Columbia University conforma una ciudad universitaria con muchos bares económicos. Es una muestra de este Nueva York tranquilo, donde familias y ancianos se mezclan con jóvenes mentes brillantes en un ambiente bohemio y amistoso.

UPPER WEST SIDE

VER

◉ AMERICAN MUSEUM OF NATURAL HISTORY

☎ 212-769-5000; www.amnh.org; Central Park West con 79th St; donativo recomendado adultos/niños/jubilados y estudiantes 14/8/10,50$; última hora gratis; ⏱ 10.00-17.45, Rose Center hasta 20.45 vi; Ⓣ B, C a 81st St-Museum of Natural History, 1 a 79th St

Este museo tiene opciones para todos los gustos, es realmente impresionante. Los niños enloquecen con los artefactos manipulables y a los padres les encantan las exposiciones interactivas, sus tres grandes salas y el Rose Center for Earth and Space, que alberga cines en tres dimensiones y un planetario (sin mencionar el *jazz*, las bebidas y las tapas gratuitas los viernes por la noche) e incluso los expertos se sorprenden con los más de 30 millones de objetos de este edificio. Se puede pasar un día en el museo y no verlo todo.

◉ CHILDREN'S MUSEUM OF MANHATTAN

☎ 212-721-1234; www.cmom.org; 212 W 83rd St entre Amsterdam Ave y Broadway; entrada 9$, niños menores 1 año gratis; ⏱ 10.00-17.00 mi-do; Ⓣ 86th St, B, C a 81st St-Museum of Natural History

Muy frecuentado por las madres de la zona, tiene salas de descubrimiento para bebés, un centro de comunicación postmoderno donde los niños pueden usar un estudio de televisión, y el Inventor Center, donde tienen a su alcance la última tecnología digital. Se utilizan objetos que les resulten familiares para acercarles al arte, como se hizo con la selección de cuadros de Andy Warhol, y se les da la posibilidad de participar en proyectos interactivos sobre la

American Museum of Natural History

obra de autores como William
Wegman, Elizabeth Murray o Fred
Wilson. Además, en verano, los
más pequeños se entretienen con
las ruedas hidráulicas y los barcos
del exterior. También se organizan
talleres de manualidades los fines
de semana.

LINCOLN CENTER
☎ 212-875-5000; www.lincolncenter.
org; Lincoln Center Plaza, Broadway con
W 64th St; ⓜ 1 a 66th St; ♿ 🚻
El Lincoln Center es una ciudad
artística en miniatura. El Avery
Fisher Hall, sede de la New York
Philharmonic, se encuentra al lado
del Alice Tully Hall, que alberga la
Chamber Music Society. El New
York State Theater acoge el New
York City Ballet (www.nycballet.
com) y la New York City Opera
(www.nycopera.com). En el Walter
Reade Theater se celebra el New
York Film Festival y proyecta
películas de calidad a diario. Y
finalmente, se encuentran
también aquí los teatros
Newhouse y Beaumont, la Juilliard
School y la Metropolitan Opera
House, con su gran escalera con
moqueta roja.

NEW-YORK HISTORICAL SOCIETY
☎ 212-873-3400; www.nyhistory.org;
2 W 77th St con Central Park West;
🕙 10.00-18.00 ma-do; ⓜ 1 a 79th St, B,
C a 81st St-Museum of Natural History

Como sugiere su nombre, este
museo es el más antiguo de la
ciudad. Se fundó en 1804 para
preservar el legado histórico y
cultural de la ciudad y fue el único
museo público de Nueva York
hasta que se fundó el
Metropolitan Museum of Art a
finales del s. XIX. Aunque muchas
veces pasa desapercibido a los
visitantes que se dirigen al
cercano American Museum of
Natural History, no debería ser así,
porque su colección es igual de
interesante. Sólo aquí se pueden
ver cencerros y sonajeros de bebé
del s. XVII o la pierna de madera del
gobernador Morris. El Henry
Luce III Center for the Study of
American Culture, que abrió en
el 2000, es un espacio de casi
2.000 m^2 con más de 40.000
objetos de la colección
permanente del museo y que
exhibe retratos, lámparas Tiffany y
maquetas de barcos. También
organiza exposiciones especiales,
como en el caso de las recientes
Slavery in New York (objetos y
documentos sobre la esclavitud) o
*Nature and the American Vision: the
Hudson River School at the New-
York Historical Society* (una
muestra rotativa que incluía más
de cien óleos famosos).

RIVERSIDE PARK
www.riversideparkfund.org; Riverside Dr
desde 68th St hasta 155th St; 🕙 6.00-

1.00; ⊕ 1, 2, 3 a cualquier parada entre 66th St y 157th St; ♿

Otra belleza clásica diseñada por Olmsted y Vaux. Este parque, situado al norte del Upper West Side y flanqueado por el río Hudson, siempre ha estado eclipsado por Central Park, aunque resulta frondoso y tranquilo. Tiene muchos caminos para bicicletas y zonas de juegos.

COMPRAS

🏠 CHILDREN'S GENERAL STORE
☎ 212-580-2723; 2473 Broadway; 🕒 10.00-18.00 lu-vi, 11.00-18.00 sa y do; ⊕ 1, 2, 3 a 96th St

Tienen peluches, juguetes, disfraces y rompecabezas a buenos precios. Parece una tienda de cualquier otra cosa, con las muñecas y los juguetes colocados casi como si fueran telas. A los niños les encanta. Tienen otro local en Grand Central Terminal, donde se pueden hacer las compras de última hora.

🏠 HARRY'S SHOES
☎ 212-874-2035; www.harrys-shoes. com; 2299 Broadway; 🕒 10.00-18.45 ma, vi y sa, 10.00-19.45 lu, mi y ju, 11.00-18.00 do; ⊕ 1 a 86th St

Aunque no es específicamente para niños, sería una lástima perderse su extensa colección de marcas europeas en tallas infantiles. Además, es una gran experiencia para los más pequeños. Los dependientes todavía usan las clásicas reglas metálicas para medir los pies de los clientes.

🏠 LIBERTY HOUSE
☎ 212-799-7640; 2466 Broadway cerca de 92nd St; 🕒 10.00-18.45 lu-mi, 10.00-19.45 ju-vi, 12.00-17.45 do; ⊕ 1, 2, 3 a 96th St

Es una cooperativa local de la década de 1960 creada para promover el trabajo de los artesanos y granjeros americanos. Todavía conserva su misión ecológica a pesar de la economía global actual. Hay ropa hecha con fibras naturales (y que garantiza un trabajo digno sin explotación) para mujer y niño y los productos que importan los compran directamente a artistas y colectivos de artesanos que sólo usan maderas y materiales reciclados y abundantes.

🏠 PENNY WHISTLE TOYS
☎ 212-873-9090; 448 Columbus Ave entre 81st St y 82nd St; 🕒 9.00-18.00 lu-vi, 10.00-18.00 sa, 11.00-17.00 do; ⊕ B, C a 81st St

Es una pequeña tienda de juguetes alternativa. Está llena de objetos divertidos de calidad, como cometas con diseños preciosos, trenes de madera Brio, marionetas checas, disfraces y muñecas coleccionables.

⌂ PLAZA TOO

☎ 212-362-6871; 2231 Broadway con 79th St; ⓞ 1 a 79th St

Si Harry's Shoes resulta demasiado práctica, en esta tienda se puede encontrar calzado a la última moda. Es el primer y único local que han abierto en el centro y ofrecen marcas como Marc Jacobs, Chlóe, Adrienne, Cynthia Rowley, Sigerson Morrison y muchas más, con precios que se reducen a la mitad durante las rebajas.

⌂ ZABAR'S

☎ 212-787-2000; www.zabars.com; 2245 Broadway; ⓨ 8.30-19.30 lu-vi, 8.00-20.00 sa, 9.00-18.00 do; ⓞ 1 a 79th St

Es un lugar muy conocido del Upper West Side y posee ese encanto genuino que crea la sensación de estar dentro de una película de Woody Allen. La gente se pasea entre la comida *gourmet* comentando sus vidas, la política y la frescura del *gefilte* como si estuvieran solos en la sala.

ⓧ COMER

ⓧ 'CESCA *Italiana* $$-$$$

☎ 212-787-6300; 164 W 75th St; ⓨ cenas; ⓞ 1, 2, 3 a 72nd St

Hay que ir preparado para comer mucho y bien. Su decoración sofisticada y las mesas rústicas van a juego con las grandes fuentes de carne y pasta que sirven. Hay que atacar con hambre al atún a la parrilla con tomate o los filetes de cordero tiernos. Más ligeros son los *paninis* que se sirven en el bar. También hacen muy buenos cócteles.

ⓧ CITRUS *Sushi/mexicana/ latinoamericana* $$

☎ 212-595-0500; www.citrusnyc.com; 320 Amsterdam Ave; ⓨ cenas lu-vi, almuerzos y cenas sa y do; ⓞ 1, 2, 3 a 72th St; ⓖ ⓥ

Les gusta mezclar las tradiciones culinarias, por eso añaden un toque picante y sensual al *sushi* con *chipotle* y pimientos habaneros. Los resultados, descarados en la boca, van muy bien con los colores del local, parte bar y parte restaurante, y siempre muy, muy, muy lleno.

ⓧ JOSIE'S RESTAURANT *Saludable* $$

☎ 212-769-1212; 300 Amsterdam Ave; ⓨ cenas lu-vi, almuerzos y cenas sa y do; ⓞ 1, 2, 3 a 72nd St; ⓖ ⓐ ⓥ

Comida biológica (con su origen detallado en el menú) que satisface a veganos, vegetarianos y omnívoros, por eso el restaurante ya tiene más de diez años de historia. Su ambiente sencillo y limpio se refleja en la comida, que incluye filetes y ensaladas siempre que el animal no haya sido torturado ni el vegetal demasiado procesado.

¶¶ OUEST

Americana/francesa $$$

☎ 212-580-8700; www.ouestny.com;
2315 Broadway; 🕑 cenas lu-vi,
almuerzos y cenas sa y do; 🚇 1 a 86th St;
♿

La incorporación de un conjunto de *jazz* suave ha añadido energía y sofisticación a esta maravilla de Tom Valenti. A los neoyorquinos les encanta por sus cuidados platos combinados como el esturión ahumado con huevo escalfado, la cazuela de ostras con patatas *yukon gold* y una gran variedad de pollo a la parrilla. El bar también está bien y resulta más económico.

¶¶ REGIONAL *Italiana* $$

☎ 212-666-1915; www.eatregional.
com; 2607 Broadway; 🕑 cenas a diario,

GASTRONOMÍA DE ALTURA

En el Time Warner Center (p. 173) hay siete restaurantes de lujo. Entre la oferta están: **Rare** (platos principales 30 $ y más), un asador de Jean-Georges Vongerichten; cocina Americana creativa en el **Per Se** (☎ 212-823-9335; menú degustación 210 $); fusión francoasiática en el **Café Grey** (☎ 212-823-6338; platos principales 50-75 $), y **Masa** (☎ 212-823-9800; menú degustación 325 $), un japonés que requiere reservar con mucho tiempo.

---

almuerzos y cenas sa; 🚇 1, 2, 3 a 96th St;
♿ 🚻 Ⓥ

Resumen la cocina de 20 regiones italianas en pequeñas raciones, pero también se puede elegir una en particular –pizza de Nápoles, por ejemplo– y tomar además el aperitivo, el vino y el postre de esa región. El nombre no resulta muy original, pero la comida está buena igualmente. Las pastas –rellenas de queso, verduras o carne– completan su oferta.

¶¶ ROPPONGI *Japonesa/sushi* $$

☎ 212-362-8182; 434 Amsterdam Ave;
🕑 almuerzos y cenas; 🚇 1 a 79th St, B,
C a 81st St-Museum of Natural History;
♿ 🚻 Ⓥ

Preparan un *sashimi* de cinco sabores que se deshace en la boca, fideos de arroz en su punto exacto de cocción, salmón con *miso moromi* de olivas verdes y rollitos de *sushi* con salsa de mango y compota de naranja. Además, sus camareros son los más simpáticos de la ciudad.

🍸 BEBER

Ⓨ AMSTERDAM BILLIARDS & BAR

☎ 212-496-8180; 334 Amsterdam Ave
entre 75th St y 76th St; 🚇 1, 2, 3 a 72nd St

Esta amplia discoteca de Amsterdam Ave con paredes de ladrillo y un ambiente muy animado es más que un bar:

aparte de preparar bien las bebidas tienen taburetes muy cómodos. Lo que más destaca es una docena de mesas de billar americano muy bien conservadas.

▼ DEAD POET
☎ 212-595-5670; 450 Amsterdam Ave; ✆ 9.00-4.00 lu-sa, 12.00-4.00 do; ⊕ 1 a 79th St, B, C a 81st St-Museum of Natural History

Buenas cervezas de barril (Smithwicks, Blue Moon, Brooklyn Lager), litros y litros de *whiskey* irlandés y un bar estrecho donde literatos y lectores aplicados acuden a compartir y comparar interpretaciones de Proust.

▼ EVELYN LOUNGE
☎ 212-724-2363; 380 Columbus Ave; ✆ 18.00-4.00 lu-vi, 17.00-4.00 sa y do; ⊕ 1 to 79th St, B, C to 81st St-Museum of Natural History

Tiene banquetas largas, apliques parpadeantes y muchas cortinas que visten sus frías paredes de piedra. La comida no destaca mucho, pero la discoteca es popular por su sala *lounge* de la primera planta, que es tranquila y romántica los días laborables y se llena los fines de semana.

▼ MARITIME CAFÉ AT PIER 1
☎ 917-612-4330; 70th St al borde del río Hudson; ⊕ 1, 2, 3 a 72nd St

Durante los meses cálidos, la actividad es frenética en este bar exterior –un maravilloso uso de la explanada de Riverside Park– que ofrece comida a la parrilla, cócteles de frutas y divanes en el césped para los que reserven con tiempo. No es de extrañar, pues hay pocos lugares con tan buenas vistas del atardecer, y menos con este servicio. En verano suele haber música en directo y se proyectan películas al aire libre en el muelle.

▼ SHALEL
☎ 212-799-9030; 65 W 70th St entre Central Park West y Columbus Ave; ⊕ B, C, 1, 2, 3 a 72nd St

Si se echa de menos el estilo del centro, entonces hay que acercarse a este restaurante, bajar por la escalera iluminada con velas y entrar en el salón marroquí de aspecto cavernoso. Tienen sofás bajos, cojines, velas e incluso una cascada interior. Una buena selección de vinos completa el ambiente místico y los comedores privados le añaden un toque de romanticismo.

⭐ OCIO

◪ CARNEGIE HALL
☎ 212-903-9750; www.carnegiehall. org; 881 Seventh Ave con 57th St; adultos/niños menores 12 años/jubilados y estudiantes 9$/gratis/3$; ✆ visitas a las 11.30, 14.00 y 15.00 lu-vi, entradas en la taquilla de 11.00 a 15.00; ⊕ A, B, C, D,

1 a Columbus Circle, N, Q, R, W a 57th St-Seventh Ave, E a Seventh Ave; ♿
Una vez traspasadas las puertas arqueadas y las banderas ondulantes ya se ha entrado en el mundo de Toscanini, Tchaikovsky, Ravi Shankar y Frank Sinatra. Aquí han tocado algunos de los mejores músicos del mundo y cada noche sigue contando con artistas de éxito.

★ CLEOPATRA'S NEEDLE
☎ **212-769-6969; www. cleopatrasneedleny.com; 2485 Broadway entre W 92nd St y 93rd St;** ④ **1, 2, 3 a 96th St**
Las sesiones improvisadas a micrófono abierto son un clásico en este local, donde hay música hasta las 4.00. El mejor lugar para ver actuar a los grupos es la barra, donde se puede tomar una cerveza y degustar platos de estilo mediterráneo. Conviene recordar

que la consumición mínima para comida y bebida es de 10 $ y que a algunos grupos no les gusta convertirse en mera música de fondo para la gente que está cenando.

★ EDIFICIO DAKOTA
1 W 72nd St con Central Park West; ④ **B, C a 72nd St;** ♿
De este edificio con torrecillas se decía en 1884 que estaba "en Dakota", en referencia a su lejanía respecto del centro de la ciudad. Pronto se convirtió en lugar *cool* por excelencia y alojó a personajes como Boris Karloff, Rudolph Nureyev, Lauren Bacall y el aún más famoso John Lennon, que fue asesinado en la entrada.

★ IRIDIUM
☎ **212-582-2121; www.iridiumjazzclub. com; 1650 Broadway; consumición**

Carnegie Hall

mínima 25-40 $; 🕐 18.30-cierre;
Ⓜ 1, C, E a 50th St
La consumición mínima es cara,
pero el precio se ajusta a la
calidad. Tienen una comida
exquisita, buena visibilidad y un
jazz sofisticado que obliga a
dejarse llevar. Siempre está muy
lleno, así que conviene reservar
con tiempo, especialmente para el
trío Les Paul los lunes y la Mingus
Big Band los jueves.

🌟 JAZZ AT LINCOLN CENTER
☎ 212-258-9595; www.
jazzatlincolncenter.org; Time Warner
Center, Broadway con 60th St; Ⓜ A, B, C,
D, 1 a 59th St-Columbus Circle
De los tres locales, Rose Theater,
Allen Room y Dizzy's Club Coca-
Cola, lo más que probable es que
se opte por este último porque
organiza espectáculos nocturnos.
Y es una buena elección porque, a
pesar de su horroroso nombre,
este club es perfecto y posee unas
vistas maravillosas de Central Park
y actuaciones excelentes de
artistas de la ciudad y de fuera.

🌟 LEONARD NIMOY THALIA
☎ 212-236-5849; www.symphonyspace.
org; 2537 Broadway; entrada 7-10 $;
🕐 a diario; Ⓜ 1, 2, 3 a 96th St; ♿ 👶
¿Qué tal un programa doble con
La ventana indiscreta y *La ley del
silencio*? ¿Y *Los sobornados* y *Malas
calles*? Este teatro ofrece los
espectáculos más eclécticos y
entretenidos de la ciudad. El
sueño de los aficionados al cine
hecho realidad.

🌟 SYMPHONY SPACE
☎ 212-864-1414; www.symphonyspace.
com; 2537 Broadway; Ⓜ 1, 2, 3 a 96th
St; ♿ 👶
Fundado y mantenido mediante
contribuciones de la comunidad,
este centro es conocido por sus
series de tres días dedicadas a un
único músico. La primera se centró
en Bach, pero también han
organizado algunas sobre Joni
Mitchell, Stephen Sondheim, Burt
Bacharach y otros. Tienen afinidad
por la música de todo el mundo:
Gypsy Kings, Salif Keita, Cesaria
Evora y muchos más.

HARLEM

En el barrio se anuncia una nueva época: los ecos del cambio suenan, literalmente, con el zumbido constante de las obras que destruyen los antiguos edificios típicos y preparan los cimientos para los flamantes rascacielos.

Es una zona que está cambiando y, a medida que llegan vecinos nuevos y riqueza, se abren discotecas, restaurantes, espacios artísticos y tiendas de descuentos. Eso es bueno para la clase trabajadora y para los negocios, pero resulta duro para los pobres y los sin techo.

Settepani's, el club de *jazz* Lenox Lounge, el Malcolm Shabazz Market y otros locales conocidos de Harlem están en Lenox Ave, la calle principal. En la zona oeste, cerca de Columbia University, se ubican Riverside Church, St John the Divine y Smoke, un club de *jazz* de moda. En cambio, el Harlem histórico se encuentra por encima de 125th St, con el Apollo, el Studio Museum y el Schomburg Center. Y en la zona este destaca El Museo del Barrio, con obras de artistas portorriqueños, dominicanos y caribeños.

HARLEM

🔵 VER

🛍️ COMPRAS

🍴 COMER

🍸 BEBER

⭐ OCIO

VER

ABYSSINIAN BAPTIST CHURCH

☎ 212-862-7474; www.abyssinian.org; 132 Odell Pl (W 138th St) entre Adam Clayton Powell Jr Blvd y Malcolm X Blvd; 🕙 servicios 9.00 y 11.00 do; 🚇 2, 3 a 135th St

Fundada por un empresario etíope, esta iglesia se ubicó primero en el centro, pero en 1923 se trasladó a la zona norte, a Harlem, siguiendo así el mismo camino que la población negra de la ciudad. Su carismático pastor, Calvin O Butts III, es un importante activista de la comunidad y políticos de todos los partidos buscan su apoyo. La iglesia tiene un coro extraordinario y el edificio es de gran belleza. Para las visitas en grupos de diez o más personas conviene llamar y confirmar que hay sitio.

APOLLO THEATER

☎ 212-531-5337; 5253 W 125th St con Frederick Douglass Blvd; visitas lu/sa y do 12/14 $; 🕙 visitas 11.00, 13.00 y 15.00 lu, ma, y vi, 11.00, 13.00 sa y do; 🚇 A, B, C, D a 125th St

Éste ha sido el típico lugar de celebración de mítines políticos y conciertos desde 1914. Los artistas negros más importantes tocaron aquí en las décadas de 1930 y 1940, incluidos Duke Ellington y Charlie Parker.

Después de un periodo como cine y varios años de decadencia, el Apollo fue comprado en 1983 y se reactivó. Ahora, tras dos años de reformas (la primera fase de un plan mucho más largo), está más bonito que nunca, con la fachada restaurada, los toldos, la entrada de cristal y acero y una taquilla nueva. Su famosa Amateur Night, "donde nacen estrellas y se crean leyendas", todavía tiene lugar todos los miércoles, con un público que resulta tan divertido como los artistas. El resto de la semana, el Apollo acoge actuaciones de artistas famosos como Stevie Wonder y los O'Jays.

CATHEDRAL OF ST JOHN THE DIVINE

☎ 212-316-7540; www.stjohndivine. org; 1047 Amsterdam Ave con 112th St; 🕙 7.00-18.00 lu-sa, 7.00-19.00 do; 🚇 1 a 110th St; ♿

Es un centro artístico y espiritual muy querido en Manhattan. La gran nave de la catedral es una combinación de los estilos románico y neogótico. Se empezó en 1892 y aún no se ha terminado, los toques finales en las torres se deberían completar en el 2050, si se cumple con los plazos.

EL MUSEO DEL BARRIO

☎ 212-831-7272; www.elmuseo.org; 1230 Fifth Ave con 104th St; donativo

recomendado adultos/jubilados y estudiantes 6/4 $, niños menores 12 años gratis, jubilados gratis ju;
🕙 11.00-17.00 mi-do;
🚇 2, 3 a 110th-Lenox Ave; ♿
Surgido del movimiento por los derechos civiles de los puertorriqueños en el East Harlem, éste sigue siendo el único museo importante de la ciudad dedicado a obras latinas, con una colección permanente de arte precolombino y taíno y sorprendentes exposiciones de arte moderno.

🄲 GENERAL US GRANT NATIONAL MEMORIAL
☎ 212-666-1640; www.nps.gov/gegr; Riverside Dr con W 122nd St; 🕙 9.00-17.00; 🚇 1 a 125th St
Es conocido popularmente como "Grant's Tomb", ya que conserva los restos del héroe de la Guerra Civil, el presidente Ulysses S. Grant, y los de su mujer, Julia. Se terminó en 1897 (12 años después de su muerte) y la estructura de granito costó 600.000 $, pues es el mausoleo más grande del país. Aunque es una réplica del Halicarnaso, esta versión no es una de las siete maravillas del mundo. Además, el edificio estuvo lleno de pintadas durante años, hasta que los descendientes de Grant exigieron al Servicio Nacional de Parques que lo limpiase o trasladarían su cuerpo a otro lugar.

🄲 HISPANIC SOCIETY OF AMERICA
☎ 212-926-2234; www.hispanicsociety.org; Audubon Tce en Broadway entre 155th St y 156th St, Washington Heights; entrada con donativo recomendado;
🕙 10.00-16.30 ma-sa, 13.00-16.00 do;
🚇 1 a Broadway-157th St; ♿
Se está preparando para un traslado al centro con el fin de captar más atención para su impresionante colección de Goya, Velázquez, Sorolla y El Greco. Hasta que encuentre una nueva sede, se pueden visitar las obras de los genios españoles en relativa soledad.

🄲 MUSEUM OF THE CITY OF NEW YORK
☎ 212-534-1672; www.mcny.org; 1220 Fifth Ave con 103rd St; entrada con donativo recomendado; 🕙 10.00-17.00 ma-do; 🚇 2, 3 a 110th St-Lenox Ave; ♿
Esta colección abarca el pasado, presente y futuro de los cinco distritos de Manhattan, con litografías, fotografías, dibujos, ropa y más. La exposición contempla todas las facetas de la vida en la ciudad, desde los patinadores de Brooklyn hasta los afamados diseñadores de interiores.

🄲 RIVERSIDE CHURCH
☎ 212-870-6700; www.theriversidechurchny.org; 490 Riverside Dr con 120th St; 🕙 7.00-22.00 por la

entrada de Claremont Ave, visitas 10.00-19.00 mi; 1 a 116th St; ♿

Famosa por combinar las creencias espirituales con la política progresista, esta iglesia ha tenido tras el púlpito a Martin Luther King Jr, Fidel Castro y Nelson Mandela.

⊙ SCHOMBURG CENTER FOR RESEARCH IN BLACK CULTURE

☎ 212-491-2200; www.nypl.org/research/sc/sc.html; 515 Malcolm X Blvd; ⏱ 12.00-20.00 ma y mi, 12.00-18.00 ju y vi, 10.00-18.00 sa; ⊕ 2, 3 a 135th St

Este centro cerca de W 135th St reúne la colección más grande del país de documentos, libros, grabaciones y fotografías relacionados con la comunidad afroamericana. Arthur Schomburg, nacido en Puerto Rico, empezó a recopilar obras sobre la historia negra a principios del s. XX y fue un activista del movimiento por los derechos civiles y la independencia de Puerto Rico. La Carnegie Foundation compró su impresionante colección y la expuso en esta ala de la New York Public Library. En el teatro también se celebran conciertos y conferencias.

⊙ STUDIO MUSEUM IN HARLEM

☎ 212-864-4500; www.studiomuseum.org; 144 W 125th St con Adam Clayton Powell Blvd; entrada con donativo

recomendado; ⏱ 12.00-18.00 mi-vi y do, 10.00-18.00 sa; ⊕ 3 a 125th St, 4, 5, 6 a 125th St-Lexington Ave; ♿

Una mezcla ecléctica de obras de artistas afroamericanos y caribeños cuelga de las paredes de este museo. Las exposiciones abarcan desde el expresionismo abstracto hasta las viñetas políticas que buscan acabar con la idea de que durante la primera mitad del s. XX no hubo grandes artistas negros.

🔒 COMPRAS

🔒 BOBBY'S HAPPY HOUSE

☎ 212-663-5240; 2335 Frederick Douglass Blvd; ⏱ 11.00-20.00; ⊕ A, B, C, D a 125th St-Nicholas Ave

Forma parte de la historia de Harlem y está especializada en el *gospel*. El propietario, Bobby Robinson, trabajó con Elmore James y produjo Gladys Knight & the Pips, (él eligió el nombre del grupo). La tienda tiene *R&B*, *blues*, algunos álbumes de *funk* y mucho *gospel*.

🔒 B OYAMA HOMME

☎ 212-234-5128; www.boyamahomme.com; 2330 Adam Clayton Powell Blvd con 136th St; ⏱ 14.00-20.00 lu, 11.00-20.00 ma-vi, 10.30-18.00 sa, do cerrado; ⊕ C a 135th St

Bernard Oyama es conocido como el "camisero de Harlem". Un vistazo a sus zapatos aerodinámicos, trajes de dos tonos y sombreros elegantes es suficiente para que a uno le den ganas de vestir como él. Su *boutique* tiene trajes hechos a medida, una gran variedad de camisas y artículos como corbatas, pañuelos de bolsillo, guantes, gemelos y tirantes.

☐ JUMEL TERRACE BOOKS
☎ 646-472-5938; www.jumelterracebooks.com; 426 W 160th St; ⏱ sólo con cita previa; ◉ 1 a 163rd St-Amsterdam Ave

Ubicada en una casa particular e histórica, esta tienda está especializada en literatura africana, afroamericana y relacionada con la historia de Harlem. Hay que pedir cita, pero merece la pena si se es un apasionado de las rarezas editoriales.

☐ MALCOLM SHABAZZ MARKET
☎ 212-987-8131; 52 W 116th St; ⏱ 10.00-17.00; ◉ 2, 3 a 116th St

En este popular mercado se puede comprar al aire libre y se encuentran piezas como artesanía Africana, aceites esenciales, incienso, trajes tradicionales, CD y vídeos piratas. La lonja situada justo al lado es una parada habitual de los lugareños, que acuden en busca de pescado frito con patatas.

☐ PIECES OF HARLEM
☎ 212-234-1725; 228 W 135th St; ⏱ 12.00-18.00 do y lu, 11.00-19.00 ma-ju, hasta 20.00 vi y sa; ◉ 2, 3 a 135th St

Los propietarios, un matrimonio que abrió el primer Pieces en Brooklyn, ofrecen una colección de ropa ecléctica y accesorios de diseñadores locales y nacionales. También hay vestidos sensuales, blusas y túnicas de estilo Pucci, además de una gran variedad de accesorios y ropa a la última.

☐ SCARF LADY
☎ 212-862-7369; 408 Lenox Ave; ⏱ 11.30-19.00 ma-sa; ◉ 2, 3 a 125th St

Misterio resuelto: Paulette Gay es la Scarf Lady. Su pequeña *boutique* está llena de centenares de coloridas bufandas, gorros y otros accesorios hechos a mano.

☐ WEARABLE HARLEM ART
☎ 212-987-2500; 174 Lenox Ave entre 118th St y 119th St; ⏱ 11.30-19.00 lu-vi, 11.00-19.00 sa, 12.00-18.00 do; ◉ 2, 3 a 116th St

Engalanada con bonitas mesas de época y con un ambiente tranquilo, esta *boutique* está llena de ropa de diseño y recuerdos del barrio. Son destacables las camisetas y los bolsos grandes serigrafiados con el perfil de una mujer con peinado afro, además de los bolsos, gorras, tazas y delantales con la palabra "Harlem".

🍴 COMER

🍴 AFRICA KINE RESTAURANT

Senegalesa/marroquí $-$$

☎ 212-666-9400; www.africakine.com;
256 W 116th St; 🕒 almuerzos y cenas;
Ⓜ B, C a 116th St; ♿

Fue uno de los primeros restaurantes africanos en el tramo de W 116th St, una zona que ahora se conoce como Little Senegal. Tienen los mejores *Thu Yap* y *Thiebu Djeun* de Nueva York, además de cordero o pescado servidos con grandes cuencos de arroz integral, verduras al ajo y a veces cuscús, que llenan el local de senegaleses cada mediodía. Está en la segunda planta y no parece un restaurante desde el exterior, pero, si se es un entusiasta de África, merece la pena investigar un poco y visitarlo.

🍴 AMY RUTH'S RESTAURANT

Cocina casera sureña $-$$

☎ 212-280-8779;
www.amyruthsrestaurant.com; 113 W
116th St; 🕒 desayunos, almuerzos y
cenas do-ju, 24 h vi y sa; Ⓜ 2, 3 a 116th
St; ♿ 👶

Las colas son frecuentes durante los fines de semana. Sus gofres son muy populares –se puede elegir entre chocolate, fresa, arándano o uno con pollo frito– pero entre semana suele ser bastante tranquilo y se puede disfrutar con calma de los

boniatos dulces, el pescado frito con quingombó, las berzas y el pastel de chocolate.

🍴 GINGER *Saludable china* $$

☎ 212-423-1111; www.gingerexpress.
com; 1400 Fifth Ave; 🕒 cenas; Ⓜ 2, 3, 6
a 116th St; ♿ 👶 Ⓥ

Una nueva incorporación al barrio, donde comer en un chino puede implicar riesgos. Este restaurante sólo hace comida saludable y muy buena. Su bonita fachada de ladrillo da paso a un interior en color púrpura en el que se puede ver cómo cocinan las costillas, el arroz frito con gambas o el pollo con brócol.

🍴 LE BAOBAB *Senegalesa* $

☎ 212-864-4700; 120 W 116th St;
🕒 almuerzos y cenas; Ⓜ 2, 3 a 116th
St; Ⓥ

Es un local muy acogedor, con clientes como taxistas, conductores de autobús, obreros y dependientes. Es conocido por ser uno de los mejores (si no el mejor) restaurantes africanos de Harlem.

🍴 M & G DINER *Sureña* $

☎ 212-864-7326; 383 W 125th St;
🕒 8.00-24.00; Ⓜ 2, 3 a 125th St; 👶

Hay muchos que dicen preparar cocina sureña, pero hay pocos que realmente lo hagan. Este restaurante es para los que noten la diferencia porque los chefs fríen el pollo como si practicasen un deporte olímpico y cocinan las carnes con más ternura que si estuvieran acunando a un bebé.

NATIVE *Marroquí/caribeña* $-$$
☎ 212-665-2525; 161 Lenox Ave; cenas; ◎ 2, 3 a 116th St;

Los marroquíes prefieren la comida a la parrilla que frita, así que platos como el pollo frito con comino, el plátano frito, el *curry* rojo de gambas y coco y la cazuela de bagre se sirven en una versión ligera. Las mesas del exterior son agradables, pero las del interior, iluminadas con velas, son mucho más románticas.

El Native

RAO'S RESTAURANT
Italiana $$$
☎ 212-722-6709; www.raos.com; 455 E 114th St; cenas lu-vi, con reserva; ◎ 6 a 116th St;

Todo el mundo quiere ir a Rao's. Conseguir una reserva es como encontrar un trébol de cuatro hojas: hay que tener suerte. Sirven almejas, *ziti* al horno y su clásica lasaña. Abierto desde 1896, este local es una institución, una especie en extinción de Nueva York. Si no se puede conseguir mesa, merece la pena tomarse algo en el bar.

RIVER ROOM OF HARLEM
Americana/sureña $$-$$$
☎ 212-491-1500; www.riverroomofharlem.com; Riverside Dr con 145th St; almuerzos ju-sa, cenas ma-sa, *brunches jazz* do; ◎ 1 a 145th St;

Tiene unas vistas fantásticas, con el George Washington Bridge al norte y el río Hudson al sur. Además, preparan platos deliciosos: bistec a la parrilla con pimentón dulce, gambas jumbo y varios tipos de pescado. En el bar hay música salsa, fusión, *acid* y varios tipos de *jazz* y se respira un ambiente agradable.

SETTEPANI'S
Americana/italiana $-$$
☎ 917-492-4806; www.settepani.com; 196 Lenox Ave; almuerzos y cenas; ◎ 2, 3 a 116th St;

Este restaurante es maravilloso en los días cálidos: su toldo de color teja ondea con la brisa que sopla por Lenox Ave y atrae a una clientela variopinta que disfruta de las ensaladas frescas, los sándwiches, las *quiches* y los postres. Es uno de los muchos cafés que están despuntando en Harlem. El servicio a veces es un poco lento pero la gente tampoco suele tener prisa.

BEBER

DEN
☎ 212-234-3045; www.thedenharlem. com; 2150 Fifth Ave cerca de 132nd St; ⏰ 18.00-2.00 lu-vi, 20.00-4.00 sa, 11.00-5.00 do; Ⓜ 2, 3 a 135th St.
Éste es un local muy sexy, lleno de gente también muy sexy a la que le gusta reír, beber y comer, además de compartir escenario las noches de micrófono abierto (los miércoles). Incluye una galería de arte (en la que se pueden ver obras de pintores locales), bar y restaurante de cocina sureña (el menú va del cerdo al *sushi*), y la decoración es realmente fantástica. Se encuentra en la primera planta de un edificio típico del barrio y es como estar en casa. Los fines de semana hay música en directo; un viernes al mes se organiza una noche temática de cine negro y un sábado al mes, de kung-fú.

MOBAY UPTOWN
☎ 212-876-9300; www. mobayrestaurant.com/harlem/home. htm; 17 W 125th St; ⏰ 11.00-23.00 lu-mi, 11.00-24.00 ju-sa, 11.00-22.00 do; Ⓜ A, C, E, 2, 3 a 125th St
Es una extensión del MoBay de Brooklyn. Este restaurante caribeño (con platos jamaicanos, haitianos y vegetarianos) complementa su cocina con música. Tiene noches de *jazz* de martes a domingo de 20.00 a 24.00 en el *lounge* (donde se pueden pedir aperitivos) y cada domingo organiza *brunches gospel* de 11.00 a 17.00; después, por la noche, hay un grupo en directo.

REVIVAL
☎ 212-222-8338; www.harlemrevival. com; 2367 Frederick Douglass Blvd con 127th St; ⏰ almuerzos ma-vi, cenas a diario, *brunches* sa y do, *happy hour* a diario 17.00-19.00; Ⓜ A, C, E a 125th St
Si se llega durante la *happy hour*, ofrecen un dos por uno en las bebidas. Hay que probar el cóctel especial Frangelico-flavored Harlem Hazelnut o el *martini* de chocolate que han bautizado Frederick Douglass. ¡Son verdaderamente deliciosos! Se trata de un elegante restaurante exclusivo, pero además puede ser un buen lugar para ir a tomar unas copas a cualquier hora de la noche.

⭐ OCIO

⭐ LENOX LOUNGE

☎ 212-427-0253; www.lenoxlounge.com; 288 Malcolm X Blvd entre 124th St y 125th St; 🕑 12.00-4.00; 🚇 2, 3 a 125th St

El *lounge* clásico *art déco*, que suele acoger a personalidades, es uno de los locales de *jazz* favoritos, aunque también es una casa histórica y agradable donde tomarse unas copas. Hay que ver la Zebra Room del fondo.

⭐ MOCA

☎ 212-665-8081; 2210 Frederick Douglass Blvd con 119th St; 🕑 17.00-2.00 lu-ju, 17.00-4.00 vi y sa, 17.00-24.00 do; 🚇 2, 3 a 116th St, 1 a 116th St-Columbia University

¡Mejor llegar aquí con energía porque va a hacer falta! El sistema de sonido es impresionante (no hay música en directo) y hace vibrar la pista de baile las noches de los fines de semana, sobre todo con *reggae*, salsa y *hip-hop*. No hay que alarmarse con la seguridad de la puerta, sólo es protocolo. Los fines de semana se exige consumición mínima de dos bebidas, pero también hay *happy hour* nocturna.

⭐ PERK'S

☎ 212-666-8500; 553 Manhattan Ave con 123rd St; 🕑 16.00-4.00 lu-sa; 🚇 2, 3 a 125th St

Los fines de semana se llena de gente que se mueve al ritmo que marca el *disc-jockey*. Durante la semana, hay música en directo de los mejores artistas de *jazz* locales. Es imposible no acertar.

⭐ SMOKE

☎ 212-864-6662; 2751 Broadway cerca de 106th St; 🕑 17.00-4.00; 🚇 1 a 103rd St

Este local sorprendió con su ubicación en tierra de nadie (no eligió el Harlem profundo sino la zona norte del Upper East Side) pero se ha convertido en un club acogedor e íntimo. Sus largas cortinas oscuras y los mullidos sofás le dan un ambiente hogareño y sus precios bajos son perfectos para la clientela estudiantil.

⭐ ST NICK'S PUB

☎ 212-283-9728; www.stnicksjazzpub.com; 773 St Nicholas Ave con 149th St; 🕑 19.00 hasta tarde; 🚇 A, B, C, D a 145th St

Fundado en 1940 por el pianista Duke Ellington, este *pub* lanzó las carreras de Billie Holiday, Sonny Rollins y otros genios americanos. Por tradición, los lunes y miércoles por la noche son a micrófono abierto, bajo el cuidadoso control del encargado. Se pueden oír sesiones improvisadas en un ambiente tranquilo, en uno de los bares más cómodos de la ciudad.

>BROOKLYN

El barrio más densamente poblado de Nueva York mezcla edificios tradicionales, rascacielos, calles adoquinadas y espacios estrechos, en una amalgama ecléctica de ejecutivos, familias latinas y caribeñas de clase trabajadora y una proporción creciente de inmigrantes de Europa del Este. Resulta hipnótico e irresistible. Para visitar la zona antigua, lo mejor es empezar al otro lado del East River, desde Lower Manhattan. Después de atravesar el laberinto de fábricas y edificios históricos, se puede ir a Carroll Gardens, Red Hook o Cobble Hill en busca de un buen restaurante. Otra opción es Park Slope, un área de ambiente gay con un estilo de vida parecido al del Manhattan de clase alta. Para una experiencia singular, Coney Island ofrece espectáculos extravagantes o una montaña rusa de 1926.

BROOKLYN

◉ VER

Véase plano a continuación

👁 VER

🅖 111 FRONT STREET GALLERIES

www.frontstreetgalleries.com; 111 Front St cerca de Washington St; 🅐 A, C a High St

Es fácil reconocer rápidamente este edificio por la pancarta naranja de la entrada. Más de una decena de artistas independientes y organizaciones artísticas tienen oficinas o talleres independientes en su interior. Los visitantes son más que bienvenidos y pueden visitar las obras de cada uno. Los horarios de apertura varían.

🅖 BROOKLYN HISTORICAL SOCIETY

☎ 718-222-4111; www.brooklynhistory. org; 128 Pierrepont St; 🕒 10.00-17.00 mi-do; 🅐 M, R a Court St, 2, 3, 4, 5 a Borough Hall

Construido en 1881 y restaurado en 2002, este edificio de cuatro plantas de estilo Reina Ana (es una auténtica joya) incluye una biblioteca (con 33.000 fotografías), un auditorio y un museo dedicado al barrio. También ofrece rutas a pie por Brooklyn (algunas son gratuitas), y ocasionalmente visitas en autobús a la Navy Yard.

🅖 CONEY ISLAND BOARDWALK

www.coneyisland.com; 1000 Surf Ave; 🅐 D, N, Q o tren F a Stillwell Ave

El encanto algo hortera de Coney Island no durará mucho más

tiempo. Una inmobiliaria ha adquirido los terrenos de enclaves importantes como el Astroland Amusement Park y los planes incluyen una reforma general y la incorporación de atracciones nuevas y apartamentos de lujo. Pero lo que no se puede cambiar son las vistas impresionantes al Atlántico desde el paseo, así como su comunidad rusa.

🅖 DUMBO ARTS CENTER

☎ 718-694-0831; www. dumboartscenter.org; 30 Washington St; 🕒 12.00-18.00 ju-lu; 🅐 A, C a High St

Es una de las mejores galerías de Washington St. Este colectivo organiza cada año el D.U.M.B.O. Arts Festival. El propio centro ofrece al visitante una visión general del barrio –quién trabaja en qué y dónde lo exhibe– y cuenta con una exposición rotativa de varios artistas.

🅖 NEW YORK TRANSIT MUSEUM

☎ 718-694-1600; www.mta.info/mta/ museum; Boerum Pl con Schermerhorn St; entrada 5 $, algunas visitas 15 $; 🕒 10.00-16.00 ma-vi, 12.00-17.00 sa y do; 🅐 2, 3, 4, 5 a Borough Hall, M, R a Court St

Ocupa una antigua estación de metro construida en 1936 (está fuera de servicio desde 1946) y explica la historia de los últimos cien años del transporte en la Gran

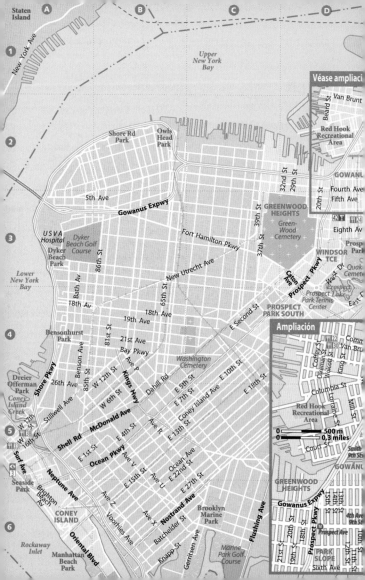

Manzana. A los niños les encantan las maquetas de vagones antiguos, los asientos de conductor y la exposición cronológica de tornos de finales del s. XIX. Lo mejor es la planta inferior, en el andén, donde se pueden recorrer 13 vagones de metro y ferrocarril originales, con antigüedades como el Brooklyn Union, que tiene asientos de mimbre de 1904.

✪ PIEROGI 2000
☎ 718-599-2144; 177 N 9th St entre Bedford Ave y Driggs Ave; ⏲ 12.00-18.00 ju-lu; 🚇 L a Bedford Ave
Es un recién llegado a Williamsburg y ya se ha hecho un nombre con su lista rotativa de 800 artistas. También permite que la gente hojee las obras de los artistas siempre que se ponga unos guantes blancos. En la sala de atrás hay un centro comunitario y espacio de encuentro para acontecimientos culturales.

✪ PROSPECT PARK
www.prospectpark.org; Grand Army Plaza; ⏲ 5.00-1.00; 🚇 2, 3 a Grand Army Plaza, F a 15th St-Prospect Park; ♿
Como Central Park, fue diseñado por Olmsted y Vaux y, aunque no es tan famoso, se considera una obra maestra de la misma magnitud. Sus más de 2 km^2 contienen los preciosos Brooklyn

Botanical Gardens, varios lagos, caminos para bicicletas, césped y rutas para corredores. El gran arco de entrada de Grand Army Plaza, no muy lejos del Brooklyn Museum y cerca de la Brooklyn Public Library, es uno de los lugares más populares.

✪ ROEBLING HALL
☎ 718-599-5352; www.roeblinghall. com; 390 Wythe Ave con S 4th St; ⏲ 12.00-18.00 lu-vi, o con cita prev.; 🚇 J, M, Z a Marcy Ave, L a Bedford Ave
Ya hace siete años que existe y ha ayudado mucho al progreso del mundo artístico en Brooklyn mediante la fotografía, la pintura, el vídeo y el cine. Para sus exposiciones suele reunir propuestas de artistas extranjeros, lo que contribuye a promocionar el barrio.

✪ SCHROEDER ROMERO
☎ 718-486-8992; 173A N 3rd St con Bedford Ave; ⏲ 12.00-18.00 lu-vi, o con cita prev.; 🚇 L a Bedford Ave
Se centra en artistas emergentes o de medio recorrido cuyas obras tratan temas sociopolíticos. La directora de la galería, Lisa Schroeder, ha supervisado algunas de las exposiciones de más éxito de los últimos años, como la que relataba la transición del artista de la masculinidad a la feminidad o la titulada Proof of Mary, de arte sepulcral.

STATEN ISLAND FERRY

Esto es vida: una brisa agradable, mucho espacio y unas vistas estupendas a Lower Manhattan, la Estatua de la Libertad y Ellis Island y además no cuesta nada. El **Staten Island Ferry** (☎ 718-815-BOAT; www.nyc.gov/html/dot/html/masstran/ferries/statfery.html; Whitehall Terminal en Whitehall St y South St; entrada gratuita; 🕙 24 h; 🚻) es de lo mejor que se puede encontrar en la ciudad.

COMPRAS

🛍 3R LIVING
☎ 718-832-0951; 276L Fifth Ave, cerca de Garfield Pl; 🕙 11.00-19.00 do-mi, 11.00-20.00 ju-sa; 🚇 M, R a Union St

Por fin, una tienda ecológica y de diseño que respeta las tres "R" –reducir, reutilizar y reciclar. Está llena de ideas y soluciones ingeniosas para la casa y todas son productos importados bajo acuerdos de comercio justo. En su centro de reciclaje hay cubos distintos para pilas, pinturas, cartuchos de tinta de impresora, CD y teléfonos móviles.

🛍 ACADEMY RECORDS AND CDS
☎ 718-218-8200; 96 N 6th St cerca de Wythe Ave; 🕙 12.00-20.00 do-ju, 12.00-22.00 vi y sa; 🚇 L a Bedford Ave

Pilas y pilas de vinilos, CD e incluso algunos DVD antiguos llenan todo el espacio disponible de esta tienda de moda, donde acuden adictos a la música a buscar discos clásicos entre toda su oferta.

🛍 AMARCORD
☎ 718-963-4001; 223 Bedford Ave cerca de N 5th St; 🕙 12.00-20.00; 🚇 L a Bedford Ave

Tiene vestidos, bolsos y zapatos europeos de época que el propietario busca por el viejo continente. Es muy popular entre los expertos en tiendas de segunda mano. Durante los fines de semana recibe muchas visitas de vecinos de Manhattan.

🛍 BROOKLYN ARTISANS GALLERY
☎ 718-330-0343; 221A Court St; 🕙 11.00-19.00 mi-sa, 11.00-18.00 do; 🚇 F, G a Bergen St

Esta tienda sólo vende chismes y objetos hechos por artesanos locales. Tienen de todo: bufandas, marcos, joyas, bolsos, cuadros y hasta sujetalibros de vidrios de colores con forma de gatos y perros.

🛍 CLOTHIER BROOKLYN
☎ 718-623-2444; 44 Fifth Ave cerca de Dean St; 🕙 11.00-20.00 ma-sa, 12.00-18.00 do; 🚇 B, Q, 2, 3, 4, 5 a Atlantic Ave

Chaquetas y pantalones de todos los tamaños y formas. Todo vaquero, vaquero y más vaquero.

DEAR FIELDBINDER

☎ 718-852-3620; www.dearfieldbinder.com; 198 Smith St cerca de Baltic St; ⏰ 11.00-19.00; Ⓕ F, G a Bergen St

Situada en la importante Smith St, esta tienda de color blanco se ha hecho famosa por tener prendas de grandes diseñadores –A Cheng, por ejemplo–, y también de aquellos que están empezando (Wendy Hil, Para Gabia, Tom K Nguyen). La ropa es ecléctica, pero clásicamente femenina.

GHOSTOWN

☎ 718-387-0990; 335 Grand St cerca de Havemeyer St; ⏰ 12.00-20.00; Ⓖ J, M, Z a Marcy Ave, G, L a Metropolitan Ave-Lorimer St

Una tienda de ropa con historia que ciertas noches se convierte en club. Tienen ropa informal de hombre y mujer, de diseñadores locales y de grandes marcas. Hay fiestas a menudo, lo mejor es preguntar cuando ya se esté en la ciudad.

JACQUES TORRES CHOCOLATE

☎ 718-875-9772; www.mrchocolate.com; 66 Water St, Dumbo; ⏰ 9.00-19.00 lu-sa; Ⓐ A, C a High St

El chocolatero Jacques Torres dirige este pequeño establecimiento de estilo europeo, repleto de los bombones más innovadores que se hayan hecho nunca.

Delicias de Jacques Torres Chocolate

Oyunchimeg Blease,
Propietaria de una bodega, Brooklyn

¿Qué es lo mejor de su barrio? ¡Los alquileres todavía son asequibles!
¿Cómo ha cambiado Nueva York en los últimos cinco años? Creo que hay
más diversidad. En mi zona, por Flatbush Ave, antes había muchos
afroamericanos y ahora hay asiáticos de todas partes. **¿Cómo cree que será
su barrio en cinco años?** Todavía más diverso, con muchos africanos y
asiáticos pero pocos europeos. **¿Una atracción turística que merezca la
visita a la ciudad?** Cuando mis amigos y mi familia vienen de Mongolia
siempre les digo que vayan a ver la Estatua de la Libertad. **¿Su estación
favorita?** El verano, porque puedo ir a nadar a Jones Beach. **¿Qué es lo que
más le gusta de Nueva York?** Los rascacielos. Antes de venir aquí nunca
había visto ninguno. Todavía sigo mirando hacia arriba preguntándome
cómo los construyeron.

Recomendamos llevarse un par de ellos al cercano Empire Fulton Ferry State Park para saborearlos mientras se disfruta de las vistas entre los puentes de Brooklyn y de Manhattan. La tienda también vende por Internet y en el Chocolate Bar (p. 126), situado en el Meatpacking District.

⬜ LOOPY MANGO
☎ 718-222-0595; www.loopymango. com; 68 Jay St (y 117 Front St); 🕙 12.00-20.00 ma-sa, 12.00-19.00 do; Ⓜ A, C a High St

Esta tienda tiende prendas y accesorios originales de ganchillo creados por la diseñadora Waejong Kim y una serie de grabados en madera y joyas de ganchillo de Anna Pulvermakher. Las dos artistas han abierto una nueva tienda en Dumbo, en Front St, donde tienen piezas de otras firmas como Cynthia Rowley y Vera Wang.

⬜ PRAGUE KOLEKTIV
☎ 718-260-8013; 143B Front St cerca de Jay St; 🕙 12.00-19.00 ma-vi, 11.00-19.00 sa y do, cerrado lu; Ⓜ A, C a High St

Las sillas lacadas de rojo y las mesas con ribetes cromados son sólo dos de los estilos checos que hay en esta tienda de muebles especializada en diseños retro, de las décadas de 1920 y 1930, en la Europa del Este.

⬜ SAHADI'S
☎ 718-624-4550; 187 Atlantic Ave cerca de Clinton St; 🕙 9.00-19.00 lu-sa; Ⓜ 2, 3, 4, 5 a Borough Hall

Olivas Kalamata, *hummus* fresco, higos dulces y dátiles. Esta tienda, que pertenece a una familia de Oriente Medio, vende todo tipo de comida de su tierra.

⬜ SPRING GALLERY STORE
☎ 718-222-1054; 126A Front St esquina Jay St; 🕙 13.00-19.00 ju-do, cerrado lu-mi; Ⓜ A, C a High St

Aquí reina una mentalidad anti-sistema y en el escaparate se exponen objetos de diseño como los cojines Historically Inaccurate de Richard Saja. Tienen lo último en decoración para el hogar.

🍴 COMER

🍴 360 *Bistro francés* $$
☎ 718-246-0360; www.360brooklyn. com; 360 Van Brunt St cerca de Sullivan St, Red Hook; 🕙 17.30-23.30 mi-sa, 17.30-22.00 do; Ⓜ A, C, F a Jay St-Borough Hall; Ⓥ

El menú de tres platos a precio fijo no merece la pena. Eso sí, el propietario puede dar un discurso infinito sobre qué vino ecológico se debería tomar con el *confit* de lengua de ternera con rábanos escabechados y pepino, o los mejillones al vapor con *curry* tailandés, o incluso el estofado con vino tinto, aceitunas negras, bacón ahumado, cáscara de naranja, col verde salteada y *penne*.

🍴 AL DI LA TRATTORIA
Italiana $$

☎ 718-783-4565; www.aldilatrattoria.com; 248 Fifth Ave con Carroll St; ☾ cenas mi-lu; ⊕ F a 15th St-Prospect Park, M, R a Union St; Ⓥ

Hay que reservar con muchísima antelación porque siempre está lleno, aunque por una buena razón: la comida. Tienen muchas pastas y *antipasti*, pero también estofado de conejo con olivas negras y *polenta*, hígado de novillo y bacalao asado.

🍴 APPLEWOOD *Americana* $$
☎ 718-768-2044; www.applewoodny.com; 501 11th St entre Seventh Ave y Eighth Ave; ☾ cenas ma-sa, almuerzos do; ⊕ F a Seventh Ave; ♿ 👶 Ⓥ

Este restaurante se llena cada noche de lugareños que se sientan junto al hogar a tomar uno de los cócteles o vinos de su larga carta. La carne de venado del norte del estado –fileteada y a la parrilla– se sirve con puerros y chalotes (26 $). Siempre hay una alternativa vegetariana –como espinacas y arroz con queso *mascarpone*– y muchos platos de pescado.

🍴 BLUE RIBBON SUSHI
BROOKLYN *Sushi* $$
☎ 718-840-0408; 278 Fifth Ave entre 1st

St y Garfield Pl; ☾ cenas; ⊕ M, R a Union St; Ⓥ

Al lado del Blue Ribbon, donde sirven carne y ostras, se encuentra su homólogo en pescado. Tiene elegantes bancos de madera y una larga carta de *sashimi*, *sushi* y rollitos *maki*. Si no se sabe cuál elegir, el combinado de *sashimi* cuesta 27,50 $.

🍴 BUBBY'S BROOKLYN
Típica americana $$
☎ 718-222-0666; 1 Main St con Water St; ☾ almuerzos y cenas ju-ma; ⊕ A, C a High St; ♿ 👶 Ⓥ

Es un lugar perfecto para familias con ganas de descansar y comer algo. Sirven jugosas hamburguesas y platos de pollo asado irresistibles.

🍴 CHESTNUT
Americana actual $$
☎ 718-243-0049; 271 Smith St cerca de Degraw St; ☾ 17.30-23.00 ma-sa, 11.00-15.00 y 17.30-22.00 do; ⊕ F, G a Carroll St; Ⓥ

El chef Daniel Eardley busca los mejores productos en las granjas ecológicas del estado para preparar sus deliciosos platos. Son destacables los *brunches* que se ofrecen domingo, los menús degustación de las noches (en los que el vino es opcional) o los platos del chef como pulpo asado, estofado de cerdo o mero con setas salvajes.

DUMONT *Típica Americana* $

☎ 718-486-7717; www.
dumontrestaurant.com; 432 Union Ave;
🕑 cenas y almuerzos; Ⓖ G, L a
Metropolitan Ave-Lorimer St; ♿ Ⓥ

Preparan ensaladas de remolacha, hamburguesas, pastel de cangrejo, *Dumac 'n' cheese* y platos más serios como raya con olivas asadas, pollo asado o filete *bordelaise*. Si se toman en el jardín o en la casa del árbol saben aún mejor.

FRANKIE'S 457 SPUTINO
Italiana $$

☎ 718-403-0033; www.frankiessputino.
com; 🕑 cenas y almuerzos; Ⓖ F, G a
Carroll St; ♿ Ⓥ

Una interminable lista de acompañamientos –coliflor asada, alcachofas, remolacha, batatas, coles de bruselas y champiñones– completa los platos de carne o los sándwiches de jugosas albóndigas o verduras crujientes.

GOOD FORK *Coreana/
Americana* $$

☎ 718-643-6636; www.goodfork.com;
391 Van Brunt St cerca de Coffey St;
🕑 17.30-22.30 ma-do; Ⓖ F, G a Smith
St-9th St; ♿ Ⓥ

Se puede elegir entre dos tipos de cocina para degustar en un ambiente tranquilo. Puede ser filete al estilo coreano con arroz *kimchi* y huevo frito, ravioli o incluso cerdo asado lentamente. Todo está muy bueno.

GRIMALDI'S *Pizza* $

☎ 718-858-4300; www.
grimaldisbrooklyn.com; 19 Old Fulton St;
🕑 almuerzos y cenas; Ⓐ A, C a High
St; ♿ Ⓥ 🚻

Hacen unas pizzas que son legendarias, crujientes, con salsas picantes y todo tipo de quesos. Aunque su política de no aceptar reservas crea largas colas, todo el mundo deja de protestar con el primer bocado.

Grimaldi's

🍴 GROCERY
Americana moderna $$$
☎ 718-596-3335; 288 Smith St;
🕙 cenas lu-sa, almuerzos sa; 🚇 F, G a Carroll St; ♿

A pesar de la ampliación, sigue siendo difícil encontrar una mesa libre en el que se ha convertido en el restaurante más popular de Smith St. Son destacables la platija con corteza de sémola, el rape asado, el pulpo, la trucha ahumada y el *spaetzle*.

🍴 NATHAN'S FAMOUS HOT DOGS *Perritos calientes* $
☎ 718-946-2202; 1310 Surf Ave;
🕙 desayunos, almuerzos y cenas hasta tarde; 🚇 D, F a Coney Island-Stillwell Ave

Recomendamos probar el *hot dog* de ternera con *chucrut* y mostaza. Un buen momento para visitarlo es el 4 de julio, cuando organiza su concurso de perritos calientes (el récord –con 66– lo tiene Joey Chestnut, que batió en 2007 al seis veces campeón Takeru Kobayashi).

🍴 PEDRO'S RESTAURANT
Latinoamericana $
☎ 718-797-2851; 73 Jay St con Front St;
🕙 almuerzos y cenas a diario; 🚇 A, C a High St; ♿ 🚼 Ⓥ

Su fachada envejecida no inspira mucha confianza, pero si se deja de lado la estética, es un lugar fantástico. Ya hace años que sirve tacos y burritos, por eso tiene una clientela fiel. También está bien sentarse fuera, en los originales taburetes.

🍴 PETER LUGER *Asador* $$
☎ 718-387-7400; www.peterluger.com; 178 Broadway; 🕙 almuerzos y cenas; 🚇 J, M, Z a Marcy Ave; ♿ 🚼

Aquí hay que seguir un par de normas: llevar dinero en efectivo y reservar. Aún así, hay que estar preparado para esperar y no es muy aconsejable ser tímido porque las largas mesas se comparten. El servicio es rápido pero mecánico y cuando uno se empieza a preguntar por qué eligió este restaurante, un filete jugoso y tierno disipa todas las dudas.

🍴 PIES-N-THIGHS *Sureña* $
☎ 347-282-6005; 351 Kent Ave cerca de S 5th St; 🕙 11.00-21.00 ma-do; 🚇 J, M, Z a Marcy Ave; Ⓥ

Desde fuera no tiene muy buen aspecto, pero una vez dentro se olvida enseguida la valla de alambre con púas del exterior. Hacen buena cocina sureña: cerdo asado, macarrones con queso, pan casero y tartas de doble hojaldre rellenas de bayas biológicas.

🍴 RIVER CAFE *Americana* $$$$
☎ 718-522-5200; www.rivercafe.com; 1 Water St; 🕙 almuerzos y cenas a diario, *brunches* sa y do; 🚇 A, C a High St; 🚼 Ⓥ

BARRIOS Y DISTRITOS

BROOKLYN

Algunos dirán que se trata de un sitio muy turístico pero seguramente no hayan estado nunca en esta maravilla flotante con vistas bajo el Manhattan Bridge. La lampuga con corteza de almendras y el ceviche de vieira son sólo dos de los platos innovadores que salen de su cocina y los *brunches* son legendarios por los *bloody marys* y los huevos en su punto.

🍴 TOTONNO'S *Pizza* $
☎ 718-372-8606; 1524 Neptune Ave cerca de 16th St; 🕙 12.00-20.00 mi-do; 🚇 D, F, N, Q a Coney Island-Stillwell Ave; 🚻

Está abierto a diario siempre que tengan masa del día (si no, cierran). Y es que la norma de sólo cocinar alimentos frescos ha regido en este establecimiento durante décadas. Aquí la base sabe mejor y la salsa, más dulce, así que la excursión a Coney Island merece la pena.

🍸 BEBER

🍸 68 JAY ST
☎ 718-260-8207; 68 Jay St; 🚇 A, C a High St

Elegante a pesar de las manchas de pintura, con arcos redondeados y una entrada con columnas, este bar es una rareza. Bajan la música para que los clientes puedan hablar cómodamente así que se pueden oír muchos rumores del mundo artístico mientras los habituales –todos miembros del panorama cultural– se desfogan con unas copas.

🍸 ABILENE
☎ 718-522-6900; 442 Court St con 3rd Pl; 🕙 18.00-4.00; 🚇 F, G a Carroll St

Los aficionados al ajedrez y al dominó se encontrarán como en casa en este bar de cerveza y *bourbon* con mesas para los jugadores. Tienen un buen surtido de cañas de barril pero es su buen ambiente lo que atrae a la clientela.

🍸 ALLIGATOR LOUNGE
☎ 718-599-4440; 600 Metropolitan Ave, Williamsburg; 🚇 L a Lorimer St

Al norte de Williamsburg, este bar reúne a jóvenes modernos y a trabajadores del barrio, que se sientan en sofás de piel con forma de U o en la zona trasera de estilo japonés. La atracción principal es la *pizza* hecha en horno de leña y que sirven gratuitamente. La jarra de cerveza Yuengling cuesta 14 $. Los martes hay karaoke y los domingos, *jazz* en directo.

🍸 BAR 4
☎ 718-832-9800; 444 Seventh Ave con 15th St; 🕙 18.00-4.00; 🚇 F a Seventh Ave, M, R a Prospect Ave

Está un poco dejado, pero es un lugar muy relajante. Sirven

martinis excelentes, con zumo o solos. Los *disc-jokeys* cambian cada día, y los martes por la noche son de micrófono abierto a partir de las 21.00.

BAR REIS
☎ 718-832-5716; 375 Fifth Ave; 🕑 17.30-2.00 do-mi, 17.30-4.00 ju-sa; Ⓜ F, M, R a Fourth Ave-9th St
Se puede elegir entre subir por la escalera de espiral al piso superior para supervisarlo todo desde arriba, salir al jardín de glicinias decorado con luces románticas o quedarse en la planta baja del bar. Las bebidas son deliciosas; la clientela, agradable y el ambiente, sofisticado y tranquilo.

CATTYSHACK
☎ 718-230-5740; 249 Fourth Ave cerca de President St; 🕑 14.00-4.00 lu-vi, 12.00-4.00 sa y do; Ⓜ M, R a Union St
Tiene dos plantas de música, unas vistas industriales y un ambiente relajado que está pensado sobre todo para chicas pero que también admite gays, *transexuales* y *heteros*. Los fines de semana se convierte en una pista de baile y entre semana suele ser más tranquilo.

GINGER'S
☎ 718-778-0924; 363 Fifth Ave; Ⓜ F, M, R a Fourth Ave-9th St
Este local de paredes rojas es para lesbianas, pero tanto el bar como

el jardín de la parte de atrás están llenos de gays y heterosexuales. Resulta más tranquilo que los bares de ambiente de Manhattan, ¡pero es que esto es Brooklyn!

LOW-BAR
☎ 718-222-1LOW; 81 Washington St; 🕑 19.00-2.00 vi y sa; Ⓜ A, C a High St
Esta filial del popular restaurante Rice (p. 90) sirve las mismas mezclas deliciosas de arroz salvaje, verde y de grano largo, pero además guarda un secreto en el sótano: es una discoteca los fines de semana. Empieza tranquilamente pero suele calentarse después de medianoche, cuando empieza el baile y la gente se anima.

O'CONNORS
☎ 718-783-9721; 39 Fifth Ave, entre Bergen St y Dean St; 🕑 12.00-4.00; Ⓜ 2, 3 a Bergen St
Es un antro con todas las de la ley: fluorescentes, paredes paneladas y partidos de los Yankees en la televisión. El precio de las bebidas (¡los *gin-tonics* cuestan 2,50 $!), su solera (de 1931) y un ambiente tranquilo son ingredientes que atraen a la juventud.

SPUYTEN DUYVIL
☎ 718-963-4140; spuytenduyvil@ verizon.net; 359 Metropolitan Ave; 🕑 17.00-1.00/2.00 do-ju, 17.00-3.00/4.00 vi y sa; Ⓜ L a Bedford Ave

Su decoración consiste en techos pintados de rojo, planos antiguos, suelos de madera, sillones y pesados estantes repletos de libros rústicos. Con el buen tiempo abren el patio trasero. Como aperitivos sirven quesos, encurtidos y carnes curadas.

SUPERFINE

☎ 718-243-9005; 126 Front St; A, C a High St; V

Éste no es sólo un buen lugar para comer y jugar al billar, sino que también es un bar estupendo. Los fines de semana abren hasta después de las 2.00.

WATERFRONT ALE HOUSE

☎ 718-522-3794; 155 Atlantic Ave cerca de Clinton St; 11.30-2.00 lu-ju, 11.30-4.00 vi y sa; M, R a Court St, 2, 3, 4, 5 a Borough Hall, F, G a Bergen St; V

Tienen buena comida de *pub*, como hamburguesas, patatas fritas, carnes ahumadas en grandes *paninis* y ensaladas abundantes. Además, su ambiente vecinal, cervezas y el *blues* y *jazz* en directo lo convierten en un éxito.

⭐ OCIO

BAR BELOW

☎ 718-694-2277; 209 Smith St; 19.30-4.00 ju-sa; F, G a Bergen St, A, C, G a Hoyt St-Schermerhorn St

Está ubicado debajo del restaurante Faan, que sirve buena

comida asiática. El bar no admite ropa deportiva y tiene ambiente de discoteca aunque, en teoría, tampoco permiten bailar. Pero una vez que el *disc-jockey* toma las riendas, las normas desaparecen y todo se pone en movimiento.

BARBES

☎ 718-965-9177; www.barbesbrooklyn. com; 376 9th St con Sixth Ave; F a Seventh Ave

Los propietarios de este bar son dos músicos franceses residentes en la zona de Brooklyn desde hace tiempo. El nombre del local se debe al barrio parisino, que cuenta con una importante comunidad norteafricana. Programa lecturas y proyecciones de películas en la sala trasera y la oferta musical abarca desde la diva libanesa Asmahan hasta grupos mexicanos, joropos venezolanos y bandas típicas rumanas.

BRICK THEATER

☎ 718-907-6189; www.bricktheater. com; 575 Metropolitan Ave entre Union Ave y Lorimer St; los horarios varían según el espectáculo; G, L a Metropolitan Ave-Lorimer St

Ha sido un garaje de carrocería y pintura, una escuela de yoga y varios tipos de almacenes, pero finalmente fue reformado y convertido en un moderno complejo de danza y teatro con una zona de baile, una iluminación y un sonido profesionales. Ofrece producciones populares como *Jenna is Nuts*, *Habitat* o *In a Strange Room* (basada en *Mientras agonizo* de Faulkner) y montajes de *Las Tres Hermanas* de Chekhov y *Más allá del horizonte* de O'Neill. Los precios varían entre los 10 y 20 $ y los beneficios se destinan al propio teatro.

⬛ GALAPAGOS ART SPACE
☎ 718-384-4586; www.
galapagosartspace.com; 70 N 6th St;
🕑 18.00-2.00 do-ju, 18.00-4.00 vi-sa;
Ⓜ L a Bedford Ave
Es conocido como un espacio artístico, pero es mucho más que eso. Suele contar con grupos de música experimental, disco y *ukulele*. Tiene una piscina gigante a la entrada (del tamaño de algunos bares de East Village), un piso superior y un bar (que sirve cócteles a 6 $) al fondo. Algunos eventos son gratuitos y otros cuestan entre 6 y 8 $.

⬛ ST ANN'S WAREHOUSE
☎ 718-254-8779; 38 Water St entre Main St y Dock St; 🕑 13.00-19.00 ma-sa; Ⓜ A, C a High St
Esta compañía vanguardista compró un antiguo molino de especias y lo convirtió en una sala para eventos artísticos. Suele programar obras de teatro innovadoras con nombres importantes como Philip Seymour Hoffman y Meryl Streep.

¿Qué hacer para disfrutar de Nueva York como los lugareños? Es sencillo: sólo hay que recurrir a sus mismos pasatiempos, como visitar galerías de arte o patinar en Roxy. ¡Hay tantas opciones en la ciudad! El reto es encontrar tiempo y energía para disfrutar de todas.

Grand Central Terminal y el Chrysler Building

ALOJAMIENTO

Con un poco de suerte y planificación, es posible (aunque no probable) encontrar un buen lugar en Nueva York que no cueste mucho dinero.

Lo bueno es que se puede lograr una buena relación calidad precio en cuanto a servicio y decoración (aunque las habitaciones grandes son una rareza en establecimientos de cualquier categoría). Los hoteles de Manhattan suelen tener bares, restaurantes e incluso discotecas, *spas* y gimnasios. Si lo que se desea es una estancia tranquila con visitas a algún museo y actividades culturales, lo mejor es alojarse en Upper East o West Side. Los que estén en viaje de negocios o deseen centrarse en los espectáculos de Broadway deberían buscar algún hotel en Midtown West o, si no, en la zona de Grand Central Station de Midtown East. En cuanto a las *boutiques* de moda y establecimientos temáticos, los hay por toda la ciudad: Times Sq, Bryant Park, Union Sq y ahora Lower East Side. También se pueden encontrar ofertas en hoteles de Chelsea y en *Bed & Breakfast* de Greenwich Village y East Village.

Pueden ser útiles Lonely Planet haystack (haystack.lonelyplanet.com), Just New York Hotels (www.justnewyorkhotels.com), New York Deals on Hotels (www.newyork.dealsonhotels.com), New York City Hotels Today (www.newyorkcityhotelstoday.com) y NYC Hotels (www.nyc-hotels.net). Los hoteles también hacen descuentos por Internet. Priceline (www.priceline.com), Hotwire (www.hotwire.com), Orbitz (www.orbitz.com), Hotels.com (www.hotels.com), Hoteldiscounts.com (www.hoteldiscounts.com) y Travelzoo (www.travelzoo.com). Tienen precios un 70 % más económicos.

¿Buscando cama mullida en la gran urbe? La selección más amplia de hoteles y todo tipo de hospedaje se encuentra (en inglés) en www.lonelyplanet.com/accommodation. Cada uno de estos establecimientos ha sido visitado, revisado y comentado por los autores de Lonely Planet. Desde sencillos hostales o albergues hasta hoteles de gran lujo, todos ellos con alguna característica especial. Aquí se pueden encontrar reseñas de los hoteles y comentarios de autores y de viajeros, así como sus votaciones. Las siguientes páginas de esta guía incluyen las reseñas, traducidas al castellano, de los 5 hoteles seleccionados por los autores.

LOS MEJORES HOTELES 'BOUTIQUE'
> Hudson (www.hudsonhotel.com)
> W Hotel Times Sq (www.whotels.com)
> 70 Park Ave (www.70parkave.com)
> Bryant Park Hotel (www.bryantparkhotel.com)
> Casablanca Hotel (www.casablancahotel.com)

LOS MEJORES HOTELES TRADICIONALES
> Chelsea (www.hotelchelsea.com)
> Dylan (www.dylanhotel.com)
> Hotel Deauville (www.hoteldeauville.com)
> The Mark (www.themarkhotel.com)
> Hotel Beacon (www.beaconhotel.com)

Arriba Taxis frente al W Hotel Times Sq

⊞ HARLEM FLOPHOUSE
Hostal $

☎ 1212 662 0678; www.harlemflo-
phouse.com; harlemflophouse@hotmail.
com; 242 W 123rd St 10027

Este hostal está situado en una
casa familiar de 1890, con cuatro
habitaciones, que conservan
el encanto y el sabor de los
gloriosos tiempos del *jazz* entre
sus pulidos suelos de madera y
sus antigüedades; y cuyas radios
sintonizan las emisoras de *jazz*
locales. Sus grandes dormitorios,
sin aire acondicionado ni
televisión, tienen lavamanos, pero
comparten los cuartos de baño.
René Calvo, su propietario, puede
recomendar iglesias donde se
puede escuchar gospel, así como
buenos restaurantes de comida
sureña por el vecindario.

⊞ MERCER HOTEL
Hotel boutique $$$

☎ 1212 966 6060, 1212 965 3838;
www.mercerhotel.com; reservations@
mercerhotel.com; 147 Mercer St at Prince
St 10012

Éste es "el" hotel del SoHo en
el que se alojan las estrellas.
Es un establecimiento lujoso,
con inmensos y mullidos sofás
en su vestíbulo y una pared
cubierta de libros de arte.
Además, en la planta del sótano
se encuentra el restaurante
de Jean Georges, uno de los
mejores de la zona. El hotel,
inaugurado en 1997, apuesta
por el estilo *loft*, y cuenta
con seis plantas y 75. Se ubica
en un edificio centenario
rehabilitado que sirvió
como almacén y conserva
sus columnas de acero, amplios
espacios diáfanos y ventanales.
Las habitaciones tienen
televisión de pantalla plana,
baños de mármol blanco
y mosaicos, y están equipadas
con todas las comodidades
modernas.

⊞ SOHO HOUSE HOTEL
Hotel boutique $$$

☎ 1212 627 9800 (info), 1212 627 4766
(info); www.sohohouseny.com;
29-35 Ninth Ave 10014

Es primo hermano del famoso
alojamiento homónimo
londinense. Se trata de un hotel
club exclusivo para VIPs, aunque
los mortales y no socios también
pueden alojarse en él siempre
que encuentren "algo libre".
Alojado en un antiguo almacén
de material eléctrico, el edificio
conserva su estilo industrial,
con paredes de ladrillos,
lo que contrasta con los
delicados toques decorativos.
Las habitaciones estándar son
relativamente pequeñas. Así que,
si se consigue reservar, mejor
aprovechar y elegir una de las
inmensas *suites*.

AKWAABA MANSION INN
Bed & Breakfast $$
☎ 718 455 5958 (info); 866 466 3855
(info); www.akwaaba.com; info@ak-
waaba.com; 347 MacDonough St 11233
Este lugar es el sueño de todo
neoyorquino: una mansión de
1860, con patio y jardín, rodeada
de edificios centenarios. La
Akwaaba Mansion (su nombre
significa "bienvenido" en lengua
guayanesa) recibe con los
brazos abiertos a sus huéspedes,
dentro del –injustamente
malinterpretado– vecindario de
Bedford Stuyvesant (conocido
como "Bed Sty"). En esta lujosa
casa, que cuenta con cuatro
habitaciones para huéspedes,
a veces se organizan bodas y
celebraciones. De inspiración
italiana, la villa conserva su parqué
y sus molduras originales, sus
habitaciones tienen decoración
temática, con reminiscencias y
objetos africanos. La habitación
llamada "regal retreat" (retiro real)
es la más tradicional, tiene una
bañera antigua con patas y un
descolorido retrato de 1860 de
un afroamericano, cuya mirada
preside toda la estancia. Está
alejado del centro, pero puede
ser un pequeño tesoro por
descubrir en una segunda
visita a la ciudad.

CHELSEA HOTEL
Hotel alternativo $$
☎ 1212 243 3700 (info); www.hotel-
chelsea.com; 222 W 23rd St 10011
El hotel bohemio, roquero y
neoyorquino por excelencia. Ha
quedado inmortalizado en las
letras de canciones de Bob Dylan
y Leonard Cohen. Alojarse aquí
es como hacer de extra en una
película, y quizá se esté rodando
alguna muy cerca... Sus precios
responden a su ilustre pasado, del
que dan constancia las reliquias
roqueras de su vestíbulo. Las
grandes habitaciones, todas con
moqueta color rubí, tienen una
decoración ecléctica. Las más
sencillas comparten baño; las
suites tienen pequeñas cocinitas
y salas de estar. Hay acceso a
Internet y *wi-fi* en el vestíbulo, por
el que van y vienen huéspedes
fugaces y residentes de largas
temporadas.

ARQUITECTURA

Puede que Hong Kong tenga más rascacielos, pero los de Nueva York son los más altos. Esta ciudad inventó el crecimiento en vertical. Excepto las torres del World Trade Center en Lower Manhattan, los ejemplos de construcción moderna más impresionantes están en el centro. Aquí se encuentran algunos de los iconos de la la ciudad, como el Empire State Building, con 102 plantas *art déco* que se terminaron en 1931, y el popular Chrysler Building, acabado en 1930. Dentro del Rockefeller Center se halla el GE Building, otra construcción *art déco* que representa la sabiduría.

El Time Warner Center, un edificio con varios usos de Columbus Circle, fue el primer rascacielos importante construido en la ciudad después del 11 de septiembre. Su impresionante fachada de cristal oscuro se considera una proeza arquitectónica y es uno de los lugares de residencia más exclusivos de la ciudad (un piso en el ático cuesta 45 millones de dólares). El recientemente terminado Conde Nast Building ha sido el primer rascacielos moderno construido bajo directrices ecológicas. Posee un sistema de aislamiento de alta tecnología que evita tener que conectar el aire acondicionado o la calefacción la mayoría de los días.

De todos modos, los edificios favoritos de muchos neoyorquinos son las casas bajas de estilo federal que permanecen intactas desde la época colonial (o al menos desde antes de la Primera Guerra Mundial). Los edificios originales que han sobrevivido son de piedra ya que el gran incendio de 1831 eliminó todos los construidos con materiales inflamables. La Colonnade Row (p. 95) en Astor Pl es un ejemplo de esta arquitectura anterior al s. xx.

CINCO EDIFICIOS FAMOSOS
> Chrysler Building (p. 158)
> Empire State Building (p. 158)
> Flatiron Building (p. 148)
> Rockefeller Center (p. 160)
> Dakota (p. 206)

GALERÍAS DE ARTE

El número oficial de galerías de arte en Nueva York es de 500 (aunque si se incluyeran los escaparates originales y los talleres con exposición la cifra probablemente se doblaría). Aquí el arte está en el aire y puede surgir en los sitios más extraños. El Soho, que fue baluarte de la creatividad, todavía cuenta con algunas salas fantásticas, pero las obras más prometedoras se pueden ver en Dumbo, donde los precios son más asequibles. En Chelsea –en 10th Ave y 11th Ave entre 21st St y 26th St– se encuentran muchos salones, tiendas, marchantes de arte y galerías. Y el centro de Manhattan se ha convertido en una especie de sucursal del mundo del arte: lo que no cabe en Chelsea se encuentra aquí.

Para orientarse resultan útiles la edición gratuita en Internet de la *New York Magazine* (www.nymetro.com), la cartelera de *Time Out New York* (www.timeoutny.com) y la Gallery Guide, con las galerías más importantes. La edición de fin de semana de The *New York Times* y el venerable *Village Voice* (www.villagevoice.com) pueden servir como guías de apoyo y el sitio web www.westchelseaarts.com proporciona una base de datos de todas las salas actuales. El Departamento de Cultura de la ciudad (www.nyc.gov/html/dcla) tiene un calendario de eventos de los cinco distritos y permite buscar exposiciones y actividades por tipo y barrio. Si urge, se puede conseguir información sobre Chelsea y el Soho llamando a **New York Gallery tours** (☎ 212-946-1548; www.nygallerytours.com).

GALERÍAS IMPRESCINDIBLES

> Chelsea Art Museum (p. 133)
> gallery group (p. 21)
> Cheim & Read (p. 133)
> Matthew Marks (p. 137)
> Gagosian (p. 136)

> Soho Galleries (p. 91)
> Louis Meisel Gallery (p. 92)
> galleryonetwentyeight (p. 67)
> Participant Inc (p. 70)
> Drawing Center (p. 81)

BARES

Nueva York, una ciudad a la que le encanta alternar, maneja un vocabulario muy amplio en lo que se refiere a la bebida. Todos los licores clásicos tienen como mínimo una versión alternativa –*dirty martini, apple-tini, sake-tini, lychee martini* o *ginger martini*– y constantemente se inventan nuevas.

Los aficionados al vino siempre se han sentido como en casa en Nueva York –donde la palabra *sommelier* no suena rara– y los amantes de la cebada también están enhorabuena con el resurgir de las cervecerías tradicionales.

Desde que el alcalde Bloomberg prohibió fumar en lugares públicos sólo se puede hacer al aire libre. Aún así, los cigarros y puros están bien vistos en los *cigar bars*.

Los *gastro-pubs* (pubs con buena gastronomía) son populares en Brooklyn, Lower Manhattan y Upper West Side; las tabernas clandestinas y los bares "escondidos" proliferan en Lower East Side. East Village está lleno de alternativas de todo tipo y West Village posee locales gays y lésbicos, de cabaré y literarios. Los más animados se encuentran en Meatpacking District y Chelsea, donde hay una zona de discotecas en el extremo oeste.

Muchos bares, sobre todo los del centro, tienen *happy hour* por las tardes, con bebidas a mitad de precio, y algunas discotecas las repiten después de medianoche, para seguir con la fiesta.

MEJORES BARES DEL BARRIO
> Bridge Café (p. 50)
> Pete's Tavern (pictured above; p. 153)
> Chumley's (p. 118)
> Ear Inn (p. 90)
> West Side Tavern (p. 144)

MEJORES BARES DE VINO Y CERVEZA
> Morrell Wine Bar & Café (p. 176)
> Ginger Man (p. 166)
> Xicala (p. 91)
> Single Room Occupancy (p. 176)
> D.B.A. (p. 104)

CLUBES Y VIDA NOCTURNA

El legendario Studio 54 ya hace mucho que cerró, pero su espíritu libre ha dejado huella en Manhattan y en sus discotecas. Una cierra y automáticamente se abre otra, un movimiento constante que es consecuencia del estricto control de las autoridades locales que, durante la última década, han tomado duras medidas contra el tráfico de droga y la venta de bebidas a menores de edad.

Hay mucha vida nocturna, sobre todo en el extremo oeste del poco residencial barrio de Chelsea, donde los propietarios de las discotecas se han refugiado de las frecuentes redadas policiales.

Para consultar la oferta de clubes resultan útiles las ediciones de los domingos y los viernes del *New York Times* y los semanales de *New York Magazine, Time Out New York* y *The New Yorker. The Village Voice* ofrece buena información sobre discotecas y una columna semanal (Fly Life) que explica dónde encontrar a los mejores *disc-jockeys*. También está **Clubfone** (☎ 212-777-2582; www.clubfone.com).

CINCO GRANDES CLUBES
> Cain (p. 144)
> Movida (arriba; p. 131)
> Lotus (p. 145)
> Happy Valley (p. 154)
> Level V (p. 131)

CINCO GRANDES FIESTAS
> Cielo (p. 130)
> Pyramid (p. 107)
> Happy Ending (p. 63)
> Subtonic Lounge (p. 76)
> Sapphire Lounge (p. 76)

COMEDIA Y CABARÉ

Puede sorprender que en esta ciudad los clubes de baile y los de cabaré no estén mezclados. Esto se debe a la época de medidas prohibitivas contra el ocio y que estableció que los clubes debían contar con una licencia especial si querían tener a más de tres personas bailando a la vez. Mejor no preguntar por qué estas normas siguen vigentes, es un misterio. El alcalde Michael Bloomberg dejó claro que tenía cosas más importantes que atender, aunque la ciudad sigue luchando por conseguir cambios.

Por suerte, esto no ha perjudicado mucho a los cabarés, que son más fuertes que nunca. Artistas mundialmente famosos como Eartha Kitt, Ute Lemper o Elaine Stritch, entre otros, los mantienen vivos. Los dos clubes más entrañables de la ciudad se encuentran, evidentemente, en West Village y, con un poco de suerte, se podrá ver a Alan Cumming, que actuó en el musical por excelencia de Broadway, *Cabaret*.

El humor sigue vivo y en buena forma en Gotham y suministra talentos a las series de televisión que se graban en directo en Comedy Central, en Times Sq. Los clubes de comedia más modernos están entre las luces de neón de Broadway, mientras que los antros que vieron crecer a Jon Lovitz, Eddie Murphy, Chevy Chase o Jerry Seinfeld siguen cosechando éxitos en el West Village y el Upper Weast Side.

MODA

La oferta neoyorquina abarca la moda clásica, la moderna y super-vanguardista (además de toda la gama intermedia). Hay tantas alternativas que lo mejor es tener una actitud *zen* ante las compras: la belleza abunda, pero hay que encontrar la adecuada para cada caso.

Si el dinero no es un impedimento, lo mejor está en la "Gold Coast" de Madison Ave. Se trata de una zona con tiendas de lujo entre las que están Luca Luca, Herrera, Bulgari y otras. Se puede encontrar la mejor moda para hombre, mujer y niño, así como accesorios, relojes, gafas de sol... Hasta los cafés y las pastas tienen un sabor especial aquí.

También hay tiendas caras en la Quinta Avenida, cerca de Columbus Circle. Se pueden visitar Tiffany's, Balenciaga y Prada en unos cuantos pasos. También están Ferragamo, Van Cleef & Arpels, Burberry y varios de los grandes almacenes más famosos de Manhattan.

Quienes busquen el último grito deben dirigirse al Meatpacking District, a la zona de Nolita situada por encima de Little Italy y el East Village. Antes de ir, se puede conseguir una lista con las ofertas del día en www.dailycandy.comandnymag.com/shopping.

TIENDAS IMPRESCINDIBLES
> Carlos Miele (p. 123)
> Alexander McQueen (p. 123)
> Catherine Malandrino (p. 126)
> Buckler (p. 123)
> Mayle (p. 86)

CINCO BARRIOS PARA COMPRAS
> Madison Ave desde 59th St hasta 96th St (p. 193)
> La Quinta Avenida (p. 23)
> Mulberry St y Mott Sts (arriba) por debajo de Houston (p. 57)
> Orchard St y Grand St (p. 70)
> Grand Central Terminal (p. 158)

GASTRONOMÍA

Hay más de 18.000 restaurantes repartidos por los cinco distritos de la ciudad. Y lo mejor es que casi la mitad de ellos sirve platos realmente sorprendentes y a cualquier hora del día. La elección puede llegar a ser desesperante, pero eso no debe estropear el momento: en caso de duda, lo mejor es consultar con los lugareños en www.chowhound.com, que incluye críticas de los clientes más quisquillosos.

Los restaurantes pasan del éxito al olvido rápidamente, pero los mejores siguen llenándose, tiempo después del bombo de la novedad, así que nunca está de más reservar. Los neoyorquinos están enganchados a Open Table (www.opentable.com), donde se pueden consultar críticas y artículos y pedir mesa o confirmar reservas en cientos de restaurantes. Por supuesto, existen establecimientos donde hay que solicitar sitio con meses de antelación o en los que no se puede reservar. A los primeros se puede ir temprano entre semana, por si hay suerte, o sentarse en la zona *lounge* y comer el menú del bar. Para los últimos, hay que prepararse para esperar.

Time Out New York publica críticas de un centenar de restaurantes en cada edición, y también es útil la guía *Zagat,* que se puede conseguir en los quioscos. *The Village Voice* posee una base de datos con restaurantes económicos en su sitio web (www.villagevoice.com). Con tantas alternativas, es imposible pasar hambre.

LOS MÁS ROMÁNTICOS
> Bridge Café (p. 50)
> Rise (p. 54)
> The Grocery (p. 229)
> Bao III (p. 101)
> Peasant (p. 89)

MEJOR COMIDA 'GOURMET'
> Daniel (p. 195)
> Tenement (p. 75)
> Eleven Madison Park (p. 152)
> Spice Market (p. 129)
> Thalassa (p. 51)

MEJORES 'BRUNCHES'
> Public (p. 89)
> Town (p. 175)
> Prune (p. 103)
> Schillers Liquor Bar (p. 74)
> Alias (p. 73)

APUESTAS SEGURAS EN BROOKLYN
> The Grocery (p. 229)
> 360 (p. 226)
> Applewood (p. 227)
> Superfine (p. 232)
> Al di la (p. 227)

Arriba izquierda Un refresco en Meatpacking District **Arriba** Clientes del Prune

PANORAMA

GAYS Y LESBIANAS

El Orgullo Gay es una celebración que tiene lugar durante todo el mes de junio. En ella participan las distintas comunidades homosexuales de la ciudad y refleja el estilo de vida descarado de gays y lesbianas de Nueva York, una ciudad conocida por sus logros en este campo. Se puede conseguir más información en www.heritageofpride.org.

La verdad es que en la ciudad no hay mucha diferencia entre el mundo homosexual y el heterosexual, al menos en lo que se refiere a discotecas, bares y restaurantes. Chelsea, Greenwich Village, Jackson Heights y Park Slope son comunidades de ambiente gay pero hay pocos locales en la ciudad donde el colectivo homosexual puedan sentirse incómodo. Sólo es necesario tener en cuenta una norma: la edad de consentimiento para el sexo (de cualquier tipo) en Nueva York es de 17 años.

Las revistas *HX* y *Next* se pueden conseguir en bares y restaurantes, *LGNY* y *NY Blade* se encuentran en los expendedores de la calle, y la revista *Metrosource*, en las tiendas y en el Lesbian & Gay Community Services Center. *Time Out New York* posee una buena sección sobre acontecimientos y se puede pedir consejo o información en la **Gay & Lesbian Hotline** (☎ 212-989-0999; glnh@glnh.org) y el **Lesbian & Gay Community Services Center** (☎ 212-620-7310; www.gaycenter.org; 208 W 13th St con Seventh Ave).

MEJORES EVENTOS GAYS
> Gay Pride March
> Dyke March
> Mermaid Day Parade
> Dance on the Pier
> Rapture on the River

MEJORES BARES GAYS
> Henrietta Hudson (p. 112)
> Splash (p. 143)
> Gym (p. 143)
> Starlight Bar Lounge (p. 107)

LITERATURA

Esta ciudad ha servido como telón de fondo para miles de novelas publicadas o sin publicar, artículos, ensayos y memorias, así que se ha convertido en un personaje literario en sí misma.

Edna St Vincent Millay, E.E. Cummings, James Baldwin y muchos otros escritores famosos han vivido en West Village, que probablemente sigue siendo el barrio más literario de Manhattan. En East Village, todavía se perciben en el ambiente los discursos socialistas de la apasionada Emma Goldman y la abogada defensora del control de la natalidad Margaret Sanger.

La Oak Room del Algonquin Hotel es casi un santuario (aquí venía Dorothy Parker, además de muchos otros escritores neoyorquinos famosos) y Harlem resuena con la energía de Ralph Ellison, Zora Neale Thurston, Langston Hughes y otros.

El Brooklyn literario tiene a Henry Miller, Paul Auster, Walt Whitman, Colson Whitehead, Nicole Krauss, Jonathan Lethem, Kathryn Harris, Darin Strauss y Jhumpa Lahiri, por nombrar sólo a algunos.

The Village Voice (villagevoice.com) publica un listado de lecturas y la *New York Magazine* recoge a diario eventos culturales en su sitio web (www.nymag.com).

La 92nd St Y acoge los eventos literarios más interesantes que se celebran al norte de 14th St. Y Bluestockings, una librería antigua, es la mejor apuesta si se quiere hablar cara a cara con un autor. Para mantenerse al tanto de las novedades se puede consultar www.clubfreetime.com.

DONDE BEBÍAN LOS AUTORES

> White Horse Tavern (Dylan Thomas)
> The Oak Room (Dorothy Parker)
> Chumley's (Norman Mailer)
> Nuyorican Café (Pedro Pietri)
> Pete's Tavern (O.Henry)

BARES LITERARIOS

> KGB Bar (p. 105)
> Half-King (p. 143)
> Mo Pitkins (p. 103)
> Ear Inn (p. 90)
> Happy Ending (p. 63)

MÚSICA EN DIRECTO

Coincidir con un concierto en directo en Nueva York es fácil: sólo hay que seguir el rastro de la música. En primavera y verano, los neoyorquinos disfrutan de las fiestas al aire libre: hay *blues* y *jazz* en Battery Park, salsa y *swing* en South St Seaport y el Lincoln Center, todo tipo de grupos en el Central Park Summerstage, y actuaciones improvisadas pero gratuitas (y muy populares) en McCarren Park Pool en Williamsburg (www.freewilliamsburg.com).

Para conocer la programación anual se puede consultar www. whatsupnyc.com, que incluye actuaciones espontáneas que no se anuncian en ningún otro sitio pero que circulan gracias al boca a boca (como la actuación sorpresa de primera hora de la mañana que hizo una vez el mismísimo Prince en Prospect Park).

En el West Village y Harlem quedan muchos locales de *jazz* y en Lower East Side y Hell's Kitchen se escucha *grunge* y *punk*. El Lincoln Center ofrece actuaciones de calidad desde hace décadas y en la actualidad sigue programando a artistas de todos los géneros. Y el Symphony Space de Upper West Side es conocido por la música en directo de todo el mundo y también de artistas menos conocidos.

**MEJOR MÚSICA 'ROCK' E 'INDIE'
EN DIRECTO**
> Bowery Ballroom (p. 78)
> Arlene's Grocery (p. 77)
> Joe's Pub
> The Living Room (p. 78)

**MEJOR 'JAZZ' Y 'BLUES'
EN DIRECTO**
> 55 Bar (p. 119)
> Smoke (p. 217)
> St Nick's Pub (p. 217)
> Village Vanguard (p. 120)
> Lenox Lounge (p. 217)

MERCADOS

No hay nada como una buena ganga. Por eso se inventó el mercado de los fines de semana. A los neoyorquinos les encanta deambular por los parques y plazas de la ciudad ojeando prendas desechadas por otros.

La ciudad también posee una auténtica red de mercados de verduras que facilita encontrar productos frescos. El principal, que también ofrece artesanía durante las épocas de vacaciones, está situado en Union Square, pero en la actualidad hay muchos otros en Upper y Lower Manhattan.

Para los que crean que los mercados al aire libre son demasiado rústicos hay muchas cadenas y pequeños establecimientos. Las tiendas Whole Foods tienen una oferta amplia en gastronomía ecológica, la última moda entre los neoyorquinos obsesionados con la salud. Trader Joe's, otra tienda de gastronomía biológica de calidad, ha abierto un establecimiento a pocos metros del Whole Foods de Union Square. Para catar el Nueva York tradicional recomendamos Zabar's, en Upper East Side, Balducci's, en West Side, o el pintoresco mercado de Grand Central Terminal.

MERCADOS POPULARES

> Grand Central Terminal Markets
> Trader Joe's
> Balducci's

> Elizabeth & Vine
> Zabar's (arriba)
> Chelsea Market

MUSEOS

En Manhattan hay al menos un museo para cada tipo de visitante y, para ver unos cuantos, hay que administrar bien el tiempo. Si se planea un maratón artístico de un día, mejor que se haga en viernes, cuando los museos tienen un horario más largo y ofrecen bebidas y a veces *jazz*, además de entrada gratuita por la noche. Casi todos tienen un día de "donativo a voluntad" en que se paga lo que se desea.

Aparte de los más importantes, donde se puede pasar un día sin ver más que una planta, hay museos más pequeños que también merecen la pena. Algunos incluso están en la "Museum Mile", el tramo de la Quinta Avenida paralelo a Central Park en Upper East Side donde se pueden visitar más de cien ofertas culturales en una misma hilera.

Lower Manhattan tiene las mejores salas históricas pero en los barrios externos también hay joyas escondidas que programan a artistas prometedores o exposiciones sobre el arte en comunidades inmigrantes.

MUSEOS MÁS CONOCIDOS
> Metropolitan Museum (p. 190)
> Museum of Modern Art (p. 159)
> Guggenheim (p. 192)
> Whitney Museum of American Art (p. 192)

MUSEOS AÚN POR DESCUBRIR
> El Museo del Barrio (p. 211)
> Neue Galerie (p. 191)
> Lower East Side Tenement Museum (p. 67)
> National Museum of the American Indian (p. 47)
> Studio Museum in Harlem (p. 212)

PARA ENAMORADOS

L'amour no sólo se respira en París. Nueva York ofrece muchas alternativas para una cita romántica. Puede ser un paseo en barca por Central Park, un beso romántico en el observatorio del Empire State Building, una cena en el Top of the Rock o un paseo por la Museum Mile. Esta ciudad de negocios tiene también su lado tierno.

Además, tampoco hace falta disimular las muestras de afecto. Los neoyorquinos están bastante acostumbrados a ver parejas –del mismo sexo o no– cogidas de la mano, besándose o muy arrimados durante un concierto nocturno en Central Park. Lo único que puede causar problemas es bloquear un paso de peatones al intentar cruzar juntos.

Entre las experiencias románticas más famosas en Nueva York destacan: hacer un recorrido por Central Park en coche de caballos, besarse en Times Sq, vestirse de punta en blanco para un concierto en el Lincoln Center, hacer manitas en un solitario club de *jazz* de Greenwich Village y tomar una copa en el Top of the Tower, un local íntimo en la azotea del Beekman Tower Hotel, en el centro de Manhattan.

Visit your ante.

LOS LUGARES MÁS ROMÁNTICOS
> The Cloisters en Fort Tryon
> Rockefeller Center (p. 160)
> Lincoln Center (arriba; p. 201)
> Staten Island Ferry al atardecer (p. 54)
> Brooklyn Botanical Gardens (p. 222)

LOS RESTAURANTES MÁS ROMÁNTICOS
> Tavern on the Green (p. 186)
> Central Park Boathouse (p. 184)
> River Café (p. 230)
> Blue Hill (p. 116)
> Blaue Gans (p. 49)

CON NIÑOS

Los más pequeños pueden disfrutar tanto de la Gran Manzana como los adultos (de hecho, incluso más, porque no tienen que arrastrar a nadie arriba y abajo). Además, hay muchas actividades para ellos. Los estrechos tornos de las entradas y salidas del metro pueden complicar la vida a los que circulan con carritos de bebé y conviene avisar al empleado de la estación para que permita el paso por las puertas más grandes del lateral. No hay que asustarse si alguien coge el cochecito por detrás al acercarse a la escalera: ayudar a los padres desbordados es una norma de educación en Nueva York. También hay museos que prohíben el acceso con cochecitos algunos días pero ofrecen préstamo de mochilas portabebés.

Muchos restaurantes, hoteles y atracciones están pensados para familias: conviene buscar el icono 🖐 en los directorios.

También es útil consultar *Time Out New York Kids*, que se publica cuatro veces al año y se consigue en los quioscos. Contiene muchísima información y directorios. GoCity Kids es una interesante guía en línea (www.gocitykids.com), igual que New York Kids (www.newyorkkids.net).

LUGARES DIVERTIDOS PARA NIÑOS
> Bronx Zoo (p. 26)
> American Museum of Natural History (Discovery Room) (p. 200)
> Children's Museum of Manhattan (arriba; p. 200)
> Central Park (p. 180)

PARA COMER EN FAMILIA
> One Fish Two Fish
> Bubby's Pie Co (p. 50)
> Schiller's (p. 74)
> Jaya Food (p. 62)
> Eleven Madison Park (p. 152)

ACTIVIDADES AL AIRE LIBRE

Nueva York es el paraíso de los amantes del aire libre. Supera los 113.000 km^2 de zonas verdes, sin contar los parques nacionales y estatales y la Estatua de la Libertad. Entre los cinco distritos suman más de 1.700 parques públicos, zonas de juegos, piscinas y áreas recreativas, que abarcan desde bosques y pantanos hasta pistas de patinaje. ¡Sin olvidar la playa! (24,5 km de costa).

Si se desea usar uno de los 614 campos de béisbol, 550 pistas de tenis, numerosas canchas de baloncesto, campos de golf o piscinas cubiertas y descubiertas, se puede consultar la dirección y los detalles de cada uno en www.nycgovparks.org.

Pero la diversión al aire libre no sólo implica ejercicio físico, también se incluyen aquí el cine nocturno de los lunes en Bryant Park, el Shakespeare in the Park, los conciertos del Central Park Summerstage y los del Hudson River Park, el River to River Festival y las Lincoln Center Dance Nights (bueno, en éstas también se suda). Además de los conciertos espontáneos que surgen en los parques y los muelles.

ACTIVIDADES AL AIRE LIBRE

> Jugar a baloncesto en West 4th St y Sixth Ave (p. 113)
> Bailar bajo las estrellas en el Lincoln Center (p. 201)
> Ciclismo en Hudson River Park (p. 109)
> Patinar en línea por Central Park (p. 180)
> Ir en kayak por los alrededores de la Estatua de la Libertad (p. 48)

LOS MEJORES PARQUES

> Central Park en Manhattan (p. 180)
> Prospect Park en Brooklyn (arriba; p. 222)
> Flushing Meadows/Corona Park en Queens
> Jamaica Bay Gateway National Recreation Area
> Pelham Bay Park en el Bronx

PANORAMA

COMPRAS

No importa lo que se desee, Nueva York lo tiene. Sus calles están repletas de tiendas de lujo, talleres de diseñadores, *boutiques* poco convencionales y kilómetros y kilómetros de zapatos, música y libros.

En la Quinta Avenida y Upper East Side se puede encontrar el típico *glamour* a precios desorbitados. Los diseños rompedores y lo último en joyería artesanal están en el centro, Soho, Tribeca y Nolita. Los Villages – Greenwich y East– ofrecen una mezcla única de todo y a todos los precios, mientras que Meatpacking District tiene lo último en ropa elegante del estilo de Alexander McQueen.

Chinatown y Times Sq son famosas por las camisetas. Las tiendas suelen tener horario continuo diario, de 10.00 a 20.00, pero las de judíos ortodoxos cierran los viernes y vuelven a abrir los domingos por la mañana.

Hay rebajas durante todo el año (www.dailycandy.com posee una página dedicada sólo a los descuentos). También se puede conseguir información en www.lazarshopping.com, www.nysale.com y en la agenda de New York Magazine, nymag.com/shopping.

MEJORES GRANDES ALMACENES

> Barney's (p. 139)
> Century 21 (p. 48)
> Macy's (p. 172)
> Pearl River Mart (p. 60)
> Saks Fifth Ave

MEJORES TIENDAS DE ACCESORIOS

> Sigerson Morrison (p. 87)
> Me & Ro
> Bond 07 (p. 85)
> Bond 09 (p. 85)
> Otto Tootsi Plohound (p. 87)

'SPAS'

En el ajetreado Nueva York también hay sitio para el rejuvenecimiento a cualquier hora del día –y eso significa también toda la noche– gracias a Juvenex, un salón 24 horas en Little Korea que atiende a bailarines y actores de Broadway.

Visitar un *spa* no es lo mismo para todo el mundo. En Nueva York puede significar un masaje rápido después del trabajo, una "mani-pedi" (manicura y pedicura), una depilación (bikini, brasileña u otra), todo tipo de tratamientos dérmicos faciales o una combinación de procedimientos mínimamente invasivos para borrar pequeñas arrugas, limpiar capas superficiales de piel muerta, eliminar capilares rotos y mucho más. Hay máscaras de oxígeno, fruta, orgánicas, elaboradas con partículas marinas... La lista resultaría interminable. Y no sólo es para mujeres: muchos de estos balnearios urbanos sólo atienden a hombres e incluso los establecimientos unisex ofrecen tratamientos faciales masculinos.

Muchos hoteles cuentan con *spa,* aunque hay que reservar por anticipado. Recomendamos no someterse a *peelings* químicos, es cierto que se anuncian como no invasivos, pero en manos inexpertas pueden resultar molestos y conllevar consecuencias antiestéticas.

DEPORTE

El béisbol es el deporte de Nueva York por un motivo: los dos equipos profesionales de la ciudad son los Yankees (Liga Americana), que tienen el récord de victorias en la World Series, y los perpetuos subcampeones, los Mets (Liga Nacional). La temporada va de abril a octubre.

Los partidos se pueden ver en el Yankee Stadium del Bronx, el Shea Stadium de Queens, o en los campos de Coney Island (Brooklyn Cyclones) y Staten Island (los Staten Island Yankees).

En baloncesto, los New York Knicks juegan durante el invierno y principios de primavera en el Madison Sq Garden, que también es el estadio del equipo profesional femenino, el New York Liberty. Los New Jersey Nets se trasladarán en breve a su nuevo estadio en Brooklyn.

Las entradas de fútbol para los Giants se venden con años de antelación, pero las de los partidos de los New York Jets son más fáciles de conseguir. La temporada va de septiembre a enero y ambos equipos juegan en el Meadowlands Sports Complex de New Jersey.

Los New York Rangers juegan a *hockey* en el Madison Sq Garden de octubre a abril.

El Open de los EE. UU. es la final anual del Grand Slam de tenis (el fin de semana del Día del Trabajo) y se celebra en Flushing Meadows. Sólo se reservan entradas para el Arhur Ashe Stadium y se venden con meses de antelación. Las entradas para un día se ponen a la venta la mañana del partido (hay que estar en la cola antes de las 9.00).

Belmont Park es el hipódromo más grande de la zona. La temporada va de mayo a julio.

Las entradas para casi todos los eventos deportivos se pueden reservar en **Ticketmaster** (☎ 212-307-7171).

TEATRO

La Gran Manzana es especialmente jugosa en actuaciones artísticas. Siempre hay espectáculos, como teatro experimental en Lower East Side, *ballet* de renombre internacional en el Lincoln Center, una propuesta innovadora de Broadway en Times Sq o una discreta producción de Chekhov, Stoppard o Miller, sin ánimo de lucro, en los teatros del centro.

Para estar al corriente de todo, lo mejor es comprar las ediciones de domingo y viernes del *New York Times* o las semanales de *New York Magazine, Time Out New York* y *The New Yorker. The Village Voice* da información sobre producciones alternativas fuera del circuito de Broadway. El **Department of Cultural Affairs** (☎ 212-643-7770) informa de eventos y conciertos en instituciones culturales, mientras que **NYC On Stage** (☎ 212-768-1818), una línea de información 24 horas, publicita eventos musicales, teatrales y de danza. También son útiles **All That Chat** (www.talkinbroadway.com/all thatchat/), **NYC Theater** (www.nyc.com/theater) y **Broadway Line** (☎ 888-276-2392).

TEATROS IMPORTANTES
> Soho Playhouse
> Joseph Papp Public Theater (p. 106)
> Ambassador Theater (p. 177)
> New Amsterdam Theater (p. 178)
> Repertorio Español, un teatro bilingüe

LOS ESPECTÁCULOS MÁS POPULARES
> Avenue Q (www.avenueq.com)
> Chicago (www.chicagothemusical.com)
> El Rey León (arriba; www.disney.co.uk/MusicalTheatre/TheLionKing)
> Mamma Mia! (www.mamma-mia.com)
> El Fantasma de la Ópera (www.thephantomoftheopera.com)

VISTAS

Es mejor tener la cámara a mano, porque en Nueva York todo sucede a la velocidad de la luz. Por suerte, hay muchas maneras de ver la ciudad y muchos lugares desde donde hacerlo. Ahora que el Rockefeller Center ha reabierto su observatorio del Top of the Rock ya hay dos alternativas para poner a prueba el vértigo mientras se observa la ciudad a vista de pájaro (la otra opción es el Empire State Building, claro).

Las escenas desde arriba parecen ser las más buscadas, pero Manhattan puede resultar encantador desde muchos ángulos. Por ejemplo, se puede ver el subsuelo en el NY Transit Museum, cuyas visitas recorren partes ya caducas del sistema de metro de la ciudad.

Central Park ofrece otras opciones más panorámicas, como la fuente de Bethesda Terrace, junto al Ramble (por cierto, el cercano Bow Bridge es un lugar típico para declaraciones de amor). Un paseo por Hudson River Park ofrece una visión de la ciudad desde la costa y para lograr la imagen por excelencia de Manhattan que aparece en las postales hay que coger el Staten Island Ferry justo antes del atardecer. Las vistas hacia Staten Island son muy bonitas pero resultan espectaculares a la vuelta, si se coincide con la puesta de sol tras los rascacielos.

LAS MEJORES VISTAS
> Desde el Puente de Brooklyn hacia Dumbo (p. 219)
> Desde el Staten Island Ferry (p. 54)
> En el Water Taxi a Long Island City
> Recorriendo la ciudad en autobús de dos plantas
> Desde el Empire State Building (p. 158)

>TRASFONDO

Exterior de Grand Central Terminal

TRASFONDO

HISTORIA

Mucho antes de que Giovanni da Verrazano llegase a Staten Island en 1524 o de que Henry Hudson apareciese reclamando territorios para la Compañía Holandesa de las Indias Orientales en 1609, los indios de habla algonquina ya habían establecido su hogar en la zona de Manhattan.

Los nativos Lenape pescaban lubinas y ostras en la bahía de Nueva York y establecieron rutas comerciales por la accidentada isla (Manhattan significa "isla de colinas" en un dialecto de los nativos); algunas de esas rutas se convirtieron después en Broadway, Amsterdam Ave y otras calles principales de la ciudad. Los holandeses asumieron el control de la isla y hacia 1630 ya eran 270, con algunos belgas (de Valonia), hugonotes franceses e ingleses.

Peter Stuyvesant llegó para imponer orden en la colonia de Nueva Amsterdam en 1647, pero su intolerancia religiosa generó malestar. En 1664 los británicos tomaron la colonia y la rebautizaron como Nueva York. Se convirtió en un baluarte británico firmemente leal a Jorge III, a pesar de la Guerra de la Independencia de los EE UU en la década de 1970. El ejército de desarrapados de George Washington, formado por granjeros, fue casi aniquilado por las tropas del general británico Cornwallis en lo que hoy es Brooklyn Heights (sólo les salvó una osada marcha hacia el norte durante toda una noche).

En 1830 la población ya era de 250.000 personas, sobre todo inmigrantes que trabajaban en fábricas peligrosas y que vivían en Lower East Side. A la vez, los políticos corruptos se embolsaban millones con proyectos de obras públicas y los magnates industriales amasaban fortunas libres de impuestos. La falta de espacio forzó el crecimiento hacia arriba, los rascacielos empezaron a llenar el horizonte y la ciudad continuó ampliando su red de metro y de ferrocarril urbano. En 1898 los municipios independientes de Staten Island, Queens, el Bronx y Brooklyn se unieron a Manhattan y juntos conformaron los cinco distritos de la ciudad de Nueva York. Con la llegada de nuevos inmigrantes, en 1900 la ciudad ya había alcanzado los tres millones de habitantes.

Las tabernas clandestinas, las crisis, los gánsters, la 19ª Enmienda (que permitió el voto de las mujeres) y un renacimiento de Harlem aportaron mucha vitalidad a Nueva York en los años previos y posteriores a la

AFRICAN BURIAL GROUND

Los africanos están en Nueva York desde la ocupación holandesa, en el s. XVII. Llegaron como esclavos y construyeron muchos de los enclaves coloniales de Manhattan. Sus contribuciones se olvidaron cuando desapareció la esclavitud en el norte, pero el African Burial Ground –cementerio descubierto en 1991 donde se encontraron los cuerpos de unos cuatrocientos esclavos traídos de Ghana– es un recordatorio conmovedor de su sufrimiento. Está ubicado en Duane St y Elk St junto a 290 Broadway y hay una exposición permanente en el Schomburg Center, en Harlem (p. 212).

Primera Guerra Mundial. Pero el aparentemente ilimitado futuro de Nueva York desapareció de la noche a la mañana con la caída de la bolsa del Martes Negro (el 29 de octubre de 1929). Sólo un programa federal de créditos a gran escala consiguió rescatar a la ciudad de la bancarrota en la década de 1970.

LA VIDA DEL NEOYORQUINO

La ciudad de Nueva York es el *melting pot* por excelencia. Este término (que significa "crisol") fue utilizado por los líderes de la nación para fomentar la mezcla entre los antiguos colonos y los recién llegados a principios del s. XX. La teoría popular sostenía que los inmigrantes asimilarían la cultura dominante (sobre todo anglosajona en ese momento) y formarían una población unificada sin diferencias étnicas ni de clases. Sin embargo, ocurrió justo lo contrario. Los italianos que llegaban a Nueva York no se instalaban en el enclave irlandés de Greenwich Village o con las comunidades judías de la Europa del Este en Lower East Side, sino que establecieron su propio territorio, Little Italy, donde hablaban con orgullo su propia lengua y practicaban sus tradiciones. Los dominicanos se instalaron en lo que se llamó el Spanish Harlem y los portorriqueños todavía ocupan gran parte del Bronx. Con el tiempo llegaron personas de otras nacionalidades que se integraron en las diversas zonas y, aunque la perfecta homogeneidad que se había planificado nunca se materializó, nadie la echa en falta porque en su lugar existe una cultura híbrida muy interesante.

Lo cual no significa que todos los neoyorquinos convivan en perfecta armonía (en una ciudad de más de ocho millones de personas existen muchas probabilidades de que haya problemas) pero se espera que los políticos resuelvan la mayoría de los conflictos y, si no lo hacen, ya se

TANGO PORTEÑO

Recomendamos a los aficionados a este baile argentino que vayan al muelle 16 de South St Seaport cualquier domingo por la noche desde mayo hasta finales de octubre. Este baile semanal gratuito (www.tangoporteno.org) está abierto a todo el mundo, tanto principiantes como expertos. Lo único que hace falta es tener sensibilidad musical y romanticismo.

pueden despedir de su cargo. Aunque, cuando se trata del bienestar general de la ciudad, los neoyorquinos despliegan su solidaridad sin ningún problema.

El tráfico peatonal se mueve a paso ligero y se pueden oír saludos rápidos por todas partes *("How you doing", "Hey, what's happening", "You got the time, buddy?")*, así que se pueden ignorar los comentarios a no ser que se dirijan directamente a uno. La educación –por favor, gracias, etc.– también es importante y las muestras clasistas, como hablar de forma despectiva al taxista o al portero, no están bien vistas en el democrático Manhattan. Hay algunas cosas que despiertan la ira de los lugareños: como que la gente se pare a consultar el plano obstruyendo las escaleras del metro (es mejor hacerlo a un lado en la esquina) o que los indecisos hagan perder el tiempo a los que van con prisas al pedir en un puesto de comida en hora punta (hay que quedarse en un segundo plano hasta que se esté listo para pedir). En restaurantes de lujo conviene llevar chaqueta y corbata, pero en otros sitios se puede informal.

GOBIERNO Y POLÍTICA

La mano firme del empresario multimillonario Michael Bloomberg rescató a la ciudad de Nueva York del abatimiento financiero después del 11 de septiembre y lo llevó a ser reelegido en 2006. La metrópoli está mejor que nunca, pero también es menos asequible. El descontento con el liderazgo republicano que había dominado durante doce años la capital del estado, Albany, llevó a un cambio importante en 2006: el demócrata Eliot Spitzer se convirtió en el nuevo gobernador, respaldado por el interventor financiero y el fiscal general del Estado, también demócratas. Hillary Clinton fue reelegida ese mismo año como senadora con una victoria aplastante y se perfila ahora como candidata en las elecciones presidenciales de 2008.

La ciudad de Nueva York tiene cinco presidentes de distrito, un interventor, un defensor del pueblo y un ayuntamiento con 51 miembros que equilibran el poder del alcalde. La economía se ha recuperado después de unos años duros y el liberalismo de la ciudad ha empezado a reafirmarse: está mejorando la oferta de vivienda para familias trabajadoras y con ingresos bajos que quedan excluidas de Manhattan y de prácticamente todos los barrios de los alrededores. El debate actual sobre la reforma de inmigración ha generado algunos brotes de resistencia en la ciudad, que posee una de las comunidades inmigrantes más grandes del país, y los políticos locales han presionado con declararse a favor de los programas de amnistía que legalizarían a los residentes indocumentados. Con un ayuntamiento de mayoría demócrata aplastante (sólo tres miembros no lo son) y sin rivales fuertes que sustituyan a los líderes republicanos salientes, la ciudad parece estar avanzando un poco hacia la izquierda.

MEDIO AMBIENTE

La mayoría de neoyorquinos es entusiasta del reciclaje (aunque cuesta encontrar contenedores en las calles) y siente reverencia por las zonas verdes de la ciudad. Sin embargo, el despegue actual de la construcción ha dado lugar a algunos proyectos extravagantes, como el nuevo parque de atracciones acuático que se construirá en Randalls Island, en East River. La prisa por edificar también amenaza el delicado ecosistema de Croton Watershed, un sistema pantanoso que limpia de forma natural gran parte del agua de lluvia con la que se abastece la ciudad. Los ecologistas han evitado los peores atentados medioambientales, pero es una batalla que con los años sólo irá a peor. Los peligros del exceso urbanístico ya se pueden ver en el Gateway National Park de Jamaica Bay, Queens: la que antaño fue una gran zona de pantanos ha quedado reducida a unos pocos quilómetros de costa y científicos de la Army Corp of Engineers prevén que la laguna habrá desaparecido completamente en 25 años. La ciudad ha tomado medidas recientemente para limitar la construcción, pero muchos temen que ya sea demasiado tarde.

OTRAS LECTURAS
NY EN LA LITERATURA

Huérfanos de Brooklyn (1999; Jonathan Lethem). Lionel Essrog, un detective de Brooklyn, recorre un barrio inhóspito pero innegablemente encantador mientras intenta resolver un caso.
Trilogía de Nueva York (1985-1986; Paul Auster). Consta de tres relatos: *Ciudad de cristal*,

Fantasmas y *La habitación cerrada*. Fue el lanzamiento internacional del autor norteamericano.

La hoguera de las vanidades (1987; Tom Wolfe). Definida como "la novela de Nueva York", es una sátira ambientada en el mundo de las altas finanzas

Ventanas de Manhattan (2004; Antonio Muñoz Molina). Las múltiples y fascinantes caras de la ciudad, desde el punto de vista de un español.

Cosmópolis (2003; Don DeLillo). Un recorrido al estilo de Joyce por las calles de Manhattan. Bueno, en realidad por una calle, mientras el multimillonario de 28 años Eric Packer, el protagonista, se dirige al centro para ir a cortarse el pelo en un día normal y corriente.

Las rubias de 5th Avenue (2004; Plum Sykes). Para los fans de *Sexo en Nueva York*, esta novela empieza donde lo dejó Carrie Bradshaw. Escrito por la editora de Vogue, el libro es un reflejo de la vida suntuosa de Manhattan en unos cuantos capítulos, breves pero entretenidos.

CINE Y TV
NY EN EL CINE

Una historia de Brooklyn (2005). El director Noah Baumbach vuelve a sus raíces en este cuento de amor y separación familiar situado en el tranquilo y literario Brooklyn. La desventurada lucha del padre por conseguir la plaza de aparcamiento perfecta llama la atención de todos los ciudadanos.

Manhattan (1979). Es difícil decidir qué película de Woody Allen es la que retrata mejor su isla preferida (*Annie Hall siempre es un rival de importancia*). Pero al final esta obra maestra, rodada en blanco y negro, conquista a todo el mundo con su representación humorística de la vida y el amor en la que puede ser una ciudad muy solitaria.

Cazafantasmas (1984). A los que no les convenza el humor de Dan Aykroyd y Bill Murray les gustarán las imágenes de Manhattan, sin los grandes almacenes, centros comerciales, restaurantes y pisos de la actualidad.

Fiebre salvaje (1991). La disección de Spike Lee del amor entre razas diferentes deja muchas de las tramas emocionales sin resolver, pero su franqueza sobre la etnia, la sexualidad y la discriminación −en los hogares de clase alta de profesionales afroamericanos de Harlem y del suburbio italiano de Bensonhurst, en Brooklyn−infunde mucha energía a la película, que muestra varios barrios de la ciudad.

Trilogía de Nueva York (1988). Fue presentada por primera vez en el teatro experimental La MaMa durante la década de 1980. Pero esta obra maestra sobre la vida homosexual todavía es más fascinante en la gran pantalla. Por si la representación de la violencia homofóbica parece anacrónica, conviene recordar que en 2006 una *drag queen* recibió una paliza no lejos de la tienda de West Village donde se rodó la escena culminante de la película unos 20 años antes.

Gangs of New York (2002). Dirigida por Martin Scorsese y con Daniel Day Lewis entre otros, esta película relata, con menos éxito del esperado, el sufrimiento de los inmigrantes y vuelve a la vida la zona de Five Points en Manhattan −ahora en Chinatown. También muestra la competencia de intereses económicos de los inmigrantes del s. XIX, que solía degenerar en bandas.

DATOS PRÁCTICOS
TRANSPORTE

LLEGADA Y SALIDA

AIRE

A diario aterrizan en Nueva York aviones procedentes de las principales ciudades de América del Norte y del Sur y Europa occidental, así como otros con escalas desde

Asia. La mayoría de los vuelos nacionales (aunque no todos) pasan por el aeropuerto de LaGuardia y el John F Kennedy se encarga del tráfico internacional. Los dos aeropuertos están al este de Manhattan, el recorrido dura unas dos horas.

JFK International Airport

El aeropuerto internacional John F Kennedy (JFK; www.kennedyairport.com), al sudeste de Queens, está a 24 km del centro, entre 45 y 75 minutos en coche –o más en horas punta.

Viajar a/desde JFK

	AirTrain/Metro	Taxi	Autobús	Coches y limusinas
Punto de recogida	Buscar las señales AirTrain en las terminales para ir a la estación de metro de Rockaway; desde allí tomar un tren A hacia Manhattan.	Fuera de las terminales. Hay puntos de recogida bajo las señales de "Taxi".	Fuera de las terminales. Pasan autobuses cada 15-20 min hasta las 24.00.	En todas las terminales.
Punto de destino	En cualquier punto de la línea de tren A.	Donde se desee.	Penn Station, Port Authority Bus Terminal y Grand Central Terminal.	En cualquier lugar de Manhattan.
Precio	AirTrain/Metro 5 $/2 $	45 $ a Manhattan y la mayor parte de Brooklyn	12-15 $ por trayecto	50-75 $
Duración	1 h	1-2 h	Entre 60-75 min	1 h
Contactar	www.airtrainjfk.com, www.mta.info		Servicio exprés, 718-875-8200; www.nyairportservice.com	Empresas como **Big Apple** (☎ 718-232-1015), **Carmel** (☎ 212-666-6666), **Citywide** (☎ 718-405-5822), **Dial** (☎ 718-743-2877) y **Tel Aviv** (☎ 212-777-7777).

Consigna

La Terminal 1 (☎ 718-751-4020; 🕐 24 h) se encuentra en la primera planta y cuesta entre 4 y 16 $, igual que la de la **Terminal 4** (☎ 718-751-2947; 🕐 7.00-23.00). Los precios varían en función del tamaño del equipaje que se deje.

Información

Información general ☎ 718-244-4444
Aparcamiento ☎ 718-244-4444
Servicio de reservas de hoteles ☎ 212-267-5500
Objetos perdidos ☎ 718-244-4225/6
Servicios médicos ☎ 718-656-5344
Wi-fi Terminales 1, 8 y 9, con más cobertura planificada.

En la zona de llegadas de las terminales 1, 3, 4, 6, 7, 8 y 9, está la **Traveler's Aid** (☎ 718-656-4870; 🕐 10.00-18.00 diario excepto festivos nacionales), una organización sin ánimo de lucro que ayuda a viajeros con problemas facilitando un teléfono gratuito, comida y otras asistencias. Si hay que pasar la noche en el aeropuerto, hay que dirigirse a la segunda planta de la Terminal 4.

LaGuardia Airport

LaGuardia (www.laguardiaairport.com) está al norte de Queens, a casi 13 km del centro, de 20 a 45 minutos en coche (el teléfono para solicitar coches y limusinas es el mismo que el del JFK; véase p. 267).

Información

Información general ☎ 718-533-3400
Aparcamiento ☎ 718-533-3400
Servicio de reservas de hoteles ☎ 212-267-5500
Wi-fi Terminal Central; US Airways Terminal
Objetos perdidos ☎ 718-639-1839.

TREN

Los trenes Amtrak van al centro de Manhattan y se pueden coger en

Viajar a/desde LaGuardia

	Nueva york Airport Service	Taxis	Tren/Metro
Punto de recogida	Hacia LaGuardia, los autobuses salen cada 20 min entre las 6.00 y las 24.00 desde Penn Station, Port Authority Bus Terminal y Grand Central Terminal.	Fuera de las terminales. Desde el aeropuerto, tomar la M60 dirección W106th St y Broadway. La M60 también conecta con los trenes y el metro hacia Manhattan.	Los taxis llevan a los trenes N y W de Astoria Queens, las líneas de metro 2, 4, 5, 6, A, B, C, D en 125th St y la 1 en 116th St, 110th St y Broadway.
Precio	15 $	15-30 $	2 $
Duración	1 h	20-40 min	1 h aprox
Contactar	718-875-8200; www.nyairportservice.com		www.mta.info

EL 'NORTHEAST CORRIDOR' A NYC

Los autobuses de fuera del estado llegan y salen de la **Port Authority Bus Terminal** (☎ 212-564-8484; 625 Eighth Ave) hacia cualquier parte de los EUA y algunas zonas de Canadá. Para ir a Boston, DC y partes de Filadelfia, consultar la línea "Chinatown to Chinatown" de **Fung-Wah Company** (☎ 212-925-8889; www.fungwahbus.com). Los autobuses directos salen del Chinatown de Nueva York y cuestan 15-20 $ por trayecto. Otras empresas que conectan con el nordeste de Manhattan son:

Apex (☎ 212-343-3280; www.apexbus.com)

Lucky Star (☎ 1-888-881-0887; www.luckystarbus.com)

Vamoose Bus (☎ 877-393-2828; www.vamoosebus.com)

Boston, Filadelfia, Washington DC y otras paradas.

Los de largo recorrido Amtrak y Long Island Rail Road llegan a la **Pennsylvania (Penn) Station** (☎ 212-582-6875, 800-872-7245; 33rd St entre Seventh Ave y Eighth Ave). Los de cercanías (MetroNorth) usan la **Grand Central Terminal** (☎ 212-532-4900; Park Ave con 42nd St) y los **New Jersey PATH** (Port Authority Trans-Hudson; ☎ 800-234-7284) tienen varias paradas en Manhattan pero no por encima de 33rd St.

DOCUMENTACIÓN

PASAPORTE

Para entrar en EE UU los visitantes deben tener un pasaporte válido para un mínimo de seis meses después de que acabe su visita al país.

VISADO

El Departamento de Estado permite que los ciudadanos de Canadá y la mayoría de los países europeos entren en el país sin visado de turista. Existen algunas restricciones dependiendo de la nación de origen, así que antes de partir conviene consultar en la embajada americana más cercana. Los residentes en el Reino Unido, España, Francia, Austria, Alemania, Australia y Nueva Zelanda no suelen necesitar visados para visitas temporales. Sin embargo, algunos pasaportes europeos emitidos antes de octubre de 2005 no tienen el chip digital de identificación que ahora exigen en EE UU Así que los turistas de cualquier país con pasaporte antiguo necesitarán un visado (los no europeos deben solicitarlo en la embajada americana más cercana, lo cual suele requerir unas seis semanas). Más detalles en el sitio web del Departamento de Estado (http://travel.state.gov/visa).

BILLETE DE IDA Y VUELTA

Para entrar en EE UU se exige un billete de vuelta no reembolsable en el país.

SEGURIDAD

La seguridad es muy visible y rigurosa en los dos aeropuertos. Hay que prever un tiempo extra para facturar y tener siempre la identificación a mano. No se pueden llevar cortaúñas metálicos, navajas, maquinillas de afeitar, sacacorchos ni objetos punzantes. Por supuesto, también están prohibidas las armas, los explosivos, los elementos inflamables y todos los materiales peligrosos. Hay que facturar algunos objetos de *camping* y submarinismo, como bombonas de butano o de oxígeno y balsas hinchables.

CÓMO MOVERSE

El metro suele ser lo más rápido y barato para moverse por Manhattan porque las calles siempre están llenas de coches que esperan ansiosos a que cambie el semáforo. Los autobuses urbanos pueden resultar útiles para cruzar la ciudad, siempre que no haya atasco. En las taquillas de metro hay mapas del transporte público. Los taxis son la opción más adecuada a partir de la 1.00.

BONOS DE VIAJES

La **MetroCard** (☎ 718-330-1234) es el sistema de pago más sencillo para el transporte público y se compra

Moverse por Nueva York

	Theater District	El Met	American Museum of Natural History	Harlem	Dumbo	Coney Island	Williamsburg
Lower Manhattan	Metro 10 min	Metro 15 min	Metro 15 min	Metro 25 min	Metro 10 min	Metro 45 min	Metro 30 min
Upper East Side	Taxi 10 min	Taxi/a pie 5/10 min	Taxi 10 min	Metro 15 min	Metro 30 min	Metro 1 h	Metro 30 min
Upper West Side	Taxi/a pie 5/10 min	Taxi 10 min	A pie 5-10 min	Metro 10 min	Metro 20-25 min	Metro 1 h	Metro 40 min
Theater District	n/d	A pie/metro 15/10-15 min	A pie/metro 15/10 min	Metro 15 min	Metro 20-30 min	Metro 45 min-1h	Metro 40 min
Southern Brooklyn	Metro 40 min	Metro 30 min	Metro 40 min	Metro 45 min	Metro 20 min	Metro 30 min	Metro 35 min

CAMBIO CLIMÁTICO Y VIAJES

Los viajes —sobre todo por aire— contribuyen al cambio climático. En Lonely Planet creemos que todos los viajeros somos responsables de limitar este impacto. Así pues, hemos unido fuerzas con Rough Guides y otras empresas del sector para dar apoyo al programa Climate Care, que permite que la gente compense los gases nocivos emitidos con contribuciones a proyectos de ahorro de energía y otras iniciativas ecológicas a nivel mundial. Lonely Planet, por su parte, lo hace en los viajes de sus empleados y autores.

Para más información, véase la sección sobre viajes responsables en www.lonelyplanet. com. Y para más información sobre la compensación de las emisiones de carbono se puede consultar www.climatecare.org.

en los quioscos y las estaciones de metro. El Fun Pass (7 $), de un día, da acceso ilimitado a los metros y autobuses desde primera hora de la mañana hasta las 3.00 de la madrugada. Las tarjetas de siete días (24 $) y 30 días (76 $) permiten ahorrar dinero, pero hay que esperar 18 minutos entre cada pago, lo cual impide compartir la tarjeta. También se puede pagar por cada trayecto: las MetroCards se pueden recargar con los dólares deseados y hay viajes de regalo cuando se compran varios. Los billetes sencillos (que al cierre de esta edición costaban 2 $) se compran en las máquinas de las estaciones y caducan a las dos horas.

METRO

El metro (☎ 718-330-1234) está en marcha día y noche. En esta guía, los directorios de metro señalan la parada más cercana. Si se hace un trasbordo con el autobús en un plazo de 18 minutos desde que se paga no hay que volver a desembolsar el precio. Las rutas de autobús y metro y los cambios en el servicio se pueden consultar en www.mta. info, en el link "NYC Transit". Otros sitios web útiles y que ofrecen información gratuita sobre transporte público en Nueva York y alrededores son www.hopstop. com; www.trips123.com y www. publicroutes.com.

AUTOBÚS

Los autobuses urbanos (☎ 718-330-1234) funcionan las 24 horas y suelen circular en sentido norte-sur por las avenidas y este-oeste por las calles principales. Se necesitan 2 $ exactos (no admiten billetes) o una MetroCard para pagar, porque el conductor no da cambio.

Los autobuses con rutas que empiezan y acaban en Manhattan

empiezan por M (por ejemplo, M5); los de Queens empiezan por Q, los de Brooklyn por B y los del Bronx por BX. Algunos autobuses con paradas limitadas sólo se detienen cada diez manzanas. Los autobuses "*express*" (6.50 $) son sobre todo para los barrios periféricos.

TREN

Los trenes **New Jersey PATH** (☎ 800-234-7284) bajan por Sixth Ave hasta Jersey, Hoboken y Newark, con paradas en la 33rd, 23rd, 14th, 9th y Christopher Sts, en Manhattan. Otra línea va del World Trade Center a Jersey y Newark. Pasan cada 15 ó 45 minutos, las 24 horas. El billete cuesta 1.50 $.

BARCO

Los *ferries* Nueva york Waterway (☎ 800-533-3779; www.nywaterway.com) van por el Hudson River Valley y desde Midtown hasta el Yankee Stadium en el Bronx. Una ruta típica es la de la estación de tren New Jersey Transit de Hoboken al World Financial Center en Lower Manhattan; los barcos salen cada 5 ó 10 minutos en horas punta, y un viaje de 10 minutos cuesta 4 $.

Los de **Port Authority** (www.panynj.gov) circulan entre Battery Park y New Jersey, con paradas en Hoboken y Colgate (correspondencias) desde Lower Manhattan. También hay barcos desde East River, en Manhattan, hasta la Fulton Ferry Landing, la Brooklyn Army Terminal y al Hunter's Point de Long Island City, en Queens.

El **Nueva york Water Taxi** (☎ 212-742-1969; www.nywatertaxi.com; una parada 5$) es un servicio nuevo que ha tenido éxito en la ciudad. Estos barcos-taxi amarillos paran en varios muelles de Manhattan y en zonas de Brooklyn y Queens. La Water Taxi Beach es una parada muy popular.

TAXI

Los taxis están libres cuando el número del techo está encendido (y al contrario con las luces laterales de fuera de servicio). Las tarifas empiezan en 2.50 $; la propina es del 10 ó 15 % (mínimo 50 ¢) y hay un recargo de 50 centavos de 20.00 a 6.00. Para recorridos largos es recomendable pedirle al taxista que tome la FDR Highway (East Side) o la West Side Highway (West Side).

LIMUSINA

El servicio de limusina o coche puede ser una forma económica de viajar, sobre todo para grupos. El **Affordable Limousine Service** (☎ 888-338-4567) y **Carmel** (☎ 212-666-6666) cobran 45 $ por hora para hasta cuatro personas y una noche en la ciudad (unas tres horas) para ocho cuesta 150 $.

COCHE Y MOTO

Aparcar es una pesadilla, el tráfico espantoso y la gasolina, carísima. Si no es imprescindible alquilar un coche, mejor ahorrarse el problema. Las motos permiten pasar entre los coches, pero con tantos taxis y metros, ¿para qué molestarse?

ALQUILER

Las principales agencias de alquiler en Nueva York son **Avis** (☎ 800-331-1212), **Budget** (☎ 800-527-0700), **Dollar** (☎ 800-800-4000), **Hertz** (☎ 800-654-3131) y **Thrifty** (☎ 800-367-2277).

LO BÁSICO

HORARIO COMERCIAL

Las tiendas suelen abrir de lunes a sábado de 10.00 a 18.00 y los domingos de 12.00 a 18.00, con horas extras los jueves por la noche; y algunas cierran los lunes. Ciertos comercios cambian el horario en función de la estación, lo que suele repercutir en menos horas en verano. Los bancos y negocios institucionales abren de 9.00 a 17.00 de lunes a viernes, y algunos de 9.00 a 15.00 los sábados.

Los museos y las galerías de arte están abiertas de martes a domingo de 10.00 a 17.00. Los festivos nacionales cierran los bancos, los colegios y las oficinas gubernamentales (también Correos) y el transporte funciona con el horario de domingo.

DESCUENTOS

Los estudiantes, los niños (menores de 12 años) y las personas mayores tienen descuentos en la mayoría de las visitas turísticas y los transportes. También hay ofertas para familias. El carné de estudiante debe presentarse para acceder a las tarifas correspondientes. Los mayores de 62 años obtienen precios reducidos en hoteles, recetas médicas y en el cine. Se puede comprar un CityPass (www.citypass.com) para evitar colas en seis visitas y lograr un 50 % de descuento.

EMBAJADAS Y CONSULADOS

La presencia de la ONU en Nueva York implica que casi todos los países del mundo cuentan con oficinas diplomáticas. La mayoría aparecen en las páginas blancas bajo "Consulates General of (país)". Algunas son:

España (☎ 212-355-4080; 150 E 58th St entre Lexington Ave y Third Ave)

Argentina (☎ 212-603-0400; 12 W 56th St entre Fifth Ave y Sixth Ave)

Chile (☎ 212-980-3366; 866 United Nations Plaza, First Ave con E 48th St)

Colombia (☎ 212-949-9898; 10 E 46th St, entre Fifth Ave y Madison Ave)

México (☎ 212-217-6400; 27 E 39th St, entre Park Ave y Madison Ave)
Perú (☎ 212- 481-7410; 215 Lexington Ave, cruce con E 33rd St)
Venezuela (☎ 212-826-1660; 7 E 51st St, entre Madison y Fifth Ave)

URGENCIAS

Se puede conseguir ayuda llamando al 911 desde cualquier teléfono, también de móvil. Hay teléfonos de emergencias en algunas esquinas: hay cabinas de color naranja y otras metálicas. En cualquier caso, sólo hay que pulsar el botón y acudirán al rescate.
Policía, bomberos, ambulancias (☎ 911)
Información de la Policía (☎ 212-374-5000)

PRECAUCIONES

Se puede beber el agua del grifo, pero muchos neoyorquinos prefieren la embotellada. En verano hay brotes del Virus del Nilo Occidental, transmitido por los mosquitos, por lo que se usan insecticidas en los barrios de la periferia, aunque el contagio en humanos es muy poco habitual. Si preocupan las picaduras, lo mejor es llevar manga larga y repelente contra insectos. En cuanto a los preservativos, se pueden encontrar en farmacias, bares y máquinas de discotecas.

SERVICIOS MÉDICOS

El Nueva york Hotel Urgent Medical Services (☎ 212-737-1212) ofrece servicios médicos a los viajeros. Los médicos hacen visitas a domicilio (o al hotel) a cualquier hora, pero cobran precios altos (mínimo 200 $). La atención médica resulta muy cara en EE UU si no se tiene un seguro. Todos los hospitales tienen servicio de urgencias las 24 horas; a continuación aparecen los más importantes:
Bellevue Hospital (☎ 212-562-4141; NYU Medical Center, First Ave con E 27th St)
Lenox Hill Hospital (☎ 212-434-2000; 100 E 77th St entre Park Ave y Lexington Ave)
Nueva york Hospital (☎ 212-746-5050; 525 E 68th St entre York Ave y Franklin D Roosevelt Dr)

Para problemas dentales que no puedan esperar, recomendamos llamar a **AAA Dental Care** (☎ 212-744-3928; 30th E 60th St., Suite 1504; www.emergencydentalnyc.com).

En la ciudad hay muchas farmacias 24 horas:
Duane Reade (☎ 212-541-9708; W 57th St con Broadway)
Duane Reade (☎ 212-674-5357; Sixth Ave con Waverly Pl)
Genovese (☎ 212-772-0104; 1299 Second Ave con 68th St)

SISTEMA IMPERIAL

Los americanos odian el sistema métrico y continúan resistiéndose. Las distancias se expresan en pies, yardas y millas. Los pesos en onzas, libras y toneladas; los líquidos se miden de forma distinta. La gasolina se sirve por galones americanos (un 20 % menos que el galón imperial) y las pintas y los cuartos americanos también son un 20 % menos que los imperiales.

INTERNET

Se puede acceder a Internet gratuitamente en las bibliotecas públicas; también abundan los cibercafés.

PROVEEDORES

Los principales proveedores nacionales son AOL (☎ 212-871-1021) y AT&T (☎ 212-824-2405). Earthlink (www.earthlink.net) también es popular y Metconnect (☎ 212-359-2000, 646-496-0000; www.metconnect.com) ofrece un servicio gratuito.

CIBERCAFÉS

Times Sq Cybercafé (☎ 212-333-4109; www.cyber-café.com; 250 W 49th St entre Broadway y Eighth Ave; 6,40$ por 1/2 h; ⏱ 8.00-23.00 lu-vi, 11.00-23.00 sa-do) **Web2Zone** (☎ 212-614-7300; www.web2zone.com; 54 Cooper Square; 3$ por 15 min, 12 $ por h, todo el día 60$; ⏱ 9.00-23.00 lu-vi, 10.00-23.00 sa, 12.00-22.00 do). Ofrecen tres servicios en un mismo lugar: acceso a Internet, juegos interactivos y un pequeño centro de negocios.

WI-FI

En Bryant Park se instaló *wi-fi* en 2005 y en la actualidad ya hay conexión en toda la ciudad. WiFi Salon (http://wifisalon.com) ha llevado la red inalámbrica a la mayoría de los parques de la ciudad.

Se puede consultar lo que hace falta para conectarse en el sitio web de WiFi Salon; Bryant Park requiere una tarjeta inalámbrica 802.11b o una integrada 802.11b. Las instrucciones para configurar el portátil o un dispositivo móvil se pueden consultar en www.bryantpark.org/amenities/wireless.php.

TELÉFONOS

Los teléfonos públicos funcionan con monedas o tarjeta y algunos aceptan tarjetas de crédito. Para efectuar llamadas a larga distancia recomendamos usar empresas como AT&T.

En EE UU usan el sistema móvil GSM –hace falta un móvil compatible con GSM para hacer y recibir llamadas.

TARJETAS TELEFÓNICAS

En los quioscos y farmacias venden tarjetas telefónicas prepago, pero hay que tener cuidado con los timos porque a veces cargan por minuto más de lo establecido.

CÓDIGOS DE PAÍS Y CIUDAD

El código de país de EE UU es el 1. Los números de teléfono de Manhattan llevan un prefijo de tres dígitos: ☎ 212, ☎ 646, y ☎ 917, aunque el ☎ 646 y el ☎ 917 sirven como números de móvil y códigos de zona. Siempre que se llame a Manhattan hay que marcar 1 más el número de 10 dígitos. Para los barrios periféricos, los códigos de zona son ☎ 718 y ☎ 347.

NÚMEROS ÚTILES
Información sobre la ciudad (☎ 311)
Información telefónica (☎ 411)
Código para llamadas internacionales (☎ 011)
Operador (☎ 0)
Llamadas con operador (☎ 01 + el número; el operador se pone al habla después de haber marcado)
Llamadas a cobro revertido (☎ 0)
Horarios (☎ 212-976-1616)
Tiempo (☎ 212-976-1212)
Moviefone (☎ 212-777-FILM)
Clubfone (☎ 212-777-CLUB)

CÓDIGOS INTERNACIONALES
Hay que marcar el ☎ 00 seguido del código del país al que va a llamar:
España (☎ 34)
Argentina (☎ 54)
Chile (☎ 56)
Colombia (☎ 57)
México (☎ 52)
Perú (☎ 51)
Venezuela (☎ 58)

PROPINAS
Los camareros cobran menos del salario mínimo, así que se espera que los clientes satisfechos den una propina del 15-20 % del total. Este porcentaje no se incluye automáticamente, pero algunos restaurantes añaden un 15 % a las cuentas de grupos de seis o más personas. Si no se da propina, el encargado quizás le pregunte al cliente qué es lo que no le ha parecido bien. Como norma general, no se da propina sobre los impuestos (un 8.625 % en Nueva York), así que para calcular fácilmente lo que debe añadirse, sólo hay que doblar lo que han cobrado de tasas.

También se dan propinas a:
Portaequipajes 3 $ por la primera bolsa y 1 $ por cada maleta adicional.
Bares Mínimo 1 $ por bebida (o por un servicio rápido o bebidas fuertes).
Encargado del guardarropa 1 $ por pieza.
Personal de servicio del hotel 2 $ por servicio.
Peluquería 15 % del precio.
Restaurantes 15-20 % (no hace falta en los de comida rápida, para llevar o self-service).
Limpiadores Mínimo 5 $ por día.
Taxis 10-15 % del precio.
Guías 10 $ por familia/grupo por un día entero.

INFORMACIÓN TURÍSTICA
NYC & Co (☎ 212-484-1222; www.nycvisit. com; 810 Seventh Ave con 53rd St; ☆ 8.30-18.00 lu-vi y 9.00-17.00 sa-do) tiene una línea gratuita 24 horas con información sobre los principales eventos y reservas. El personal es

amable y el centro de información es exhaustivo.

También hay puntos de información en los aeropuertos, en Times Sq, en Grand Central Terminal y en Penn Station.

VIAJEROS CON DISCAPACIDADES

La legislación federal exige que las oficinas gubernamentales tengan ascensor y rampa para sillas de ruedas y facilidades para personas con deficiencias auditivas. Los locales importantes tienen baños adaptados y los autobuses urbanos admiten sillas de ruedas, aunque sólo algunas estaciones de metro son accesibles (consultar mapas MTA o llamar al ☎ 718-596-8585).

Los lugares de esta guía que son accesibles con silla de ruedas se indican con el icono ♿ .

INFORMACIÓN Y ORGANIZACIONES

Access for All es una guía para personas discapacitadas en Nueva York. Se puede pedir una copia a **Hospital Audiences** (☎ 212-575-7676; www.hospitalaudiences.org; 548 Broadway, Nueva york, NY 10012).

Algunos contactos útiles son: **New York Society for the Deaf** (☎ 212-

777-3900): Sociedad de personas sordas.
People with Disabilities Office (☎ 212-788-2830, TTY 212-788-2838): Personas con discapacidad.
Public Transport Accessible Line (☎ 718-596-8585, TTY 800-734-7433): Transporte accessible.
Society for Accessible Travel and Hospitality (SATH; ☎ 212-447-7284; www.sath.org): Organización para la accesibilidad.

MUJERES VIAJERAS

Es recomendable evitar el transporte público después de medianoche y en los bares conviene vigilar el vaso en todo momento (sólo como precaución).

Los tampones, las compresas y los preservativos se venden en todas partes. Hasta 2006, las píldoras anticonceptivas y del día después sólo se podían comprar con receta, pero la entidad reguladora, la Food and Drug Administration aprobó la venta directa en farmacias para mayores de 18 años. La ley establece que se debe ofrecer la píldora del día después a las víctimas de violación mientras reciben tratamiento en el hospital, pero no siempre se cumple, así que si se sufre esta situación, hay que insistir para conseguirla.

>ÍNDICE

Véanse también los subíndices de Ver *(p. 282),* Compras *(p. 283),*
Comer *(p. 285),* Beber *(p. 286) y* Ocio *(p. 287).*

000 páginas de plano

VER

000 páginas de plano

COMPRAS

000 páginas de plano

000 páginas de plano

000 páginas de plano